Xavier de Feller

CoupDoeil oder Blick auf den Emser Kongress

mit Voraussetzung des wahren Zustandes etc. und dessen Anhänge

Xavier de Feller

CoupDoeil oder Blick auf den Emser Kongress
mit Voraussetzung des wahren Zustandes etc. und dessen Anhänge

ISBN/EAN: 9783743477223

Hergestellt in Europa, USA, Kanada, Australien, Japan

Cover: Foto ©ninafisch / pixelio.de

Weitere Bücher finden Sie auf **www.hansebooks.com**

Coup-D'oeil
oder
Blick
auf den
Emser Congreß
mit Voraussetzung
des
wahren Zustandes ꝛc.
und
dessen Anhänge
Aus dem Französischen übersetzt.

Düsseldorf, bei Peter Kauffmann.

MDCCLXXXVIII.

Wahrer Zustand des Zwistes,

der sich zwischen

dem apostolischen Nuntius zu Köln

und

den dreyen geistlichen Kurfürsten

bey Gelegenheit
eines Circularschreibens an die Pfarrer
ihrer Diöcesen erhoben hat.

nebst

den zween Anhängen dazu,

so zu dem Coup - d'oeil — oder Blick auf den Congreß
zu Ems vorausgeschickt werden.

Von jenen Jahrhunderten, wo der römische Hof sein Ansehen zu mißbrauchen schien, gehe ich auf die Zeit, wo derselbe nur damit beschäftiget ist, die Pfeile, die man auf ihn richtet, abzuwenden. — Er hat rings um sich her nichts als das Brausen der heftigsten Leidenschaften. Aus Abgang neuer Ursachen, über ihn mißvergnügt zu seyn, macht man ihm aus denjenigen Ansprüchen ein Verbrechen, mit welchen er sich lange nicht mehr schmeichelt: man erneuert alte Beschwerden, aus keiner andern Absicht, als sich den traurigen Vortheil zu verschaffen, daß man ihn ins Gedräng ziehe. Kurz, vergebens sucht er den Frieden; man zwingt ihn zum Kriege. —— Discours sus l'Histoire gouvern. &c. Von dem Hrn. Grafen von Albon.

Aus dem Französischen,

Düsseldorf, bei Peter Kauffmann. 1789.

Vorerinnerung des Verfassers.

Dieses Werk, welches zuerst in Französischer Sprache erschien, kam mir gemeinnützig genug vor, um eine Deutsche Uebersetzung zu verdienen, um so mehr, weil es in ausgezeichneten Verhältnissen mit solchen Begebenheiten stehet, die das Reich besonders interessiren, und die in dem Augenblick, wo ich dieses schreibe, den Reichstag zu Regensburg beschäftigen. Auf die Nachricht, daß die Uebersetzung bald erfolgen würde, ließ mir der Verfasser einige Zusätze und Veränderungen zukommen, von denen ich Gebrauch gemacht habe. Bis auf diese wird man finden, daß ich mich genau nach der französischen Auflage von 1787 gerichtet, und sogar den Druckort beybehalten habe. Es hätten indessen einige Personen

Vorerinnerung.

[ſ]chet, daß das Heftige in gewiſſen
[...]en gemäßiget, und hie und da Aus=
[...]e verſüßet worden wären, die einen
[...]ich von Bitterkeit zu haben ſcheinen.
[...], nebſt dem daß dieſe Arbeit eine
[...]l vorausſetzte, die vielleicht nicht im=
[...] richtig ausgefallen ſeyn würde, wür=
[...]ie überdieß nicht allein die Treue der
[...]erſetzung, ſondern auch etwa den
[...]undſatz außer Acht gelaſſen haben,
[...]ſt deſſen ein gerechter Unwille in ſeinem
[...]sbruche nicht geſtöret werden ſoll.
[...]e heiligen Väter haben in dieſer Art
[...]eyſpiele gegeben, die den feurigen Stel=
[...]t günſtig ſind. Sie ſcheinen der Mei=
[...]ng geweſen zu ſeyn, daß der Schwung
[...]s Eifers nicht immer ſeiner Ausdrücke
[...]egen zur Verantwortung gezogen werden
[...]nne. Ein Philoſoph ſagte: *Magnis te-*
[...]*s magna portenta feriuntur* (Seneca). Und
[...]ie anders ſoll man vier Privatleute nen=
[...]en, welche ſich ohne Authorität, ohne
[...]echtmäßige Sendung unterfangen, die
Hierarchie über den Haufen zu ſtürzen,
die

Vorerinnerung.

die Gesetze der allgemeinen Kirchenversamlungen von ihrer Verbindlichkeit loszumachen, den Klosterstand ganz zu vernichten, die Christlichen Ehen ungültig zu machen ꝛc. ꝛc. ? Und ist dieß nicht ein ganz anderer Fall, als jener, von welchem ein alter Römer sagt:

Quis iniquæ Tam patiens urbis, tam ferreus, ut teneat se?
Juvenal.

Sollte es endlich auch dem Verfasser widerfahren seyn: daß er die Hitze seiner Kritik zuweit getrieben hätte, so würde ihn noch die weise Anmerkung des Gregor von Nanzianz rechtfertigen, worin dieser Heilige beobachtet, daß manchmal auch die klügesten Männer in ihrem gerechten Tadel einige Züge von Spötterei mischen, und nur Gott allein das Gute mit einer vollkommenen Seelenruhe wirke. *Non viles tantum et plebeios, sed præstantissimos quosque viros Momus interdum attingit, ut solius Dei sit omni prorsus peccato atque Animi perturbatione carere* (De Laud Basil.)

Man

Vorerinnerung.

Man hat, wie es heißt, übel gefunden, daß der Verfasser den Emser Congreß, eine Schlupfgesellschaft, eine Weinstube, eine Tobacksstube, ꝛc. ꝛc. genennet habe. Allein die Propheten sind um nichts höflicher gewesen. Wir sehen, wie Elias ohne alle Umstände fragt, ob die große Gottheit Baals nicht etwa in einem Wirthshause beschäftiget sey (*Deus enim est & forsitan loquitur, aut IN DIVERSORIO est, aut in itinere, aut certe dormit.* 3. Reg. c 8.)

Ich schließe mit einer Stelle des Tertullians (Lib. contra Valentinianum.) *Congressionis lusionem deputa Lector, haud pugnam: Ostendam sed non imprimam vulnera. Si & ridebitur alicubi, materiis ipsis satisfiet. Multa sunt sic digna revinci, ne gravitate adorentur. Vanitati proprie festivitas cedit. Congruit & veritati ridere, quia lætans: de æmulis suis ludere, quia secura est. Curandum plane ne risus ejus rideatur, si fuerit indignus. Cæterum ubicunque dignus risus, officium est.*

Wahrer Zustand
der Irrungen
zwischen

dem Apostolischen Nuntius zu Köln

und

den dreien geistlichen Kuhrfürsten

wegen eines an die Pfarrer ihrer Kirchsprengel erlassenen Umlaufsschreibens.

„Von den Jahrhunderten, wo der römische Hof seine Gewalt zu mißbrauchen schien, komme ich nun auf die Zeit, wo er nunmehr mit Abwendung der auf ihn gerichteten Pfeile beschäfftiget ist. . . . Derselbe hört um sich her nichts als das Brummen der gewaltsamen Leidenschaften. Weil es an neuem Stoff zu klagen gebricht, macht man ihm Anmassungen zum Verbrechen, mit welchen er sich seit langer Zeit nicht mehr einwiegt. Man erneuert alte Zänkereyen, bloß in der Absicht, sich dadurch den traurigen Vortheil zu gewähren, daß man ihn in Verwirrung bringt. Vergebens will derselbe Frieden haben, man zwingt ihn zum Kriege."

Discours sur l' hist. le gouvern. &c. par M. le Comte d' Albon.

Schreiben des H. P. C. zu L. an den H. L. C. zu K.

Düsseldorf, den 11. Jenner, 1787.

Ich muß den billigen Sachen, so ihr mir über den Frieden und die Ruhe der Kirche saget, und dem Eifer, welchen ihr gegen die Schritte bezeiget, wodurch jene gestöret werden könnten, meinen aufrichtigen Beyfall geben; nur glaube ich, daß ihr von dem Umlaufsschreiben des Nunzius zu Köln nicht gut unterrichtet seid, weil euch dieses die Quelle eines ernsthaften Zwistes zwischen dem Päbstlichen Stuhle und den dreien Kuhrhöfen zu werden scheinet.

Die Folgen dieses Schreibens mögen seyn, was für welche sie immer wollen, so werdet ihr nach hinlänglicher Erwägung aller Umstände doch gestehen, daß dasselbe in der einfachesten und natürlichsten Ordnung hierarchischer Dinge ist, und daher mit mir hoffen, daß die drei Erzbischöfe, wenn sie diesen Gegenstand einmal in seinem ganzen Umfange, und unter allen seinen Beziehungen betrachtet haben, denselbigen Stoff zu Klagen nicht mehr finden werden, welchen sie anfangs darinn wahrzunehmen glaubten.

Von Thomas Morus.

Das trientische Concilium, diese berühmte Versammlung der allgemeinen Kirche, oder, damit ich mich eines englischen Ausdrucks bediene*, dieses große Parlament der Christen, hat, wie ihr wisset, die in gewissen Verwandtschaftsgraden geschlossenen Ehen für nichtig erkläret, und dem römischen Pabste als dem Verwahrer und dem Beschützer der allgemeinen Kirchensatzungen die Sorgfalt überlassen, in Fällen, wo er es für schicklich erachten würde, zu dispensiren. Die drei Kuhrfürsten haben die Nothwendigkeit, sich dieserhalb an ihn zu wenden, beständig erkannt, sie sind von fünf zu fünf Jahren ordentlich eingekommen, und haben in diesem Stücke nicht den geringsten nur möglichen Zweifel gehabt, bis im Jahre 1786, da drei ihrer Abgeordneten, mit jenem des Erzbischofs zu Salzburg im Bad-Ems versammelt, von den Satzungen eines allgemeinen Kirchenraths abgehen zu können glaubten, und dieß zwar in einer so wichtigen Materie, wie die Sacramente und das eheliche Band sind, auf welchen die Ehrbarkeit des Ehestandes, die Ruhe des gemeinen Wesens, der Friede der Familien, die Fortdauer christlicher Sitten und die Erhaltung alles dessen beruhet, was in den wahren Vortheilen der allgemeinen Gesellschaft das schätzbarste ist.

Karl

Karl Bellisomi, damals zu Köln nunmehr zu Lisbon apostolischer Nunzius, warnte bey verschiedenen Gelegenheiten die Pfarrer, welche dem damals schon aufkommenden, und nachher vom Emser Congreß angenommenen neuen Sistem gemäß ihre Pfarrgenossen zusammen gaben; seine Warnungen aber blieben ohne Erfolg; das *non licet tibi* * des Evangeliums ward theils übel, theils fruchtloß aufgenommen. Die Erinnerungen des Nunzius Pacca hatten eben so wenig Wirkung. Ein Pfarrer, der zulezt ermahnet wurde, schrieb zurück: So lange man von den Gesinnungen Seiner Päbstlichen Heiligkeit nicht genaue Kenntniß hätte, wäre es Pflicht, dem unmittelbaren Vorsteher zu gehorchen. Eine ungereimte Antwort, weil es hier nicht um die Gesinnungen des Pabstes zu thun war, sondern um die Kanonen des trientischen Kirchenraths, von welchen er wohl wußte, daß sie nicht in der Gewalt seines unmittelbaren Vorstehers stunden. Aber der Pabst, dem diese Antwort berichtet wurde, und der auf die unermessenen Uebel, welche auch in Betreff der bürgerlichen Gesellschaft aus solchen wider die allgemeinen Kirchengesetze geschlosse: ehen entspringen dürften, insonderheit auf die   lichen Processe zurückdachte, wodurch die Familien in Verwirrung gerathen, und die

Einwohner der drei Erzbisthümer von den Einwohnern jener Staaten würden getrennet werden, welche, indem sie das trientische Concilium anerkennen, die gegenseitigen Kinder für unehliche, für aller Erbfolge unfähige ansehen würden, der Pabst, sage ich, diesem Unheil abzuhelfen, bediente sich, da er bey den Erzbischöfen kein Gehör fand, seines Rechtes, die untergeordneten Hirten zu sprechen; ein Recht, welches sogar die Feinde der päbstlichen Macht nicht in Abrede stellen; ein Recht, welches auch Febronius und seine Anhänger erkennet haben, und ohne welches das Ansehen und die von allen Katholiken für eine Glaubenslehr gehaltene, sich durch die ganze Kirch erstreckende Gerichtsbarkeit des Pabstes, nur ein bloßes Schattenspiel, ein lauteres Blendwerk seyn würden.

Zufolge des päbstlichen Befehls erinnert also der Nunzius durch einen Zirkelbrief die Pfarrer an die Nichtigkeit solcher Ehen, dieser Brief wurde einem jeden besonders, und zwar durch die Post, und ohne Anschlag, ohne Verruf, und mit so wenigem Geräusche zugeschickt, daß weder Zeitung, noch Brochüre, noch Monatsschrift, so vervielfältiget auch heutiges Tages derlei Neuigkeits-Trompeter sind, davon die geringste Erwähnung gethan hat, bis dahin, daß die drei Erzbischöfe die Sache durch Kundmachung ihrer Decrete
rucht-

ruchtbar und weltkündig machten. Es enthält auch dieser Brief weder beleidigende Ausdrücke noch persönliche Anzüglichkeiten, platterdings wird darinn angezeigt, was für Erlaubnisse in den trientischen Kanonen zu dispensiren die drei Erzbischöfe zu verschiedenen Zeiten begehret, was für eine sie erhalten haben. Die Art, nach welcher ihr von dieser Druckschrift, gleichsam als von einer Kriegeserklärung sprechet, läßt mich glauben, daß ihr sie nicht gelesen habet. Ich füge sie hierbei, leset dieselbe, ihr werdet sofort von eurem Irrthume zurückkommen.

Bartholomäus Pacca burch die Gnade Gottes und des Apostolischen Stuhles, Erzbischof von Damiat, Prælatus domesticus U. H. W. burch die göttliche Vorsehung Pabstes Pius VI, und Assistent am päbstlichen Thron, Apostolischer Nunzius ꝛc.	BARTHOLOMÆUS PACCA, Dei & apostolicæ sedis gratia Archiepiscopus Damiatensis, sanctissimi domini nostri Pii divinâ providentiâ papæ VI, prælatus domesticus, & pontificio Solio assistens, ejusdem ac dictæ Sanctæ sedis, ad tractum Rheni, aliasque inferioris Germaniæ partes, cum potestate legati de latere nuntius.
„Nach-	„Quum

",Quum ad notitiam sanctissimi domini nostri, Pii P. P. VI, pervenerit, in quibusdam diœcesibus & a nonnullis archiepiscopis concedi dispensationes ab impedimentis matrimonialibus, in gradibus nequaquàm expressis, aut comprehensis in facultatibus a sede apostolicà impetratis: idcirco Sanctitas sua, ne quid temerè per dispensationes ejusmodi obrepat, quod fideles in errorem inducat, & nequis factorum ignorantiam in re tam gravi prætexere unquam valeat, distrietè nobis præcipit die 18 Octobr. proximè elapsi, ut facultates, quas a Sancta sede ab antiquissimo tempore nominatim postularunt, & obtinuerunt, atque etiam nunc de quinquen-	„Nachdem unser heilige Vater Pabst Pius VI in Erfahrung gebracht hat, daß in gewissen Kirchsprengeln die Erzbischöfe über Ehehindernisse in solchen Graden dispensiren, welche in den vom apostolischen Stuhle erhaltenen Befugnissen keinesweges ausgedruckt oder enthalten sind; so hat uns seine Päbstliche Heiligkeit, um den Mißbräuchen, die durch derlei Dispensen sich einschleichen, und die Gläubigen in Irrthümer verleiten könnten, vorzubeugen, und damit Niemand in einer so wichtigen Materie irgend einige Unwissenheit vorschützen könne, nachdrücklichst befohlen, die Erlaubnisse, so die hochwürdigsten Erzbischöfe von Mainz, Köln und Trier von uralten Zeiten

ten her namentlich begehrt und von dem apoſtoliſchen Stuhle erhalten haben, und derer Beſtätigung ſie noch heut zu Tage von fünf zu fünf Jahren begehren und erhalten, bekannt zu machen, und alles, was dieſem Diſciplinpuncte zuwider entweder ſchon wirklich geſchehen, oder noch in der Folge etwa geſchehen ſollte, für nichtig zu erklären."

„quennio in quinquennium sibi confirmari postulant, & obtinent Rmi. archiepiscopi Moguntinus, Coloniensis & Trevirensis, palam omnibus faceremus, & si quid contra factum, fierique contingeret; irritum diceremus."

„Die Befehle S. P. H. nun in Erfüllung zu bringen, thun wir allen und jeden zu wiſſen, und erklären hiemit, daß obgemeldeten hochwürdigſten Erzbiſchöfen keine andere Gewalt als jene zuſtehet, die in jedem ihrer Indulte ausdrücklich enthalten iſt, nemlich bei noch zu ſchlieſſen

„Nos igitur sanctissimi Domini nostri Papæ jussa exequentes præsentibus nostris litteris notum omnibus facimus & declaramus, non alias dispensandi facultates præfatis Rmis. archiepiscopis competere præter eas, quæ in singulis eorum indultis explicite continentur: dispensansandi nimirum in tertio & quarto simplici, & mixto tantum cum pauperibus in contrahendis: in Contractis vero cum hæreticis conversis etiam in secundo simplici, & mixto, dummodo nullo modo attingat primum gradum; ut liquet ex tenore indultorum juxta formulam tertiam typis impressam."

ſchließenden Ehen im dritten und vierten, und zu Gunſten der Armen auch im vermiſchten: bei ſchon geſchloſſenen Ehen aber zum Beſten bekehrter Ketzer im zweiten einfachen ſowohl als vermiſchten Grade, wenn er nur den erſten nicht erreicht, zu diſpenſiren; wie dieſes alles aus dem Inhalt der Indulte nach der dritten gedruckten Formel erhellet."

„Ubi enim primum quorundam episcoporum & archiepiscoporum necessitatibus & precibus occurrere volens apostolica sedes, prædictam Formulam concessionis invexit (antea enim perraro & plerumque in hæreticorum ad unitatem ecclesiæ redeuntium gratiam dispen-

Es iſt bekannt, daß in den erſten Zeiten, wo der apoſtoliſche Stuhl den Bedürfniſſen und Bitten einiger Erz- und Biſchöfe Genügen zu leiſten oberwähnte Erlaubnißformel eingeführt hat, (denn ehedem ward dieſe Erlaubniß zu diſpenſiren nur einem oder andern Ordinarius ſehr ſelten, tet; und faſt einzig und allein der in den Schooß der Kirche zurückkehrenden Ketzer wegen geſtattet) es iſt, ſage ich, bekannt, daß in jenen Zeiten die hochwürdigſten Erzbiſchöfe von fünf zu fünf Jahren beſtändig um die apoſtoliſchen Induͤlte angehalten haben, die ihnen dann auch jedesmal guͤtig, obwohl nicht immer ohne alle Verzoͤgerung, verliehen wurden.„

„ſpenſandi facultas uni aut alteri ordinario Concedebatur) indulta apoſtolica indeſinenter enixis precibus de quinquennio in quinquennium a Rmis Archiepiſcopis expoſtulata ſunt, & benigne conceſſa, licet aliquando aliquâ interjectâ morâ.“

„So erhielt Ferdinand Erzbiſchof zu Köln das erſte Beſtätigungs- oder Erweiterungs-Indult den 21 December 1645, und deſſen Nachfolger Maximilian Heinrich empfieng vom apoſtoliſchen Stuhle den 12 Jenner 1651 die nemliche Erlaubniß, ſo ihm auch auf ſein von fünf zu fünf

„Rmus Archiepiſcopus Colonienſis Ferdinandus primum quidem confirmationis indultum die 21 Decembris 1645, quo defuncto illius in archiepiſcopatu Succeſſor Maximilianus Henricus cum die 12 Januarii 1651, easdem ſibi facultates à ſede apoſtolicâ tribui obtinutinuisset, de quinquennio in quinquennium sibi prorogari facile consequutus est 16 Decembris 1655, primâ julii 1662, 30 Junii 1667, 30 Junii 1672.

Item Joseph Clemens ex principibus Bavariæ, cui præter Coloniensem archiepiscopatum ecclesiarum quoque Hildeshemiensis & Leodiensis administratio concredita fuit, postquam indultum juxta prædictam formulam tertiam a sanctâ Sede impetrasset 6 Maji 1677, idem prorsus sibi confirmari summo studio contendit quinquennio quolibet exeunte, videlicet 30 Aprilis 1682, 9 Aprilis 1687, 29 Januarii 1693, 10 Decembris 1698, 20 Septem-

„fünf Jahren wiederhohltes Begehren fernerhin, ohne Anstand erneuckt wurde, den 16. December 1655, den 1 Julius 1662, den 30 Junius 1667, den 30 Junius 1672."

„Eben so ließ sich Joseph Clemens aus dem bairischen Hause, dem nebst dem Erzbisthum Köln auch die Verwaltung der Kirchen zu Hildesheim und Lüttich anvertrauet war, nichts angelegentlicher seyn, als nachdem er das Indultum obgedachter dritter Formel gemäß am 6 Mai 1677 vom apostollischen Stuhle erlanget hatte, auch nach jedem Verlauf von fünf Jahren um die Bestätigung desselben anzuhalten, als nemlich am 30 April 1682, am 9 April

April 1687, am 29 Jen= ptembris 1703, 26 Se=
ner 1693, am 10 Decem= ptembris 1708, 14 Se=
ber 1698, am 20 Septem= ptembris 1713, & 1718,
ber 1703, am 26 Septem= 17 Junii 1723.
ber 1708, am 14 Septem=
ber 1713, 1718, und am
17 Junius 1723."

„Nach seinem Ableben „Post illius obitum re-
hat sich der zum Erzbischof nuntiatus Archiepiscopus
von Köln ernannte Cle= Coloniensis Clemens Au-
mens August die gewöhn= gustus consuetas dispen-
lichen Dispensations=Fa= sandi facultates sibi a sum-
cultäten im Jahre 1728 mo pontifice quaesivit anno
bei dem Pabste gesucht, 1728, easque statis tem-
und für ihre Bestätigung poribus confirmari cura-
durch wiederhohlte Indulte vit, repetitis indultis 13
am 13 August 1733, am Augusti 1733, 6 Augusti
6 August 1738, am 4 1738, 4 Julii 1743, 22
Julius 1743, am 22 Mai= Maji 1748, 10 Maji 1753,
1748, am 10 Mai 1753, 13 Aprilis 1758."
am 13 April 1758 gesor=
get."

„Es wurde auch nicht „Neque secus actum est
anders von den übrigen ab reliquis episcopis Colo-
nach= nien-

niensibus successoribus, quorum extant concessiones atque confirmationes habitæ 23 Junii 1761, 26 Junii 1766, aliæque usque ad hodiernum Serenissimum archiepiscopum Maximilianum ex archiducibus Austriæ, qui post impetratas a sanctissimo domino nostro dispensandi facultates juxta prædictam formulam tertiam prout cum illius prædecessoribus factum fuerat, easdem ad quinquennium prorogari petiit 27 Maji 1784."

nachfolgenden Bischöfen von Köln gehalten, derer Erlaubnisse und Bestätigungen vom 23. Junius 1761, vom 26. Junius 1766, und bis auf den heutigen durchlauchtigsten Erzbischof Maximilian aus dem Erzhause Oestetreich vorhanden sind, welcher so wie seine Vorfahren nach von unserm heiligsten Herrn erhaltenen Dispensationsfacultäten die Verlängerung derselben auf fünf Jahre am 27 Mai 1784 verlanget hat."

„Coloniensium archiepiscoporum exemplis excitati archiepiscopi Moguntini, jam pridem ab anno 1653 de hujusmodi facultatibus impetrandis, instaurandisque admodum solliciti fuerunt, ut constat

„Durch das Beispiel der Kölnischen Erzbischöfe aufgemuntert waren die Erzbischöfe zu Mainz schon seit 1653 um die Erlangung und Erneuerung von dergleichen Freiheiten sehr besorget, wie aus den päbstlichen

lichen Decreten vom 6 Junius 1658, 3 Mai 1663, 12 April 1668, 7 Junius 1674, 5 Merz 1676, 14 Merz 1680, 28 Merz 1685, 12 Merz 1722, 13 Mai 1728, 11 December 1732, 2 Januarius 1738, 25 April 1743, 22 Mai 1748, 5 Julius 1753, 17 August 1758, 22 September 1763, 22 September 1768, 11 Julius 1782 zu ersehen ist."

stat ex pontificis decretis editis 6 Junii 1658, 3 Maji 1663, 12 Aprilis 1668, 7 Junii 1674, 5 Martii 1676, 14 Martii 1680, itemque 28 Martii 1685, 12 Martii 1722, 13 Maji 1728, 11 Decembris 1732, 2 Januarii 1738, 25 Aprilis 1743, 22 Maji 1748, 5 Julii 1753, 17 Augusti 1758, 22 Septembris 1763, 22 Septembris 1768, 11 Julii 1782."

„Mit diesem hangen endlich ganz die Facultäten zusammen, für derer Uebertragung und Bestättigung von den Päbsten die trierischen Erzbischöfe am 5 April 1662, 17 November 1667, 20 November 1681, 21 November 1686, 15 November

„His demum apprimâ cohærent facultates, quas sibi a summis pontificibus delegari, confirmarique curarunt archiepiscopi Trevirenses 5 Aprilis 1662, 17 Novembris 1667, 20 Novembris 1681, 21 Novembris 1686,

1686, 15 Novembris 1691, 3 Januarii 1697, 9 Martii 1702, 28 Martii 1711, 17 5, 26 Martii 1722, 10 Junii 1727, 26 Januarii 1730, 3 Februarii 1735, 27 Januarii 1740, 4 Martii 1745, 3 Aprilis 1750, 17 Aprilis 1755, 12 Februarii 1756, 13 Novembris 1761, 20 Februarii 1766, 13 Junii 1768, 12 Martii 1778, 7 Aprilis 1783."

vember 1691, 3 Jenner 1697, 9 Merz 1702, 28 Merz 1711, 1717, 26 Merz 1722, 10 Junius 1727, 26 Januarius 1730, 3 Februarius 1735, 27 Januarius 1740, 4 Merz 1745, 3 April 1750, 17 April 1755, 12 Februar 1756, 13 November 1761, 20 Februar 1766, 13 Junius 1768, 12 Merz 1778, 7 April 1783 gesorget haben."

„Quamvis autem hodiernis celsissimis archiepiscopis Coloniensi & Trevirensi, circa annum 1782 a summo pontifice concessum fuerit dispensandi (cum subditis Austriacis) in gradibus tertio, & quarto simplici, & mixto tantum, nedum cum pauperibus sed etiam cum nobi-

„Und obwohl den Durchlauchtigsten itzt regierenden Erzbischöfen zu Köln und Trier um das Jahr 1782 vom Pabste gestattet ward, österreichische Unterthanen, und zwar nicht nur arme, sondern auch ablige und reiche im dritten und vierten einfachen und vermischten Grade bei einzugehen- den

den Heurathen zu dispensiren: so ist es deswegen nicht erlaubt, diese hinzugekommene Freiheit auf den britten und vierten Grad vermischt mit dem zweiten auszudehnen, was auch nie burch die britte Formel erlaubt war, noch auf andere Grade, auf andere Personen und Oerter, ausser den österreichischen Landen zu erweitern."

nobilibus & divitibus in contrahendis; non ideo licet superadditam hanc facultatem, aut extendere ad tertium & quartum gradum mixtum cum secundo, quod ne per formulam quidem tertiam unquam licuit, aut ad alios gradus, ad alias personas, & loca extra ditionem Austriacam posita, ampliare."

Da also aus allem diesem am Tage liegt, daß die hochwürdigsten Erzbischöfe zu Mainz, Trier und Köln keine andere Dispensationsfacultäten haben, als die in der britten Formel enthalten und ausgedruckt sind, und die sie sich bis daher selbst von fünf zu fünf Jahren vom heil-

"Cum itaque ex his omnibus pateat Rmos archiepiscopos Moguntinum, Coloniensem & Trevirensem non aliis uti dispensandi facultatibus, nisi contentis expressis in formulâ sci. I, quas ipsi de quinquennio in quinquennium sibi confirmari a sancta Sede ha- ctetenus institerunt, itemque certum sit ejusdem formulæ tertiæ ampliationem a summo pontifice nuper invectam pro diœcesibus Trevirensi & Coloniensi, subditos, ditionesque Austriacas duntaxat attingere; idcirco noverint omnes, ad quos pertinet, immotumque permaneat, quascumque dispensationes, secus, quam per formulam tertiam, ejusque novissimam ampliationem liceat, aliunde quam ab apostolica sede profectas nemini suffragaturas; neque propterea ratum validumque futurum desuper matrimonium, sobolemque, si qua ex ejusmodi incestis nuptiis prodierit, quocumque legitimitatis jure destitutum iri."

heiligen Stuhle bestätigen ließen, und da es eben so gewiß ist, daß die vom heiligen Vater für die Diöcesen von Trier und Köln geschehene Erweiterung der dritten Formel allein die österreichischen Lande und Unterthanen angehe,' so sollen es alle wissen, die es wissen müssen, und es soll umumstößlich bleiben, daß alle und jede Dispensationen, die etwas anders erlauben, als was die dritte Formel und deren neueste Erweiterung erlaubet, und die anders woher als vom apostolischen Stuhle kommen, niemanden nutzen werden, daß jede Ehe deswegen doch unkräftig und ungültig bleibe, und daß jedes aus solchen blutschänderischen Heurathen gebohrne Kind aller Rechte eines

Da-

eines rechtmäßigen be- Datum Coloniæ, pri-
raubt sey.   die Kalendas decembris
   Köln, am 30 Novem- 1786.
ber 1786.

Ihr sehet, daß nichts einfacher ist, als der Inhalt dieses Briefes, und daß er den Pfarrern heimlich zugestellet werden mußte, weil, seitdem die Vicariate die Vorschriften des Emser Congresses angenommen haben, jeder andere Weg verschlossen war. Auch fiel es den Erzbischöfen, da sie sich dieses Schreibens wegen beschwerten, nicht ein, dem Inhalt desselben im mindesten zu widersprechen. Ich füge ihre Erklärungen, die ihr zweifels ohne schon gesehen habet, hierbei; ihr werdet von denselben, wenn ihr sie in dem Augenblicke vor Augen habet, wo ihr Geist mit dieser Sache sonderbarer beschäfftiget ist, noch schicklicher urtheilen. Zuvor aber muß ich noch erinnern, daß die drei Prälaten dem öffentlichen Gerüchte gemäß nicht zufrieden, jene bittern Klagen, jene heftigen Entschließungen in Gestalt eines Manifestes durch alle öffentliche Blätter bekannt gemacht zu haben, sich annoch beim Reichstage zu beschweren, und wegen besagtem Schreiben des Nunzius bei S. K. M. um Genugthuung anzuhalten entschlossen sind, da doch der Nunzius nur nach

förm-

förmlich vom Kaiſer ſelbſt anerkennten Grundſätzen gehandelt hat; denn von der Macht des Pabſtes über Ehehinderniſſe geſchieht in verſchiedenen Verordnungen und Verhaltungsbefehlen S. M. ausdrückliche Erwähnung (a). Sogar findet man darinn drei in gegenwärtiger Sache äußerſt merkwürdige Punkte; 1) daß dieſer Monarch den Biſchöfen ſeiner Staaten erlaubet, daß ſie die Befügniß zu diſpenſiren vom apoſtoliſchen Stuhle begehren; 2) daß er vorausſetzet, kein Biſchof noch Metropolit habe die Macht, welche ſich die drei Kuhrfürſten ſeit dem Emſer Congreß zueignen; 3) daß er ſogar nicht haben will, daß dieſe Diſpenſen ſtatt haben

(a) „*Quare univerſis diœceſanis* (epiſcopis) *declarandum veniet, ipſis nunc liberum relinqui, ut facultates diſpenſandi circa impedimenta matrimonii in gradibus prohibitis conſanguinitatis & affinitatis, in quantum hæ* in gradu quarto & tertio, nullatenus tamen tangente ſecundum, *ipſis hucusque pro pauperibus conceſſæ erant, etiam pro nobilibus & ditioribus Româ ad dies vitæ impetrare, atque hac ratione ipſi etiam in formulâ conſuetâ diſpenſare poſſint, ac valeant.*“ Dies ſind die ausdrücklichen Worte der Verordnung S. K. M., die den Biſchöfen der öſterreichiſchen Monarchie zur Richtſchnur an die Kanzeleien geſchickt wurde.

ben sollen, wenn es um den zweiten mit dem dritten vermischten Grad zu thun ist. [a].

Es hat also der Nunzius durch seinen Kreisbrief an die Pfarrer nicht allein zu der geringsten Verwirrung keinen Anlaß gegeben; sondern im Gegentheil auch die Absichten des Reichs=Oberhauptes dadurch befördert, und ist unzähligen Unordnungen vorgekommen, welche, wie wir bereits gesehen haben,

[a] Die Nunzien in Deutschland, welchen in Ansehung der Dispensen gleiche Gewalt mit den Bischöfen zustehet, haben dennoch nie jene zu besitzen geglaubt, so sich nunmehr die drei obgedachten Prälaten zueignen wollen. Ein Gottesgelehrter von Köln hat uns hierüber eine wichtige, und mit einer Menge in der Nunziatur besagter Stadt Köln befindlichen Schriften übereinstimmende Nachricht hinterlassen. „Jam vero certum est, quod nuncius apostolicus in Germania habeat quoad hoc eandem prorsus facultatem, quam habent episcopi, & etiam certum est, quod nuntius dispensare non possit, si sit gradus mixtus cum secundo, nam Roma sub annum 1690 declaravit hoc, uti agnoscit nuntiatura; ideoque ab eo tempore non dispensat, si secundus gradus attingatur. Similiter certum est, quod sub annum 1694 idem declararit Roma interrogata nomine illustrissimi de Anethan, suffraganei & vicarii generalis Coloniensis; & ideo ab eo tempore etiam hi non dispensant in isto gradu." Theol. moral. a R. P. Cl. l'Croix, tom. 8. l. 6. part. 3. §. 863.

ben, nicht allein in Betracht der Religion, sondern auch in jenem der bürgerlichen Gesellschaft aus solchen blutschänderischen Ehen entstanden seyn würden. — Was den Vorsatz betrifft, welchen die drei Kuhrfürsten gefasset haben sollen, daß sich diese nicht als Kirchenprälaten, sondern als Reichsfürsten, deren Territorien von einem Fremden verletzt worden seyn, beim Reichstage beschweren wollen; dieser Vorsatz ist so unglaublich, daß ich ihn unmöglich glauben kann. Denn, wenn auch dieser angebliche Fremde aller Vorrechte eines Nunzius von Niederdeutschland entschiedener maßen entsetzet wäre, so ist er dennoch ein Gesandter des Pabstes, und ist, ob ihm gleich die Audienz vom Kuhrfürsten von Köln abgeschlagen worden ist, eben so gut, und zwar zu Bonn selbst, ein Gesandter, als es da diejenigen sind, welche zu dieser Audienz gelassen wurden; denn derjenige, welcher den Gesandten schickt, giebt demselben diese Eigenschaft, und nicht derjenige, der diesen aufnimmt. Seit wann ist nun die von einem Gesandten im Namen seines Herrn gemachte Erklärung eine Verletzung des Territorii? Und war nicht die Erklärung des Nunzius ihrer Natur und ihrem Gegenstande nach eben so wesentlich das Fach des Pabstes als des Handhabers der Kirchengesetze, des sicht-

baren

baren Oberhauptes der Kirche, des allgemeinen Vaters der Gläubigen, welchem das geheiligte Pfand der Glaubenslehre und der Sakramente besonders übertragen ist, wie diese oder jene Erklärung, welche sich auf Anmaßungen zeitlicher Fürsten beziehet? ... Und sind nicht die weltlichen christlichen Fürsten (vielmehr durch ihren Stand, und durch die unverletzlichen Regeln der Hierarchie untergeordnete Priester und Bischöfe) schuldig, die Gesandten des Hohenpriesters aufzunehmen, und ihnen völlige Freiheit zu gestatten, daß sie ihre Verrichtungen üben und im Namen ihres Herrn sprechen dürfen? In der Menge von Rechtsgelehrten, welche wir dieserhalb anführen könnten, wollen wir uns an den so gelehrten als berühmten Kanonisten Schmitt halten. Quodsi, sagt er in seinen *Institutionen* Cap. I. Sect. III de summo Pontifice C. 18, *quod si verò pontifici jus perfectum eos mittendi denegari à catholico non possit: huic vicissim ex altera principum etiam supremorum parte respondebit obligatio in thesi saltem certa, ne legatos ejusmodi ab ingressu in terras suas prohibeant, aut legitimis eorum functionibus in salutem animarum necessariis se se obstaculo ponant. — Nota, neque hîc argumentum duci poterit a legatis aliis, cum jam per se se sat luculentum appareat discrimen: nulli quippe principi*

cipi supremo quidquam in alterum itidem talem ejusque terras competit; cùm contra pontifici vi primatûs, cura totius orbis christiani incumbat, atque in rebus ad salutem animarum pertinentibus ejus se se jurisdictio ubique protendat. Was würde bei so gestalteten Sachen der Reichstag von den Klagen der drei Kuhrfürsten denken? Doch wir wollen nun auf ihre Erklärungen oder Manifeste kommen. Die erste davon ist die Kölnische.

„In Gefolge besondern gnädigsten Befehls Sr. Kuhrfürstl. Durchlaucht zu Köln, unseres gnädigsten Herrn, dd. Münster, den 17 December l. J. wird sämtlichen Pastorn hiemit befohlen, das von einem sich als Päbstlichen Nunzius zu Köln ausgebenden, hierüber aber bei Höchst gedachter Sr. Kuhrfürstlichen Durchlaucht nicht legitimirten [a]

frem=

---

[a] Nicht legitimirt . . . . hat er sich aber nicht eingestellet, um legitimirt zu werden? Hat er nicht Audienz begehret? Hat er nicht mit wenig Ehre abziehen müssen? . . . Hat sich nicht der Kuhrfürst am Tage seiner bischöflichen Weihe, selbst in der Kapelle der Nunziatur, durch einen feierlichen Eidschwur dazu verpflichtet, die apostolischen Nunzien aufzunehmen? . . . Das sind viele Sachen, welche vor der Verkündigung dieser Ordonnanz konnten erwogen werden. Doch laßt uns Fürsten nicht zu strenge richten, laßt uns ihrer Religion und ihrer öfters dann auch, wenn sie sich in der

Wahl

fremden Bischofe erhaltenes gedrucktes Schreiben mit dem nämlichen Couverte ohne weiters demselben mit der ersten Post obrück zu schicken [a]; über diese Obrückschickung ein Certificat von der Post, womit die Obrückschickung geschehen, sich geben zu laſ-

Wahl ihrer Handlungen verſieht, ſehr aufrichtigen Frömmigkeit kein Unrecht thun. Laßt uns vielmehr jene redlichen, unverhohlten, freimüthigen Seelen bedauren, welche ihr Stand dazu beſtimmet, daß ſie für alle Menſchen, und ſo ſelten für ſich ſind, welche den Grundſätzen des Wahren und Guten innerlich zugethan, und zugleich ſo vielfältigen, ſo verwickelten auswärtigen Bewegungen bloßgeſetzt ſind, daß es ihnen unmöglich wird, die Natur und Richtung derſelben zu unterſcheiden. Es braucht in der That weiter nichts, als einen von jenen ewigen Gefilden herabgeſandten himmliſchen Geiſt, der auf ihrer Seite wache, und ſie vor dem immer glänzend aufgeſchmückten, und ſelbſt für diejenigen, welche ihn verabſcheuen, allzugefährlichen Irrthum bewahre.

[a] Können die Seelſorger dieſen Befehl in ihrem Gewiſſen befolgen? Können ſie dem oberſten Prieſter der Kirche und ſeinem Legaten eine ſo unerhörte Beleidigung zufügen? ... Wenn Se. Kuhrfürſtliche Durchlaucht hier als weltlicher Fürſt ſprächen, ſo könnte die Sache noch einige Unterſuchung erheiſchen; ſie ſprechen aber als Prieſter, als Biſchof, denn der Vicarius generalis, und der Protonotarius *in ſpiritualibus* ſind unterzeichnet. Kann nun aber ein Biſchof den allgemeinen Vater der Gläubigen und deſſen Abgeordneten, kann er ſeinen wahren Vorſteher auf eine ſo ſchimpfliche Weiſe mißhandeln? Und können die Pfarrer auf Befehl ihrer unmittelbaren Vorſteher dem Vorſteher ihres Biſchofs oder Erzbiſchofs mit ſolcher Verachtung begegnen?

laſſen, und ſolches unverzüglich an hieſiges Vikariat zu ſchicken. Wobei denn zugleich in Gefolge oben benannten beſondern gnädigſten Befehls vorgeſagte Paſtorn unter ſchwerer Strafe ſich nicht unterfangen ſollen, irgend ein Schreiben, Breve, Bulle, Diſpenſation, oder wie ſie Namen haben, vom römiſchen Hofe anzunehmen, bevor ſolches uns präſentiret, und ſie von uns die zur Umſchickung und Publikation gehörige ſchriftliche Erlaubniß erhalten haben. Signatum Köln den 19 December 1786.

J. P. von Horn-Goldſchmidt
Vic. generalis.

M. J. Cainen, Proton. in ſpiritualibus.

„Wir Official, Siegler, geiſtliche Räthe, und übrige Beiſitzer des geiſtlichen Hofgerichts zu Koblenz.

„Es iſt uns angezeiget worden, daß an die mehreſten Pfarrer des niedern Erzſtifts unterm 30ten November eine unter dem Namen eines Erzbiſchofs zu Damiat und Päbſtlichen Nunzius zu Köln erlaſſene Druckſchrift gekommen ſey: Man bemühet ſich darinn durch verſchiedene Sätze und ein weitläuftiges Wörtergepränge [a] den deutſchen Herren Erzbiſchöfen

[a] Wir haben dieſen ſehr einfachen, ja gar etwas unzierlichen Brief ſo eben geſehen. Ich weiß nicht, wo der Herr

in das Recht der Dispensation im zweiten und dritten Grade der Verwandschaft zu bestreiten [a], und der Damiatische Erzbischof behauptet, daß er hiezu einen ausdrücklichen Auftrag von dem römischen Hofe erhalten habe, allein uns ist nicht bekannt, daß die aus den Gränzen des deutschen Reichs verwiesene Macht des Nunzius [b] neuerlich jemanden aufgetragen, und derselbe in dieser Eigenschaft von unserm hochwürdigsten und durchlauchtigsten Erzbischofe anerkannt sey. Wir können uns zwar auf die Gelehrsamkeit unserer Pfarrer und übriger Seelsorger, und die ihnen beiwohnende Folgsamkeit gegen ihren Erzbischof gänzlich verlassen [c], daß sie
auf

Herr Official das weitläuftige Wörtergepränge, wonicht etwa in den Titeln des Nunzius, gefunden hat. Aber dieser Fehler, wenn es eins seyn soll, findet sich ebenfalls an der Spitze der Verordnung.

[a] Das ist nicht richtig. Es ist kein Schatten von Streit in diesem Briefe. Man zeigt schlechterdings aus dem Eingeständniß und dem beständigen Verfahren der drei Erzbischöfe, daß sie niemals glaubten, dieses Recht zu haben, wie sollte man dann auf den Gedanken gekommen seyn, es ihnen zu bestreiten?

[b] Baiern, die preußischen Staaten, die Pfalz, und so viele andere Provinzen, welche den Nunzius anerkennen, sind also aus den Gränzen des deutschen Reichs?

[c] Freilich wohl, aber können denn die Pfarrer, nachdem sie einmal um die Decrete des Trientischen Kirchenrathes
und

auf die Ausstreuungen so gearteter Schriften, die wider die offenbaren Satzungen der Bischöfe, die der h. Geist gesetzt hat, die Kirche zu regieren, anstoßen, und daher ohne Wirkung sind, keine Rücksicht nehmen werden, denn es beruhet in der Offenkündigkeit, daß keiner in einem fremden Bißthume die gesetzgebende Macht ausüben kann [a]. Gleichwohl sehen Se. Kuhrfürstl. Durchlaucht, unser hochwürdigster Erzbischof sich genöthiget, die in dieser Hin-

und um die beständige Anhänglichkeit ihrer Erzbischöfe wissen, plötzlich sowohl den Kirchenrath verwerfen, als auch den Statthalter Christi verachten, welcher auf die Beobachtung der trientischen Kirchengesetze dringet?

[a] Febronius, der die Gerichtsbarkeit des Pabstes über die ganze Kirche, und über alle Bisthümer, die für ihn nicht fremd sind, ausdrücklich anerkennet, wird gewiß diese Behauptung wenigstens als eine irrige betrachten. . . . Sollte wohl der Nachfolger eines Nunzius, welchem man bei dem Abfall des Metropoliten Druchses, der den Glauben für die Augen der schönen Agnes verläugnete, die Beibehaltung des catholischen Glaubens im Kuhrfürstenthum Köln, und vielleicht in ganz Niederteutschland zu verdanken hat, in unsern Gegenden so fremde seyn, besonders nachdem er den Besitz dieses so wichtigen Postens schon über zweihundert Jahre behauptet, und von zehn Kaisern, dem Reichstage, dem gesammten Reiche, den Metropoliten, den Bischöfen bis auf das Jahr 1786 ist in demselben bestätiget worden. Man sehe hie unten das Schreiben des Pabstes an den Bischof von Freisingen, und den wahren Sinn des Rescriptes, welches die Metropoliten von Joseph II erwirket haben.

Absicht am 29 November 1785 und den 28 Jenner laufenden Jahrs erlassenen Verordnungen, kraft welcher, ohne vorgängige Einwilligung des Vicariats, keine römische Bullen, Breven und Rescripten angenommen werden sollen, ausdrücklich zu wiederhohlen und einzuprägen. Damit nun kein Merkmal von der so schändlich verletzten Bischöfl. Macht, die wir stets aufrecht zu halten verbunden sind [a], übrig bleibe, so befehlen wir hiemit ernstlich, daß alle, an welche die obgemeldeten Schriften gekommen sind, dieselben unverzüglich dem Aussteller zurücksenden, und ihm ausdrücklich melden sollen, daß sie wider die offenbaren Grundsätze der von Gott bestimmten Kirchenverfassung, von einem fremden Erzbischofe, wenn er auch mit noch so glänzenden Titeln und Namen prangen würde, keine Gesetze annehmen könnten. Uebrigens da wir noch nicht erfahren haben, daß Schriften von dem nämlichen Schlage an die Ordensgeistliche gesandt worden sind [b], so befehlen wir hie-

geist=

---

[a] Ist Sr. Kuhrfürstl. Durchlaucht diese Pflicht und Verbindung bis im Jahr 1786 unbekannt gewesen? Ist sie ihr unbekannt gewesen, als höchstdieselbe bei ihrer bischöflichen Weihe schwüren, die apostolischen Nunzien aufzunehmen, selbige anzuhören und ihnen mit aller Ehrerbietung zu begegnen?

[b] Die Ehen gehen nur die Pfarrer an, es würde also unnö=

mit, daß sie die obgemeldte erzbischöfliche Verordnung genau erfüllen, und, wenn über diesen Gegenstand an sie sollte geschrieben werden, solches uns unverzüglich und getreu einsenden sollen. Gegeben zu Koblenz bei dem Officialate den 20ten December 1786.

Auf Befehl, J. L. Hammer,
Secret. in Vicariat-Sachen.

„Wir Vicarius generalis in geistlichen Sachen, Provicarius Official, Siegler, Oberfiscal, auch übrige geistliche Räthe und Beisitzer, u. s. w.

„Der hochwürdigste Herr Bartholomäus Pacca, Erzbischof zu Damiat, der sich als Päbstlicher Nuntius zu Köln aufhält, hat sich unterfangen, in einer den 30ten November l. J. an die Pfarrer des Erzbisthums Mainz und andere geistliche Personen erlassenen Druckschrift die von einigen Erzbischöfen in verschiedenen Graden ertheilten Dispensationen aus der

Ur-

unnöthig gewesen seyn, Schriften von diesem Schlage [niedlicher und edler Ausdruck!] an die Ordensgeistliche zu schicken. In Betreff aber der Ehe-Dispensen verwahren wir bis zum Ende dieser Sammlung zween Briefe Sr. Kuhrfürstl. Durchlaucht, welche dasjenige vollends bestätigen werden, was wir bereits von dem sehr großen Unrecht gesagt haben, welches man Fürsten thun würde, wenn man Ihnen alles, was in ihrem Namen geschieht, Schuld geben wollte.

Ursache für nichtig und kraftlos zu erklären, weil diese Grade in den vom römischen Stuhle erlangten Facultäten nicht begriffen sind. Wir zweifeln nicht, daß alle und jede Pfarrer, Seelsorger und Beichtväter sowohl Welt = als Ordensgeistliche, die ächten Grundsätze von der Gewalt der Erzbischöfe eingesogen haben [a], und von dem Ursprunge der in dem mittlern Zeitalter vom römischen Hofe eingeführten Reservationen genau unterrichtet sind, daher sich durch obgemeldte Erklärung, wie wir uns gewiß versprechen, zu nichts bewegen lassen, weder von dem Unserm Hochwürdigsten Erzbischofe schuldigen Gehorsame abweichen werden. Wir sind überzeugt, daß sie vielmehr dieses kecke Unternehmen, das nur die Stöhrung der Gewissensruhe zum Zwecke hat, billigermaßen verabscheuen, mithin auf den Inhalt und die Absicht der vorbesagten unstatthaften Druckschrift keine Rücksicht nehmen werden [b].

Wir

---

[a] Eingesogen, nein, weil sich diese Grundsätze erst von dem Emser Congreß, das ist vom Jahr 1786 herschreiben, und daß damals die Seelsorger eben so wenig mehr sogen, als die Erzbischöfe, welche diese Grundsätze bis dahin so wenig gesogen hatten, daß sie die Befugniß zu dispensiren zu Rom immerfort nachgesucht haben.

[b] Man setze hinzu: auch keine auf den Kirchenrath von Trient.

Wir behalten Uns vor, Unsere Gesinnungen darüber näher zu äußern, dermalen aber befehlen wir ernstlich, daß, wenn ein Abdruck von gemeldter Schrift in ihre Hände gekommen seyn sollte, sie denselben auf der Stelle in der Art, wie sie ihn bekommen haben, nach Köln zurück senden, und, wie dieß schuldigermaßen bewirkt worden, Uns unverzüglich Bericht erstatten. Mainz den 21 December 1786."

   Maria Jos. Philipp Anton, Frhr. Schuß v. Holzhausen, Vicarius generalis in geistlichen Sachen.

   Joh. Balthasar Elperz, Kuhrmainzischer Secretarius.

  Ihr sehet, daß die Klagen der drei Metropoliten an die Behauptungen des Briefes nicht rühren. Wider das Daseyn und nicht wider den Inhalt desselben haben sie ihr Mißvergnügen geäußert. Wird man aber nicht urtheilen, daß die Existenz dieses Briefes durch seinen Inhalt gerechtfertiget ist? und wenn er nur wahre Thatsachen enthält, konnte dann wohl derjenige, der ihn geschrieben hat, sich dieses Schreibens überheben? Das ist eine Frage, welche zu untersuchen ich nicht übernehmen werde; dieß allein will ich bemerken, daß sie die Feinde des päbstlichen Ansehens auf eine den drei Erzbischöfen nicht günstige Art entschieden haben,

haben. „Man wird bemerken können, sagt ein öst=richer Periodist, der zugleich ein eifriger Vertheidiger der erzbischöflichen Rechte ist, daß es keiner von ihnen für gut befunden hat, in die ausführlichen Beweise des göttlichen oder menschlichen Rechtes einzugehen, vermöge dessen sie sich anmaßen, eigenmächtig hinführo dasjenige zu geben, was sie sonst nur Kraft von Rom erhaltener Befugnisse ertheilten. Vielleicht wären diese Beweise eben so leicht nicht zu führen gewesen, denn wir müssen gestehen, daß der undenkliche Besitz=stand des heiligen Stuhles die Wagschaale auf dessen Seite lenket, und daß es zuletzt nothwendig seyn wird, einen allgemeinen Kirchenrath zu versammlen, um den verschiedenen Ansprüchen der Bischöfe ein Ende zu ma=chen. . . . Die Nothwendigkeit eines allgemeinen Conciliums ist um so dringender, weil man nicht in Abrede seyn kann, daß, wenn jeder Bischof in die vo=rigen ihm entweder durch altes Herkommen oder durch Mißbrauch päbstlicher Gewalt benommenen Rechte" (eine Behauptung, deren Genauigkeit wir nicht unter=suchen wollen) „sich selbst wieder einsetzen wollte, in der Kirche ein ganz sonderbarer Mißhall entstehen, und ihrer seits die Pfarrer auch nicht ermangeln würden, sich eben desselbigen Rechtes zu bedienen."

Journal gén. de l'Europ. n. 288 p. 21.

Der Leidensche Zeitungsschreiber, dieser des Satyrgeistes und einer falschen Philosophie so volle, dem Pabste und seinem Ansehen so abholde, seiner Decrete und seines Betragens immerwährende Verläumder hat dieselbige Sache erkennet, und ist gezwungen, der Wahrheit zu huldigen. „Die von den geistlichen Kuhrfürsten wider das Umlaufsschreiben des apostolischen Nunzius gethane Erklärung, schreibt er, wird eben keine wichtigen Folgen nach sich ziehen; indeß macht sie doch in Deutschland eine gewisse Empfindung. Man bemerkt, daß keiner von diesen hochwürdigsten Herren in seiner Verordnung Proben angeführt hat von dem göttlichen oder menschlichen Rechte, welches sie zu haben vorgeben, künftig aus eigener Gewalt jene Dispensen zu geben, die sie ehemals nur vermöge ausdrücklich von Rom aus erhaltener und von fünf zu fünf Jahren bestätigter oder erneuerter Erlaubnisse verliehen haben. Im Gegentheil, wenn die Gerechtsame des heiligen Stuhles allein aus dem Besitzstande hergenommen werden sollten, so scheinet es, man könnte nicht leugnen, daß sich die Wagschaale auf dessen Seite neigt; und hierauf hat der Herr Nunzius Pacca nicht ermangelt, in seinem Kreisschreiben zu bringen.... Es wäre zu wünschen, daß entweder durch einen allgemeinen Kirchenrath, oder durch jedes andere schickliche Mittel die Gränzen der verschiedenen Gewaltausübungen

Nouvelle extr. de div. endr. n. 4. 1787. suppl.

gen in der Hierarchie endlich festgesetzt würden, denn gewiß haben die Bischöfe nicht weniger Eingriffe" (das Publikum weiß die Ausdrücke dieses Protestanten zu schätzen) „in die Rechte des niedern Klerus gethan, als der Pabst in Ansehung der Bischöfe gethan hat [a]. —

[a] Es ist hier der Ort nicht, die Ausdrücke des Protestanten von Leiden zu widerlegen, und zu sagen, daß man weder dem Pabste noch den Bischöfen Vorwürfe über Eingriffe machen könne. Die verschiedenen Modificationen, so die Zeit und die Umstände in die verschiedenen Aeste der hierarchischen Macht gebracht haben, sind auf eine gesetzmäßige Weise gemacht worden, und sind nur eine Entwickelung des allgemeinen Plans, welchen der Stifter des Christenthums zur Dauer und Erhaltung desselben entworfen hat. — Nebst dem, daß die Priester und Pfarrer in den ersten Zeiten lauter mildthätige, einsichtsvolle, und mit jenem Eifer des ersten Christenthums beseelte Männer waren, war aber ihre Anzahl auch gering; der Theil, welchen sie an den Geschäften der Kirche hatten, machte das Regiment derselben weder zu verwickelt, noch zu beschwerlich: So bald sie aber außerordentlich vermehret wurden, würden die Theilungen der Macht Unruhe und Verwirrung in der Verwaltung verursachet haben. — Erschien die Gewalt des Pabstes über die Bischöfe in folgenden Zeiten bisweilen mit mehrerem Glanz, so geschah dieses aus gleich weisen Absichten. Casabon hat es eingestanden, indem er sagte: *Neque vero dubium mihi est, tantum istud studium quod videmus ab eo* (Leone M.) *adhibitum, ut sedes Romana in majus extenderetur, a bono principio fuisse profectum & ad finem optimum spectasse. Vastabant illa ætate ecclesiam perditissimi hæretici, qui magnas quoti-*

die

Ein holländisches Blatt drückt sich noch bestimmter aus. Und obwohl das Ansehen der Zeitungsschreiber in derlei Materie von keinem großen Gewichte ist, so ist doch in den Zeiten, wo wir sind, alles, was sie zu Gunsten der alten Grundsätze sagen, als eine Wirkung der Wahrheitskraft anzusehen. „Die von dem Officialat dieses Erzbisthums Köln wider den Brief des

Gazette de

diē strages, velut apri vineam ingreſſi, edebant; neque erant, qui progreſſibus eorum ſe ſe opponerent, qui quidem cauſam bonam poſſent adjuvare praeter Romanum epiſcopum. Nemo autem peritus rerum eccleſiae ignorat, operā Romanorum pontificum per multa ſaecula Deum eſſe uſum in conſervandā ſarta tecta fidei doctrinā. Hoc intelligens Leo M. & quotidianā experientiā edoctus, quantum verae fidei intereſſet, ut paratum illi ſemper eſſet in ſede Romanā praeſidium firmiſſimum; modis omnibus, ut ita eſſet, procuravit &c. Caſaub. exerc. XV. ad annal. Baron. — Ein Wort des berühmten Morin verbreitet mehr Licht über diesen Gegenstand, als alle zusammengestoppelten Plundereien unserer heutigen Scribler. *Inſolentiſſima igitur eſt inſania, non modo diſputare contra id quod videmus univerſam eccleſiam credere, ſed etiam contra id quod videmus eam facere. Fides enim eccleſiae non modo regula eſt fidei noſtrae, ſed etiam actiones ipſius actionum noſtrarum; conſuetudo ipſius, conſuetudinis, quam obſervare debemus. J. Morinus Praef. comm. hiſt. de adm. Sac.*

des apostolischen Nunzius an die Pfarrer der drei grosen Erzbißthümer ergangene Verordnung, macht hier viel Aufsehen, und findet so vielen Beifall nicht, als man es sich vermuthet hätte. Der Kaiser soll itzt dem Römischen Hofe viel geneigter seyn, als es der Erzbischof von Salzburg bei seiner Abreise nach Wien verhoffte. Man glaubt bestimmt zu wissen, daß der Erzbischof etwas unzufrieden von Wien zurückgekehrt sey. Das Recht zu dispensiren, welches die deutschen Bischöfe bishiehin ausübten, kömmt von dem apostolischen Stuhle her, es ist Ihnen von dem Pabste bloß delegirt worden, sie müssen es sogar alle fünf Jahre erneuern lassen, es ist also offenbar, daß sie dem Pabste kein Recht der Verjährung entgegen zu setzen haben, mithin Ihnen dieser die Ausübung dieses Rechtes nach Belieben gestatten oder abschlagen kann."

Mastric. ou Report. hist. & litter. du tems pres. n. 4. 1787

Ein von Manheim den 16ten Jenner an die Verfasser des zuerst angeführten *Journal général de l'Europe* erlassenes Schreiben ist auch noch von der Art, daß es zu verschiedenen Beobachtungen Stoff geben kann. „Meine Herren, ich falle mit allen unparteyischen Leuten eurer sehr vernünftigen Bemerkung bei, die ihr in euren letztern Numern zu wiederhohlten malen über die Nothwendigkeit einer allgemeinen Kirchenversammlung angestellet habet. Es ist keine andere

journal gén. de l'Europe n 253 p. 137

bere Möglichkeit, den unzählbaren Zwisten ein Ende zu machen, die sich von allen Seiten erheben, und die, wie ihr sehr wohl bemerket, endlich in ein völliges Chaos ausarten werden, wenn ohne Rücksicht auf das, was nachher die Concilien, die Päbste, der Gebrauch, der Besitzstand verändert haben, jedweder alles, was vor 8, 10 oder 15 Jahrhunderten üblich war, wieder einführen wollte. Und nun wieder auf die Gerechtsame der Metropoliten zu kommen, die ich zu bestreiten weit entfernet bin, und die gewiß in dem Alterthum sehr zu verehrende Gründe haben, so ist es gewiß, daß die plötzlich in Betreff der Ehen genommene Entschließung allein erheblich genug ist, sich nach einer allgemeinen Kirchenversammlung zu sehnen. Denn, wenn es wahr ist, daß die Metropoliten das Recht nicht haben zu dispensiren, wie sie es bis zum Emser Congreß, bis wohin sie sich der Dispensen wegen nach Rom wendeten, niemal zu haben glaubten, so ist es aus den Decreten des trientischen Conciliums offenbar, daß solcher Art Ehen nichtig, und die daraus gezogenen Kinder unehlich sind, welche sogar in Ansehung zeitlicher Gegenstände schon ein sehr beunruhigender und schreckhafter Fall seyn würde, weil dadurch eine unerschöpfliche Quelle von Prozessen zwischen den Familien und mit allen den Nationen entstehen würde, die sich an die Lehre der trientischen Kirchenversammlung halten.

Soll=

Sollte aber der Emſer Congreß aus annehmlichen Gründen entſchieden haben, daß bis dahin die drei Erzbiſchöfe Unrecht hatten, ihre Zuflucht nach Rom zu nehmen, indem ihnen wirklich eine Macht zuſtund, um welche ſie nie gewußt haben, ſo kömmt es darauf an, ob dieſe Gründe jenen Grad der Evidenz haben, der dazu erfordert wird, um in einer für die gute Ordnung der Geſellſchaft und der Ehen ſo wichtigen Materie darnach handeln zu können. Ich zweifele nicht daran, der Eifer, die Frömmigkeit, und die Einſichten der drei Prälaten werden ſich beſtreben, dieſe Beſorgniß, welcher jeder wohl unterrichtete Chriſt bei Unterſuchung dieſes Gegenſtandes empfindet, baldmöglichſt zu heben."

Dieſen Bemerkungen, welche gewiß aus keiner verdächtigen Quelle herkommen, will ich nichts hinzuſetzen, ſondern mich begnügen zu ſagen, daß, wenn, wie obgedachte Herren verſichern, nur eine allgemeine Kirchenverſammlung den ungebührlichen Foderungen der drei Erzbiſchöfe abhelfen kann, der Nunzius in Erwartung eines Mittels, welches noch lange ausbleiben dürfte, eben nicht den ſchlimmſten Weg eingeſchlagen zu haben ſcheinet, die Sachen *in statu quo* zu erhalten.

Ich habe die Ehre zu ſeyn

Dero gehorſamſter Diener

H. P. C.

Wenn

„Wenn wir hier die Verdammung der Eybelschen
„ Schmähschrift beifügen, so geschieht dieß nicht aus
„ der Ursache, als hätte sie auf die Gesinnungen und
„ Absichten der drei Erzbischöfe einige Beziehung.
„ Diese Prälaten sind von der Nothwendigkeit eines
„ Oberhauptes und seiner Gewalt in der ganzen Kirche
„ über alle Bischöfe und über sämmtliche Diöcesen auf
„ das innigste überzeugt. Dieser wesentliche katholi=
„ sche Glaubenspunkt ist tief in ihre Herzen gegraben,
„ ihre Religion würde sich mit Ernst wider jedes ihrer
„ Schafe erheben, welches ihn zu bezweifeln sich un=
„ terstünde. Aber die Art, wie die meisten deutschen
„ Periodisten von den Irrungen, derer **wahrer Zu=**
„ **stand** so eben erzählet wurde, gesprochen haben,
„ das ekelhafte Geschmiere wider den päbstlichen Stuhl,
„ womit sie ihre Blätter besudelten, die Brochüren,
„ und das zusammengeraffte gestückelte Zeug, welches
„ täglich ohne End und ohne Zahl wider die **Mutter**
„ **Kirch** der Christen und wider ihren allgemeinen
„ Hirten erscheinen, ließen mich glauben, daß diese
„ Bulle nicht übel hier angebracht seyn dürfte."

Damnatio, & Prohibitio Libri Germanico idiomate
editi cui titulus: Quid est Papa?

PIUS

PIUS, PAPA SEXTUS,

Ad futuram rei memoriam.

Super soliditate Petræ fundatam à Christo ecclesiam, Petrumque singulari Christi munere præ cæteris electum, qui vicaria potestate apostolici chori princeps existeret, totiusque adeò gregis pascendi, fratres confirmandi, totoque orbe ligandi, ac solvendi summam curam, auctoritatemque in successores omni ævo prorogandam susciperet: DOGMA CATHOLICUM EST, quod ore Christi acceptum, perenni patrum prædicatione traditum, ac defensum, ecclesia universa omni ætate sanctissimè retinuit, sæpiusque adversus novatorum errores, summorum pontificum conciliorumque decretis confirmavit. In hoc scilicet apostolicæ cathedræ principatu firmum voluit Christus, constrictumque teneri unitatis vinculum, quo ecclesia per universum mundum propoganda, ex membris quantumcumque dissitis, mutua omnium in uno capite consociatione in unam corporis compagem coalesceret, fieretque adeò, ut hujus vis potestatis non tantum ad primæ sedis amplitudinem, sed & maximè ad corporis totius integritatem, incolumitatemque valeret. Minimè proinde mirum, quotquot

quot omnibus retro sæculis extitere, quibus antiquus humani generis hostis hostile suum in ecclesiam odium infudit, in hanc primum sedem irruere consuevisse, qua unitatis firmitas continetur, ut disjecto, si fieri posset, fundamento, ac dirempta ecclesiarum cum capite conjunctione, qua potissimum nituntur, vigent, ac efflorescunt, ipsammet ecclesiam, fractis viribus misere afflictam, ac dilaceratam, libertate spoliarent, qua Christus eam donavit, indignæque servituti addicerent.

Hos inter paucos ante annos procacis vir ingenii, damnatis dudum opusculis nimium jam notus *Eybel*, novo exemplo infesti sui in nos, & apostolicam hanc sedem animi testimonium edidit: qui nempe audito nuntio itineris a nobis religionis causa suscepti, libellum suis popularibus obtrudere properavit, hac inverecunda inscriptione: *Quid est Papa?* Quo plenum illud pietatis studium, quod adventus nostri expectatio commoverat, restingueret, ipsumque decus pontificiæ dignitatis in sacerdotalis ordinis invidiam, popularisque cœtus contemptum adduceret. Non tamen passus est misericors Deus improbi eum voti compotem fieri: quippe tantâ ipsorummet suorum, quos abalienare a nobis studuerat, celebritate, & frequentiâ, tantâ omnium ordinum gratulatioratione, ac plausu excepti sumus, prorsus ut perspicuum fieret, quamquam nullis nostris meritis in Petri sedem divinâ disponente providentiâ evecti sumus; divino tamen numinis ejusdem consilio provisum esse, ne honori, qui Petro debetur, successoris indignitas obesset.

Ac tùm quidem abstinendum duximus a libello merita damnatione notando; primum ne suspicacioribus, qui non desunt, hominibus, dolori potius nostro indulsisse, quam officio paruisse videremur: dein quòd oblivione protinus obruendum videri poterat opusculum ejusmodi, quod tenue per sese nil momenti afferret praeter procaciorem quamdam in veteribus calumniis retexendis licentiam. Nuper vero cùm acceperimus, levitate ipsa operis factum esse, ut, qui semper parati sunt superseminare zizania inimici homines, repetitis illud typis, nec patrio tantum sermone, sed & in alios plures, quin & in Graecam vulgarem linguam translatum longe lateque divulgari curarent, hoc nimirum consilio, eaque spe inducti, fore ut scripti jocularis licentia non paucos ad legendum alliceret, scriptoris in affirmando confidentia incautis, qui nec pauci sunt, illuderet; nullam nobis moram interponendam novimus, quominus gliscenti malo in dies, quantum in nobis est,

est, occurramus, omnique studio & opera enitamur, ut qui pacem & unitatem ecclesiæ scindere quærunt (utinam non domestici hostes!) ad saniora consilia revocentur, aut ne horum fallaciis irretiti bonarum etiam mentium fideles ab orthodoxæ fidei constantia in profanas insurgentium errorum novitates miserrimè abducantur.

Epistol. 505. n. 16 edit. Mauritrit. Opt. Mil. l. 2. contra Parmen. Ambros. epist. 6. I. clas. Iren. l. 3. c. 3.

Et sane cum monente Augustino *in cathedra unitatis posuerit Deus doctrinam veritatis*, contra infelix iste scriptor nil non molitur, quo hanc Petri sedem modis omnibus vexet, ac oppugnet, qua in sede constitutam patres unanimi sensu cathedram eam coluere, *qua in una unitas ab omnibus servaretur; e qua in reliquas omnes venerandæ communionis jura dimanant; ad quam necesse sit omnem ecclesiam, omnes, qui undique sunt, fideles convenire.* Non ille veritus est *fanaticam turbam* appellare, quam prospiciebat ad aspectum pontificis in has voces erupturam: „Hominem eum esse, qui claves regni „ cœlorum, cum ligandi solvendique potestate a „ Deo acceperit, cui non alius episcopus exæquari „ valeat, a quo ipsi episcopi auctoritatem suam reci„ piant, quemadmodum ipse a Deo supremam „ suam potestatem accepit: eundem porro vicarium „ esse Christi, caput ecclesiæ visibile, judicem su„ pre-

„ premum fidelium." An ergo, quod horribile *Ter-*
dictu, *fanatica* fuerit vox ipsa Christi claves regni *tull.*
cœlorum cum ligandi solvendique potestate petro pol- *Scor-*
licentis: quas claves communicandas cæteris, post *piac.*
Tertullianum Petrum solum accepisse *Optatus Mile- c.10.*
vitanus* profiteri non dubitavit? An fanatica dicenda *l. 7.*
tot solemnia, totiesque repetita pontificum, concilio- *n. 3.*
rumve decreta, quibus illi damnati sunt, qui negarent in beato Petro apostolorum principe successorem ejus romanum pontificem constitutum a Deo caput ecclesiæ visibile, ac vicarium Jesu Christi, ei regendæ ecclesiæ plenam potestatem traditam, veramque ab omnibus, qui christiano nomine censentur, obedientiam deberi; atque vim eam esse primatus, quem *divino jure* obtinet, ut cæteris episcopis non honoris tantum gradu, sed & supremæ potestatis amplitudine antecellat? Quo magis deploranda est præceps, ac cœca hominis temeritas, qui tot decretis damnatos errores infausto suo libello instaurare studuerit, qui dixerit, ac per multas ambages passim insinuarit: „Quemlibet episcopum vocatum a Deo ad gu-
„ bernationem ecclesiæ non minus quam papam,
„ nec minori præditum esse potestate: Christum eam-
„ dem per sese apostolis omnibus potestatem dedisse:
„ quidquid aliqui credant, obtineri & concedi so-
„ lum a pontifice, posse idipsum, sive a consecra-
                              „ tione,

„ tione, five ab ecclefiaftica jurisdictione pendeat,
„ perinde obtineri a quolibet epifcopo: voluiffe
„ Chriftum ecclefiam reipublicæ more adminiftrari:
„ ei quidem regimini opus effe præfide pro bono
„ unitatis, verum qui non audeat fe aliorum, qui
„ fimul regunt, negotiis implicare; privilegium
„ tamen habeat negligentes cohortandi ad fua im-
„ plenda munia: vim primatus hac una præroga-
„ tiva contineri fupplendæ aliorum negligentiæ,
„ profpiciendi confervationi unitatis hortationibus,
„ & exemplo: pontifices nil poffe in aliena diœ-
„ cefi præterquam extraordinario cafu: pontificem
„ caput effe, quod vim fuam ac firmitatem teneat
„ ab ecclefia: licitum fibi feciffe pontifices violare
„ jura epifcoporum, refervareque fibi abfolutiones,
„ difpenfationes, decifiones, appellationes, colla-
„ tiones beneficiorum, " alia uno verbo munia
omnia, quæ fingulatim recenfet, atque velut in-
debitas, ac epifcopis injuriofas refervationes tra-
ducit.

Atque ille quidem ad fidem fuis hisce dictis
non tam conciliandam, quam quoquo modo fur-
ripiendam, nomina longa ferie prætendit fanctiffimorum patrum, quorum decerptis hinc inde,
maleque adductis fententiis infigni fraude abutitur,
dum

dum ea loca recenset, quæ faciunt ad commendationem episcopalis dignitatis, alia reticet, quibus illi singularem pontificiæ potestatis præstantiam extulerunt. Qui, si adessent, impudentem hominis calumniam ea voce refellerent, qua sedis apostolicæ principatum, suumque in eam obsequium non prædicarunt modo, sed & immortalibus scriptis ad omnem futuri temporis memoriam testatum reliquerunt. *Cyprianus* ipse, cujus hæc sunt verba: *Deus unus est, & Christus unus, & una ecclesia, & cathedra una super Petrum Domini voce fundata; qui Petri cathedram profitetur ecclesiam principalem, unde unitas sacerdotalis exorta est, ad quam perfidia non possit habere accessum.* Cypr. epist. 40. Ep. 55.

Chrysostomus aperte declarans, potuisse Petrum jure suo successorem in proditoris locum eligere. Quo jure ex primatu ducto Petrus ipse deinceps, primique Petri successores usi sunt, dum per omnem occidentem ecclesias fundarunt, eisque vel ante omnem synodum episcopos præfecerunt, quibus gregis regendi portionem assignarunt, tum definitis regionibus unam sedem designarunt, cujus antistes cæteris apostolica auctoritate præsideret. De qua ecclesiarum institutione *Innocentius I*, velut de re manifesta testimonium edidit luculentissimum, quo Chr. Hom. 3. in cap. 1. act. ap. Innoc. I. epist.

ad Dec. Eug. Ep. ad Alex. Antioch

quo intelligere quisque valeat, pontificiam auctoritatem non ex constituta ante per synodos disciplina prodiisse, sed constitutæ per synodalia decreta disciplinæ præluxisse. Quem etiam pontificem compertum est, Antiochenam ecclesiam in caput orientalis diœceseos decretis suis ordinavisse.

Epiphan Hær 68.

Epiphanius, qui Ursacium, & Valentem pœnitentia ductos testatur Julio romano pontifici libellos obtulisse, quibus errorem suum deprecarentur, atque ad communionem & pœnitentiam admitterentur.

Hieron. epist. 37.

Hieronymus, cui profanus erat, quisquis non cathedræ Petri communione consociaretur, super quam Petram sciret ædificatam ecclesiam, atque adeo ab uno Damaso in gravissimis concertationibus, ut loquendi, ita & communicandi auctoritatem sibi dari efflagitabat.

August. l. 2. d B. t c. I

Augustinus, qui se in scripturis sanctis testatur didicisse, „ primatum apostolorum in Petro „ excellenti gratia præminere: illum apostolatus „ principatum cuilibet episcopatui præferendum: „ romanam ecclesiam, Petri sedem, eam esse Pe- „ tram, quam non vincunt superbæ inferorum

por-

,, portæ. " Quo alia refellitur fcriptoris calumnia, dum *Petræ* nomine, fuper quam Chriftus ædificavit ecclefiam fuam, non perfonam, fed fidem, aut confeffionem Petri vult potius effe intelligendam, quafi patres ii, qui, pro mira fecunditate fcripturæ, Petræ vocabulum eò quoque retulerunt, litteralem illum fenfum, quo ad Petrum ipfum directè refertur, deferuerint, ac non etiam apertiffimè retinuerint. Sic & magifter Auguftini *Ambrofius*: ,, Ipfe eft Petrus, cui dixit: *Tu es Pe-* ,, *trus, & fuper hanc Petram ædificabo ecclefiam* ,, *meam*: ubi ergo Petrus, ibi ecclefia." Hæc una vox patrum, hæc doctorum perpetuata traditio, quam ex majoribus collectam paucis hisce verbis complexus eft, Eugenium alloquens *Bernardus*. ,, Tu es, cui claves traditæ, cui oves ,, creditæ funt.... habent alii affignatos fibi gre- ,, ges, finguli fingulos: tibi univerfi crediti, uni ,, unus. Nec modo ovium, fed & paftorum tu ,, unus omnium paftor." Hoc lacte doctrinæ nutriti funt quotquot in ecclefia Chrifti adoleverunt; hoc, fi recordari volent, a pueritia imbuti, quotquot nunc omni vento doctrinæ circumferri fe patiuntur. Semper ex evangelio proditum, pafcendas oves Petro a Chrifto commendatas, non item Petrum ovibus pafcendum.

Enatr. in Pfal. 40. num. 30.

Lib. 2 de Confid. cap. 8.

anno 451. Nec vero a Patrum traditione synodi oecumenicae unquam recessere. *Chalcedonenses patres Petro se audientes praebuere per os Leonis loquentis; nec a quovis Antistite, sed ab Leone tanquam capite cum implorata confirmatione actionum suarum firmitatem noverunt esse repetendam.*

anno 869. *Octava generalis synodus, actione prima,* perlectum libellum probavit, seu formulam, qua post praeclara multa de romani pontificis auctoritate praescriptum erat, qui sequestrati essent *a communione ecclesiae catholicae, id est non consentientes sedi apostolicae, eorum nomina inter sacra non recitanda esse mysteria.* Quin praeterea cum statuendum superesset de nonnullis dispensationibus, quas utilitas ecclesiae expoſcere maxime videbatur, impartiendae veniae facultatem sumere sibi patres ausi non sunt: verum eam per patriarcham Ignatium implorandam duxere a sede apostolica, quam proinde agnovere, non ipsos patriarchas, relaxandorum canonum potestate pollere.

anno 1215. Magna *Lateranensis synodus* quarta c. 5. „Romanam ecclesiam tradit, disponente Domino,
„super omnes alias ordinariae potestatis obtinere
„principatum, utpote universorum Christi fide-
„lium matrem & magistram."

In

In *Lugdunensi II*, edita est græcorum fidei professio, qua se recognoscere testantur, „romanam ecclesiam summum, & plenum primatum, „& principatum super universam ecclesiam catholi„cam obtinere, eumque ab ipso Domino in beato „Petro apostolorum principe, sive vertice, cujus „romanus pontifex est successor, cum potestatis „plenitudine recepisse." Quas superiores synodos subsecuta deinceps *Florentina*, catholicum primatûs dogma celebri decreto sancivit. *anno 1274*

anno 1439

Divino eodem spiritu afflati *Tridentini* patres declararunt *pontifices maximos pro suprema potestate sibi in ecclesia universa tradita, causas aliquas criminum graviores suo potuisse peculiari judicio reservare.* Quam adeo potestatem per omnes ecclesias sese fundentem, atque ad alia ejusdemmodi munia, quæ libelli auctor explodere perperam nititur, ex æquo pertinentem, non aliunde adscitam, non ab inferioribus ad pontifices delatam, sed primatui ordinario jure insitam, cuique fatendum est, qui cœlestem synodorum sapientiam, humanæ inscitiæ disputationibus non dubitet longe præponendam. *Sess. 14. cap. 7.*

Appellat Eybel *Constantiense concilium*. At meminisse ipsum oportuerat, damnatos in eo errores fuisse, *anno 1414* fuisse, cum Wicleffi ajentis *non esse de necessitate salutis credere romanam ecclesiam esse supremam inter alias ecclesias, nec papam esse proximum & immediatum Christi vicarium*; tum Johannis Hus, *Petrum non esse, nec fuisse caput ecclesiæ sanctæ catholicæ.* Quibus erroribus sanorum verborum formam opponens *Martinus V*, præscripsit interrogandos, qui de his suspecti essent, utrum credant, beatum Petrum fuisse vicarium Christi, habentem potestatem ligandi, ac solvendi super terram. *Item* papam canonice electum successorem esse beati Petri habentem supremam auctoritatem in ecclesia Dei: *item* papam omnibus christianis posse concedere indulgentias; singulos porro episcopos suis subditis secundum limitationem sacrorum canonum. Quo plane refutatur istius error, dum perperam differens de indulgentiis, scribere ausus est, quemlibet episcopum, pari modo atque papam, posse indulgentias concedere. Quæ patrum, synodorumve documenta, quisquis æquo pacatoque animo paulo attentius introspexerit, sentiet profecto, longe præstantiorem auctoritatem comprehendere, quam quæ aut meri *directorii*, ut vocant, finibus, aut hortandi, monendi, supplendi munere continetur.

Quin

Quin & ipsi Basileenses in synodali responso ad Sess. Tridentinum episcopum, palam declarant fateri se, V. & credere, romanum pontificem caput esse, & primatem ecclesiæ, vicarium Christi, & a Christo, non ab hominibus, vel synodis aliis prælatum, & pastorem christianorum, cui datæ sunt a Domino claves, & uni dictum *tu es Petrus*, & solum in plenitudinem potestatis vocatum esse; alios in partem sollicitudinis, quo magis pudere ipsum deberet impotentis audaciæ, qua eam potestatis plenitudinem infirmare aggreditur, quam Basileenses inter doctrinæ capita referunt adeo nota & pervulgata, ut nec opus foret ea percensere. Et sane quod supra dictum ab Augustino retulimus, in romana sede semper viguisse apostolicæ cathedræ principatum, huncque apostolatus principatum cuilibet episcopatui præferendum, cum aliis multis, tum & hac insigni nota cernitur, quod Petri successor, hoc ipso quod in Petri locum succedit, assignatum sibi habeat jure divino Christi gregem universum, ut simul cum episcopatu potestatem accipiat universalis regiminis: cæteris porro episcopis suam cuique peculiarem gregis portionem non divino, sed ecclesiastico jure; non Christi ore, sed hierarchica ordinatione assignari opus sit, ut ordinariam regiminis potestatem explicare in eam valeant. Cujus assignationis summam

aucto-

auctoritatem quisquis romano pontifici abjudicare volet, eum necesse est in legitimam tot in orbe toto episcoporum succesionem invadere, qui ecclesias apostolica auctoritate de integro fundatas, aut ab aliis divulsas, aut invicem unitas regunt, ad easque regendas a romano pontifice missionem acceperunt; ut proinde sine ingenti ecclesiæ perturbatione, ipsiusque episcopalis regiminis discrimine tentari nequeat magnum hoc, & mirabile potentiæ consortium, divina dignatione Petri cathedræ tributum, ut quemadmodum a *Leone Magno* dictum est,, omnes ,, proprie regat Petrus, quos principaliter regit & ,, Christus; & si quid Christus commune cum Petro ,, cæteris voluit esse principibus, nunquam nisi per ,, ipsum dedit quidquid aliis non negavit."

Serm. 3. in anniv. suæ assump.

Laudat Gallicanos præsules, Gallicanos doctores: frustra omnino. Quos etenim ex his cogitat ille sibi suffragatores adsciscere? Vetustioresne, an aut qui medio ævo, aut recentiore memoriâ, in ea inclyta ecclesiæ pietatis, doctrinæve laude floruere? At inter veteres illos, ut paucos ex multis proferamus, audire illum non pigeat *Cæsarem Arelatensem*, *Avitum Viennensem*, quorum ille supplici libello Symmachum papam alloquitur: ,, Sicut a persona ,, beati Petri, episcopatus initium, ita necesse est,
,, ut

„ ut disciplinis competentibus sanctitas vestra singu-
„ lis ecclesiis, quid observare debeant, evidenter
„ ostendat. — *Avitus* vero ad Hormisdam: quæ-
„ sumus, ut, quid filiis vestris, fratribus meis, id
„ est Gallicanis, si consulant, respondere debeam,
„ instruatis; quia jam securus non dicam de Vien-
„ nensis, sed de totius Galliæ devotione pollicear,
„ omnes vestram super statui fidei captare senten-
„ tiam." Audiat *Aurelianenses patres*, qui ca-
nonicam formam in Metropolitanorum electione ser-
vandam ex apostolicæ sedis decretis repetunt.

Audiat ex medio ævo *Hincmarum Remensem*,
qui cum testatur, se erga sedem apostolicam omnium
ecclesiarum matrem, ac magistram, ejusque recto-
res fidelem semper, atque subjectum in omnibus
extitisse, hoc ipso quod videri voluit, quid apostolicæ sedi debeatur ac deberi sentiat, manifeste declarat: tum & *Ivonem Carnotensem*, graviter eorum
audaciam coarguentem, qui contra sedem apostolicam
caput erigunt, *cujus judiciis, & constitutionibus ob-
viare, plane est hæreticæ pravitatis notam incurrere:
ad quam principaliter, & generalissime pertineat tam
Metropolitanorum, quam cæterorum episcoporum con-
secrationem confirmare, vel infirmare, constitutiones
& judicia retractare, suas vero inconcussas detinere,*

anno
538.
can.
3.
*epist.
ad
Nic.
PP.
apud
Labb
T.
10.
edit.
Ven.
col.
356.*

*epi-
stol.*8.
*ad
Rich
Seno
nen.*

& nullius inferioris judicio retractandas, vel corrigendas concedere. Quod idem Gelasii quoque auctoritate comprobat.

anno 1617

Quod si ab illa vetustate ad propiora tempora progredimur, latere illum non debuere gravissimæ censuræ adversus famosum *Spalatensem* apostatam ab insigni theologica facultate Parisiensi latæ, in quibus præformatam libelli sui damnationem perspicere facile potuisset. Hi scilicet fuere Spalatensis errores, quibus illa hæreticæ, ac schismaticæ pravitatis notam inurendam non dubitavit: ,, Disparitatem potestatis ,, inter apostolos esse humanum inventum, in sa- ,, cris evangeliis & divinis novi testamenti scripturis ,, minime subsistens (quam hæreticam & schismaticam declarat, de jurisdictione apostolica ordinaria, quæ in solo divo Petro subsistebat, intellectam); ,, in ecclesia non dari unum caput supremum, & ,, monarcham præter Christum, episcopos omnes ,, simul, & in solidum eamdem regere ecclesiam ,, singulos cum plena potestate; romanam ecclesiam ,, præcipuam fuisse, & esse nobilitate, existimatione, ,, nomine, & dignitatis auctoritate, non regiminis, ,, & jurisdictionis principatu (quam dicit hæreticam & schismaticam, quatenus aperte insinuat, romanam ecclesiam jure divino auctoritatem in alias ec-

cle-

clefias non habere); ,,unumquemque episcopum ,, jure divino esse universalem; monarchiæ formam ,, non fuisse immediate in ecclesia a Christo insti- ,, tutam; falsum esse, unionem ecclesiæ catholicæ ,, in unitate rectoris visibilis consistere." Cumque Spalatensis subjunxisset, Pariensium doctrinam, enucleate intellectam, nihil a sua discrepare, impactam sibi calumniam continuo illi refutarunt *velut meram contra facultatem Parisiensem imposturam.*

Præclarum etiam, atque ut allatæ Parisiensium doctorum sententiæ, sic & constanti majorum suorum traditioni plane consentaneum de romani pontificis primatu testimonium edidere Gallicani præsules in comitiis anno 1681. ,,Caput est, inquiunt, eccle- ,, siæ, centrum unitatis: obtinet ille in nos prima- ,, tum auctoritatis, & jurisdictionis sibi a Christo ,, Jesu in Persona S. Petri collatum: qui ab hac ve- ,, ritate dissentiret, schismaticus, immo & hæreticus ,, esset. "

Quin & libelli auctori non prorsus ignota fuere, petita ex omni antiquitatis memoria de romano primatu luculentissima documenta; quo magis prodit sese pertinax illius adversus romanam sedem contentio, qui, cum splendida illa patrum testimonia ob-

scura-

scurare, ac delere non posset, ea veritus non sit per summam impudentiam velut allegorias male intellectas traducere, indeque factum ex parte esse, ut longa sæculorum serie creditus sit papa is esse, qui non est; quasi sanctissimi patres, quos ecclesiæ suæ Deus dedit pastores & doctores, in re gravissimi momenti, quæ ad ecclesiæ constitutionem pertinet, communi sensu aut erraverint ipsi, aut errandi causam fidelibus objecerint, ac non potius nefarii erroris convictus teneatur, qui de romano pontifice aliter credendum statuat, quam tot sæculorum continuata successione creditum sit.

Atque hæc quidem prædecessorum nostrorum paribus in causis exempla secuti paulo latius, ut muneris nostri ratio postulat, exponenda duximus, non nostra, sed animarum lucra quærentes, solliciti servare unitatem in vinculo pacis; in id intenti, ut, patefactis eorum fraudibus, qui patrum nomine ad pervertendas patrum sententias abutuntur, omnes intelligant, nil patribus ipsis antiquius fuisse, quam ut unitas ab omnibus in ea cathedra servaretur, quæ una est cæterarum omnium a Christo constituta mater & magistra.

Unum

Unum certe ovile Christi ecclesia est, cujus unus supremus pastor, Christus ipse regnans in cœlis, unum quoque sui vicarium supremum in terris visibilem pastorem reliquit, in cujus voce, Christi vocem oves audirent, ne seductæ alienorum vocibus in venenata quæque, ac motifera pascua dilaberentur. Quo igitur cautius fideles curæ nostræ concrediti profana, & vaniloquia devitent, quæ proficiunt ad impietatem, constantesque maneant huic unitatis cathedræ devincti, in qua Petrus adhuc velut in propria sede vivit, & præsidet, ac præstat quærentibus fidei veritatem, neve in hanc fraudem induci se patiantur, ut putent ambitione extortum, aut ignorantia, vel adulatione delatum, aut pravis artibus quæsitum, quod Christi est ordinatione constitutum: nos memoratum opusculum e Germanico idiomate in latinum translatum, complurium in sacra theologia magistrorum examini subjici mandavimus, quorum habitis consultationibus, auditisque suffragiis venerabilium fratrum nostrorum S. R. E. cardinalium in tota republica christiana adversus hæreticam pravitatem generalium inquisitorum coram nobis adstantium, motu proprio, & ex certa scientia, deque apostolicæ potestatis plenitudine, antedictum libellum, cujus titulus latine: *Quid est papa?* cum dispensatione Cæsareæ regalis censurarum commissionis

S. Petrus Chrysol. epist ad Eutich.

ob

ob appofitionem nominis, Viennæ apud Jofephum Edlen de Kurtzbeck 1782, tamquam continentem propofitiones refpective falfas, fcandalofas, temerarias, injuriofas, ad fchifma inducentes, fchifmaticas, erroneas, inducentes in hærefim, hæreticas, & alias ab ecclefia damnatas, reprobamus, damnamus, ac pro reprobato, ac damnato in perpetuum haberi volumus, atque decernimus.

Præcipimus infuper, ne quifquam ex Chrifti fidelibus cujuscumque gradus, & dignitatis, quamvis fpecialiffima nota dignis, libellum prædictum jam typis editum, five manu confcriptum, vel in fuo originali, vel in quacumque alia verfione legere, retinere, vel denuo imprimere, feu imprimi facere audeat, aut præfumat fub pœna fufpenfionis a divinis quantum ad perfonas ecclefiafticas, quantum vero ad perfonas fæculares fub pœna excommunicationis majoris ipfo facto abfque alia declaratione incurrendis, quarum abfolutionem, & refpective relaxationem nobis, & fucceforibus noftris romanis pontificibus refervamus, excepto dumtaxat, quoad excommunicationem prædictam, articulo mortis, quo nimirum quilibet confefarius ab hujusmodi cenfura ut præfertur, incurfa abfolvere poterit.

Man-

Mandamus quoque bibliopolis, ac typographis, cæterifque omnibus, & fingulis cujuscumque gradus, conditionis, & dignitatis, perfonis ecclefiafticis, & fæcularibus etiamfi fpeciali & individua mentione indigeant, ut quatenus prædictus libellus vel in fuo originario, in quocumque idiomate impreffus, vel etiam manufcriptus, ad eorum manus devenerit, ftatim deferre illum teneantur ordinariis locorum fub eisdem fufpenfionis a divinis comminatis pœnis, ac refpective excommunicationis.

Ut autem eædem præfentes litteræ ad omnium notitiam facilius perducantur, nec quisquam illarum ignorantiam prætexere poffit, volumus & mandamus, illas ad valvas Bafilicæ principis apoftolorum, & cancellariæ apoftolicæ, necnon curiæ generalis in Monte Citatorio, & in acie Campi Floræ de urbe per aliquem ex Curforibus noftris, ut moris eft, publicari, illarumque exempla ibi affixa relinqui. Sic vero publicatas perinde afficere omnes & fingulos, quos concernunt, ac fi unicuique illorum perfonaliter notificatæ, & intimatæ fuiffent. Ipfarum autem litterarum præfentium tranfumptis, feu exemplis etiam impreffis, manu alicujus notarii publici fubfcriptis, & figillo perfonæ in ecclefiaftica dignitate conftitutæ munitis, eandem fidem tam in judicio,

cio, quam extra illud ubique locorum haberi, quæ iisdem præsentibus haberetur, si forent exhibitæ & ostensæ. Datum Romæ apud sanctum Petrum sub annulo piscatoris die 28 novembris 1786. Pontificatus nostri anno duodecimo.

B. MARISCOTTUS, pro-Secretarius.

Anno a nativitate D. N. JESU CHRISTI millesimo septingentesimo octuagesimo sexto, indictione quarta, die vero prima decembris, pontificatus autem SSmi. in Christo Patris & D. N. D. PII divina Providentia PAPÆ SEXTI anno duodecimo, supradictæ litteræ, affixæ, & publicatæ fuerunt ad valvas Basilicæ principis apostolorum, cancellariæ apostolicæ, locis solitis, & consuetis urbis per me Petrum de Ligne apostolicum cursorem, curiæ generalis in Monte Citatorio, & in Acie Campi Floræ, ac in aliis

Nicolaus Marini, Magister Cursor.

Pabst Pius VI.
zum künftigen Andenken der Sache.

„Es ist eine von Christus vorgetragene, von Jahrhundert zu Jahrhundert überlieferte, und von den heiligen Vätern vertheidigte katholische Glaubenslehre, so die allgemeine Kirche sorgfältig beibehalten, und wider die Irrthümer der Neuerer durch öftere Decrete der Päbste und der Concilien bestätiget hat, daß die Kirche von Christus auf die Feste des Felsen gegründet, und Petrus von ihm durch eine besondere Gnadenbezeigung vor andern erwählet worden sey, damit er vermöge der übertragenen Gewalt der Fürst der Apostel würde, und die oberste Sorge und Macht, die ganze Heerde zu weiden, die Brüder zu stärken, in der ganzen Welt zu binden und zu lösen auf sich nähme, eine Sorge und Macht, die zu immerwährenden Zeiten auf seine Nachfolger übergehen mußte.

Christus wollte nemlich durch das höchste Vorrecht des apostolischen Stuhls das Band der Einigkeit fest und unauflöslich machen, damit die Kirche, die durch die ganze Welt mußte verbreitet werden, aus allen ihren auch entferntesten Gliedern, durch die allseitige Verbindung mit dem Haupte zu einem Leibe erwüchse, und solchergestalt die Wirkungskraft der obersten Macht nicht nur zur Verherrlichung des ersten Stuhls, sondern vorzüglich zur vollkommenen und unversehrten Erhaltung des ganzen Leibes gereichte."

„Man darf sich also keinesweges verwundern, daß alle diejenigen, denen der alte Feind des Menschen Geschlechtes seinen geschwornen Haß wider die Kirche eingehauchet hat, in allen Jahrhunderten auf diesen ersten Sitz, wodurch die Einigkeit fest und ungestöhrt erhalten wird, losgestürmet haben, damit, wenn es ihnen gelingen sollte, den Grund zu zerstöhren, und die Verbindung der einzelnen Kirchen mit dem Haupte, worinn ihre größte Festigkeit, ihre Erhaltung, und ihr blühender Zustand bestehet, zu zernichten, sie es auch wagen dürften, die allgemeine Kirche selbst, nachdem sie dieselbe entkräftet, zerrissen und elend zugerichtet hätten, jener Freiheit zu berauben, womit sie Christus begabet hat, und in eine schändliche Sclaverei zu versetzen."

„Unter

„Unter diesen erhob sich vor einigen Jahren Eybel, ein frecher, und wegen mehrern gebrandmarkten Werken schon lange nur allzuverrufener Mann [a]. Er legte sein wider uns und den apostolischen Stuhl erbittertes Gemüthe durch ein neues Beispiel an den Tag; denn als er Nachricht von der Reise erhielt, die wir zum Besten der Religion übernommen hatten, so drang er seinen Landsleuten in aller Eil ein Werkgen auf mit dieser ungeziemenden Aufschrift: Was ist der Pabst? Darinn suchte er jene gottseligen Gesinnungen, welche die Erwartung unserer Ankunft erregt hatte, zu ersticken, und selbst das Ansehen der päbstlichen Würde bei dem Priesterstande verhaßt und bei dem Volke verächtlich zu machen" [b].

„Allein

[a] Eybel hat auch wider die sakramentliche Beicht, und wider andere Artikel des catholischen Glaubens geschrieben; seine Heterodoxie ist weltkundig und aus allen Eigenschaften, welche den Abfall ausmachen, erwiesen. Seine Schmähschrift wider den Pabst war Ursache gewesen, daß er auf ausdrücklichen Befehl des Kaisers aus Wien vertrieben wurde; da es aber ränkevollen, niedrigen und schlechten Seelen niemals an Mitteln fehlet, sich irgend einen ihrer würdigen Beschützer zu gewinnen, so war seine Strafe nur vorübergehend, und machte ihn nur noch frecher und unverschämter.

[b] Darf man sich wundern, wenn ein niederträchtiger Heftemacher eine solche Gelegenheit ergreift, um einem ehr-

"Allein die Erbarmniß des Herrn ließ es nicht zu, daß er seines boshaften Wunsches gewährt würde. Denn eben von seinen Landesleuten, welchen er eine Abneigung gegen uns einzuflößen getrachtet hatte, wurden wir mit solcher Feierlichkeit, mit so einem Zulaufe, mit so freudigen Glückwünschen und Frolocken aller Stände aufgenommen, daß man augenscheinlich erkennen mußte, obgleich wir ohne unsere Verdienste durch die Verordnung der Vorsicht Gottes auf den Stuhl des Petrus erhoben worden sind; so habe es doch eben dieser Gott durch seine Weisheit gefügt, daß der Ehre, die dem Petrus gebühret, durch die Unwürdigkeit seines Nachfolgers Nichts entzogen würde."

"In selbigem Zeitpunkte hielten wir für gut, die Verdammung dieser Schrift, deren sie würdig war, zurück zu halten, um erstens bei argwöhnischen

ehrwürdigen Manne Hohn zu sprechen? Der Hohepriester fand sich in mißlichen Umständen, er war im Begriff, sich mit dem Reichsoberhaupte über Angelegenheiten der Kirche, deren Haupt und Hirt er ist, zu besprechen. Eybel sah dieß als die Geschichte des kranken Löwen an, er glaubte dabei eine Rolle spielen zu können, und schlug aus, so gut er es konnte, hätte der Pabst untergelegen, so wäre es der Fall von *bis videor mori* gewesen.

schen Leuten, die nie mangeln, keinen Verdacht auf
Uns zu laden, daß wir dabei mehr unserm Schmerzen nachgegeben, als unserer Pflicht ein Genügen
geleistet hätten; sodann konnte man hoffen, daß ein
Büchelgen, welches an sich nichts erhebliches enthielt,
als eine zügellose Freiheit, veraltete Verläumdungen aufzuwärmen, von sich selbst gar bald in gänz-
liche Vergessenheit verfallen würde."

„Als wir aber vernommen, wie die Gering-
fügigkeit der Schrift selbst vielmehr dazu dienlich gewesen, daß bösartige Leute, die immer bereit sind,
das Unkraut auszusäen, selbige durch wiederhohlte
Auflagen nicht nur in vaterländischer Sprache, sondern in mehrern andern, in die sie ist übersetzet
worden, ja sogar in der griechischen Volkssprache
weit und breit auszustreuen sich bemüheten, in der
Absicht und Hoffnung, durch die Freiheit des spötti-
schen Tones, in dem sie verfasset ist, würden viele
Leser angelocket, und durch die Dreistigkeit, die der
Verfasser in seinen Aussagen äußert, eine Menge
der unbehutsamen betäubet werden; so erachteten
Wir, daß nun kein Augenblick mehr dürfte versäu-
met werden, um dem täglich um sich fressenden Uebel nach Möglichkeit entgegen zu arbeiten, und alle
Bemühung und Sorge anzuwenden, aufdaß diejenigen,

nigen, die den Frieden und die Einigkeit der Kirche zu stöhren suchen, (wollte Gott, sie wären nicht einheimische Feinde) auf bessere Gesinnungen zurückgeführet [a], oder wenigstens die gutgesinneten Gläubigen geschützet würden, damit sie durch die Arglistigkeit der andern nicht etwa verstricket von der ächten Glaubenslehre abwichen, und sich in die gottlosen Neuerungen der ausbrechenden Irrlehren elend hinreißen ließen."

„Und fürwahr, da Gott, wie der heilige Augustinus erinnert, die Lehre der Wahrheit auf dem

[a] Der Hohepriester deutet hier auf eine Secte, die ihren Namen für ein Schimpfwort hält, und sich hartnäckiger Weise in dem Schooße der Kirche zu erhalten, oder vielmehr in demselben zu verbergen sucht, um sie desto gewisser und desto grausamer zu zerreißen. Bischöfe, Priester, Mönche von mehr als einer Farbe haben sich zu dieser Secte gesellet, und wenden alle nur mögliche Mittel der Lüge und der Heuchelei an, um die Fürsten zu täuschen, und die Absichten ihrer Regierungen wider die allgemeine Mutter der Christen, wider ihre alte Lehre, wider ihren Hohenpriester und wider ihre wahre Hirten zu lenken. Die zur Ausführung dieses Geheimnisses der Bosheit ausgedachten Plane führen das Gepräge einer mehr als menschlichen Bosheit, deutlich erkennet man darin die *portæ inferi*; allein derjenige, der sie öffnet und sperret, sichert uns durch die ewige Verheißung *non prævalebunt*.

dem Stuhle der Einigkeit festgesetzt hat, so giebt sich hingegen dieser unselige Schriftsteller alle Mühe, eben den Siß des Petrus anzufallen, und auf die möglichste Weise zu bestürmen, diesen Siß, in welchem die Väter mit einhelligem Sinne jenen Lehrstuhl verehrten, wodurch die Einigkeit von allen muß erhalten werden; diesen Siß, woraus die Rechte der ehrwürdigen Gemeinschaft auf alle übrige Lehrsiße hinfließen; diesen Siß, wohin jede einzelne Kirche, und alle Gläubigen, wo sie immer in der Welt sich befinden, zusammen treffen, und einstimmig seyn müssen [a]."

„Er hat sich nicht gescheuet, diejenigen als Schwärmer auszurufen, von denen er vorsah, daß sie bei dem Anblicke des Pabstes in folgende Worte ausbrechen würden: „Dieser sey jener Mann, „der die Schlüssel des Himmelreichs, und die Ge= „walt zu binden und zu lösen von Gott empfangen „hätte: Er sei es, mit dem kein anderer Bischof in „Vergleich kommen könne: von dem die Bischöfe selbst „ihr

---

[a] Man hat die Citationen verschiedener in der Bulle angeführten Werke allhier ausgelassen, weil sie schon oben am Rande der Umschrift stehen; die Wiederholung derselben würde unnöthig gewesen seyn.

„ ihr Ansehen erhielten, gleichwie er seine oberste Ge-
„ walt von Gott erhalten hätte: Er sei ferner der
„ Statthalter Christi, das sichtbare Haupt der Kirche,
„ der höchste Richter aller Gläubigen. Soll dann also,
welches ohne Schauder nicht gesagt werden kann;
soll dann also die Stimme Christi eine schwärmerische Stimme gewesen seyn, als er die Schlüssel
des Himmelreichs, und die Gewalt zu binden und
zu lösen dem Petrus versprach? Sollen Tertullian
und Optat von Milevita schwärmerisch gewesen
seyn, weil sie behaupteten, daß allein Petrus
diese Schlüssel empfangen hat, damit
er sie den übrigen mittheilte? Sollen so
viele feierliche, und so oft wiederhohlte Entscheidungen der römischen Päbste und der Kirchenversammlungen als das Resultat der Schwärmerei
angesehen werden, wodurch jene verdammet wurden, die es in Abrede stellten, daß in dem h. Petrus, dem Fürsten der Apostel, sein Nachfolger
der römische Pabst zum sichtbaren Oberhaupte und
als Statthalter Jesu Christi sei eingesetzt worden;
daß er die Kirche zu regieren eine volle Macht empfangen habe; daß ihm alle Christgläubigen
wahren Gehorsam zu leisten schuldig sind; daß er
vermöge des Primats, den er durch Gottes
Einsetzung erhält, den übrigen Bischöfen nicht

nur

nur an Ehrenrange vorgehe, sondern durch die Völle der höchsten Gewalt sie übertreffe?

Man muß die unbesonnene und blinde Vermessenheit dieses Menschen um so mehr bedauren, als er die Irrthümer, welche durch so viele Entscheidungen schon verdammet waren, durch seine unglückselige Schrift wieder erneuern wollte; indem er sich vernehmen läßt, und den Lesern durch verschiedene Umwege beibringen will: ,, daß jeder Bischof die Kirche zu
,, regieren nicht weniger als der Pabst von Gott berus
,, sen, noch mit einer geringern Macht begabet sey:
,, Christus habe allen Aposteln eine in sich gleiche Gewalt ertheilet: es möchten sich immer einige einbilden, gewisse Dinge könnten nur vom römischen
,, Pabste erhalten, nur von ihm gestattet werden; so
,, könne doch das nemliche, sowohl kraft der bischöflichen Weyhe als auch der geistlichen Gerichtbarkeit,
,, ein jeder Bischof mittheilen: Christus habe gewollt,
,, daß seine Kirche auf die Art einer Republik verwaltet
,, werde: zu dieser Regierungsform wäre zwar der
,, Einigkeit halber ein Vorsteher nöthig, dem es aber
,, nicht zustünde, sich in die Geschäffte der Uebrigen,
,, die mit ihm herrschen, einzumischen, sondern der bloß
,, das Vorrecht hätte, die nachläßigen zu ermah-
,, nen,

„ nen [a], auf daß sie ihre Amtspflichten erfüllen:
„ die ganze Wesenheit des Primats bestünde in diesem
„ Vorzuge, das zu ersetzen, was andere verabsäum-
„ ten, und für die Erhaltung der Einigkeit durch Er-
„ mahnungen und Beispiele zu sorgen [b]: die Päbste
„ hätten

[a] Wie kann man Leute in der Einigkeit und Einheit erhalten, denen man nichts zu sagen hat? Die Spaltung
und Ketzerei bei denen verhindern, die zu Hause vollkommen Meister sind? Auch haben die billigen und vernünftigen Protestanten, wie Melanchton, Grotius und
andere mehr, welche die Nothwendigkeit eines Oberhauptes in der Kirche anerkennen, zum voraus gesetzet,
daß es die zur Regierung dieses großen Körpers nöthige
Gewalt haben würde. Eine der besten Widerle-
gungen des Eybelschen Libells ist von einem Protestanten
in Berlin; Herr Oberkonsistorialrath Büsching hat sie
in seinem Wochenblatt 1782, Nr. 41 angepriesen.

[b] Zu welch lächerlichen und ungereimten Folgen verleitet
nicht der Geist des Irrthums, und der verfluchenswür-
dige Reiz, die Wahrheit zu verdunkeln und verächtlich
zu machen! Wenn Ermahnungen und gute Beyspiele der Päbste zur Erhaltung der catholischen Einigkeit hinreichen, so hat es also bei den in so viele Secten
abgetheilten und in ihrer Lehre so unbeständigen Protestanten niemals weder Ermahnungen noch gute
Beispiele gegeben? —— Der kleinste Staat kann
sich ohne eine höchste Gewalt keine zwei Tage lang erhalten, und die über die ganze Fläche des Erdballs ver-
breitete Gesellschaft der Gläubigen sollte von dem wei-
sesten aller Stifter der Anarchie überlassen worden seyn,
sollte kein anderes Haupt haben, von dem sie regieret
werde, als einen allgemeinen Kirchenrath, den man mit
unendlicher Mühe im Zeitraum von einigen Jahrhunderten versammlen würde?

„ hätten in einem fremden Kirchsprengel keine Gewalt,
„ als nur in außerordentlichen Fällen auszuüben:
„ der Pabst sei zwar das Haupt, welches aber seine
„ Kraft und Festigkeit nur von der Kirche erhielte:
„ die Päbste hätten sich die Freiheit herausgenommen,
„ die Gerechtsame der Bischöfe zu kränken, Losspre-
„ chungen, Dispensen, Entscheidungen, Appellatio-
„ nen, Vergebungen der Pfründen, mit einem Worte
„ alle andere Verrichtungen sich vorzubehalten, die er
„ namentlich hernennet, und als unrechtmäßige, den
„ bischöflichen Rechten nachtheilige Vorbehalte aus-
„ schilt [a]."

„ Um

[a] Die Reservationen, Dispensen, Immunitäten, Privilegien, Appellationen u. s. w., wo sich alle unsere neu-
gebackenen Witzlinge, um auf den päbstlichen Thron zu
schimpfen, so sehr über hermachen, haben das Lob der
geschicktesten Kanonisten verdienet. Cabassutius bemerket, daß es der Kirche und besonders den Bischöfen zum
großen Nutzen gereicht, daß diejenigen Dispensen, die
selten und schwerlich zugestanden werden, in den Händen der Päbste geblieben sind. Der h. Bernardus sah
die Appellationen als ein kostbares Mittel wider
die Gewalt und die Ungerechtigkeit an; er hielt sie für
eben so nothwendig in der Kirche, als nothwendig die
Sonne in der Welt ist. . . . Aber, heißt es, was
bringt nicht alles dieß für Geld nach Rom!
sieh da geneigter Leser, dieses ist die Eselsbrück, worüber alle heutigen Staaren gehen. Ist es denn weniger
billig, daß den päbstlichen Beamten, die die große Verwaltung der christlichen Angelegenheiten auf sich haben,

als

„Um diesen Aussagen einen Beyfall nicht durch Beweise zu erwerben, sondern auf was immer für eine ver-

als denen, die in Civilbedienungen stehen, ihr Unterhalt versichert wird? Ist es denn kränkender, wenn die Hauptstadt der Christenheit, der Hauptort der einzig wahren Religion, der Sitz des Statthalters Jesu Christi, diese mit dem Blut so vieler Märtyrer besprengte Erde, die Grabstätte der großen Weltapostel Petrus und Paul bereichert und verschönert wird, als wenn es jene großen Hauptstädte werden, wo man die Waffen des Despotismus schmiedet, woher sich die Ueppigkeit und das Verderbniß über ganze Nationen verbreitet, wo dem Volk der Schweiß und das Blut herausgepresset und hiemit Legionen von Unglücklichen, bestimmt wieder andere Unglückliche zu machen, gebildet werden? .... Und wenn sich einst die Metropoliten werden die Bischöfe unterjochet, und ihren Thron auf die Trümmer von jenem des römischen Pabstes errichtet haben, wird dann das Geld, was wir nach einem Marktflecken der Ubier oder Markomannen schicken werden, uns weniger reuen, als das, was nach dem alten Rom geschickt und größtentheils zu Werken und Errichtungen angewendet wird, welche die Religion in allen Theilen der Welt ehren? ... Von was für Grundsätzen rühret dieser Vorzug her, was für einen Zustand des Verstandes und des Herzens setzet er bei denen zum Voraus, welche den Unzusammenhang hievon nicht fühlen? Hören wir einen Philosophen an, den man in dieser Materie keiner Parteilichkeit beschuldigen kann. „Die meisten Schriftsteller, sagt er,
„wollen uns bereden, als rollten für die Ausfertigung
„der Pfründen, und für die Annaten unaufhörliche
„Ströme Goldes aus Frankreich nach Rom. Allein in
„den ergiebigsten Jahren beträgt diese Einnahme mehr
„nicht als sechs bis sieben hundert tausend, und in gemeinen Jahren nur fünf hundert tausend Livres.
„Wann für Gegenstände von geringerer Wichtigkeit der Staat

Disc sur l'hist. le gouvernem.

verfängliche Art zu erschleichen, schützet er die Namen der heiligen Kirchenväter in langer Reihe vor, deren abgerissene und übel angewendete Worte er mit ausnehmender Untreue mißbrauchet; indem er nur jene Stellen anführet, die zur Empfehlung der bischöflichen Würde dienlich schienen, und andere hingegen, wodurch eben dieselben Väter die vorzügliche Hoheit der päbstlichen Gewalt angepriesen haben, mit Stillschweigen übergehet [a]. O! wäre es möglich, daß diese
alten

„ Staat beträchtliche Summen Geldes in die Hände der
„ Ausländer schüttete, hat niemand über Verschwen-
„ dung geschrieen, noch geglaubt, daß dadurch die
„ Nation verarmet würde. Ich will nicht sagen, daß
„ auf den bloßen Namen von Rom die Köpfe in Har-
„ nisch gerathen, ich überrede mich gerne, daß unsere
„ Irrthümer in Ansehung Roms von nicht so vergifte-
„ ten Quellen herkommen."

les u-
sages
&c.
par
Mr.
le
Comte
d'A-
bon.

[a] Wir müssen uns nicht verwundern, weder über die Unwissenheit noch über die Untreue, welche in jenen Verfälschungen und Stümmelungen von aller Art Stellen herrschet, mit denen sich die scheinbare Gelehrsamkeit unseres Jahrhunderts rüstet. Wir berühren den Zeitpunkt, wo wir noch seltsamere Dinge sehen werden. Man stehet nemlich im Begriff, alle alten Schriftsteller ex professo zu verfälschen, und sie den herrschenden Ideen anzupassen. Bei den Kanonisten soll der Anfang gemacht, und, wie uns ein zu Mainz erschienener Prospectus verkündiget, sofort an dieses gute Werk Hand angelegt, und besonders Thomassin nach den neuesten Entdeckungen und nach den Einsichten gegenwärtiger Zeit umgegossen und verbessert werden. Ein Vorhaben,
welches

alten Väter wieder erschienen, um die Verläumdungen dieses unverschämten Menschen mit eben jenen Worten zu Schanden zu machen, wodurch sie die Vorzüge des apostolischen Stuhles, und ihre Unterwürfigkeit gegen denselben nicht nur bekennet, sondern in unsterblichen Schriften zum ewigen Andenken der künftigen Zeiten außer Zweifel gesetzet haben. Selbst der h. Cyprian (ungeachtet der Zwistigkeit, die er mit dem h. Stephanns hatte) drückt sich folgendermaaßen aus: Es ist ein Gott, und ein Christus, und eine Kirche, und ein Lehrstuhl, der durch das Wort des Herrn auf den Petrus gegründet ist. Er nennet den Stuhl des Petrus die vornehmste Kirche, wovon die Einigkeit des Priesterthums ihren Anfang nimt, und zu welcher die Treulosigkeit keinen Zugang finden kann [a]."

Chry-

welches von jenen Barbaren nachgeahmet wird, die bis zur Quelle eines Flusses hinauf steigen, um alle Bewohner seiner Ufer durch eine einzige Wirkung zu vergiften.

[a] Weh den Christen, die in Glaubenssachen einzelnen Bischöfen, einzelnen bischöflichen Sitzen, allein den römischen Stuhl ausgenommen, anhangen! Was ist bei Entstehung der heutigen zu Gunsten der Wollust und Habsucht sprechenden Irrlehren, oder beim ersten Lärme jener von mächtigen Schwärmern angezettelten Verfolgung aus den Englischen, Schwedischen und Dänischen

Bischö-

Chrysostomus erkläret ganz deutlich, daß Petrus an die Stelle des Verräthers eigen-
mäch-

Bischöfen geworden? Was sage ich: wo sind nunmehr die von den Aposteln selbst gestifteten Sitze? Man suche, ob man in Morgen- oder Abendlande einen einzigen finde, der den Glauben beibehalten hat? ... Und bei itzigen Umständen, welche Unbeständig- und Beweglichkeit von Gedanken, wie manche Projekte und Neuerungen bei einer sehr großen Menge von Bischöfen? Wie manche schon den heiligen Kirchensatzungen, den durch das höchste Alter geweiheten Gebräuchen, den Gesetzen der allgemeinen Kirche, u. s. w. gegebene Stöße! Wird der Geist der Begierlichkeit, der Schmeichelei, der Nachahmung, wenn einst die Glaubenslehre selbst directen Anfällen ausgesetzet seyn wird, der Verführung oder Gewaltthätigkeit widerstehen können? ... Allein wir wollen hier keine unnütze Parallelen ziehen, achtzehn Jahrhunderte sprechen für Rom, und legen die Erfüllung der Verheißung an Tag, die dem Petrus gethan worden ist. Ein heutiger Philosoph machet eine Anmerkung, die nicht ermangeln wird, auf jeden gutgesinnten Menschen Eindruck zu machen. Nachdem er von dem Zustande der Schwäche und der Ohnmacht gesprochen hat, worinn sich nunmehr der römische Hof befindet, der dem Willen der weltlichen Mächte weichen und sich nach ihm beugen muß, setzet er hinzu: „Wenn er mit „einer Festigkeit spricht, die sich nicht zu biegen weiß; „wenn die heftigsten Stürme seine Standhaftigkeit „nicht erschüttern, wenn er in Ansehung der Bitten „taub ist, sich den Reizen nicht mehr ergiebt, und die „Drohungen kaltblütig anhöret; so ist es dann allein, „wenn es um irgend einen Punkt zu thun ist, der das „innere seiner Lehre betrifft" (*Discours sur l'histoire, le Gouver. &c.* Diese Stelle des heutigen Philoso-

mächtig einen andern zu sehen befugt gewesen sei. Dieses Rechts, welches aus dem Primate fleußt, hat sich Petrus und seine ersten Nachfolger bedienet, indem sie im ganzen Abendlande Kirchen stifteten, den Kirchen noch ehe als Koncilien gehalten wurden, Bischöfe vorsetzeten; den Bischöfen jenen Theil der Heerde, den sie weiden sollten, anwiesen, unter den Bischöfen gewisse Gegenden auszeichneten, und darinn einen Sitz ernenneten, dessen Haupt den übrigen aus apostolischer Gewalt vorzustehen hatte. Innocenz I giebt von dieser Kirchenstiftung als von einer unwidersprechlichen Sache das deutlichste Zeugniß, woraus jedermann sehen kann, daß das Ansehen der Päbste seinen Ursprung nicht aus der durch Synodaldecrete vorher festgesetzten Kirchenzucht hernimmt, sondern daß es schon vor der Einführung derselben gewesen ist. Es ist eine bekannte Sache, daß der eben benennte Pabst die Kirche zu Antiochia zum Haupte der morgenländischen Kirche gemacht habe."

„Epi-

losophen erinnert mich an die alten Verse des h. Gregor von Nazianz:
Fides vetustæ [Romæ] recta erat jam antiquitus
Et recta perstat nunc item, nexu pio
Quodcunque Labens sol videt, devinciens;
Et universi præsidem mundi decet,
Totam colit quæ numinis concordiam.
Gregor. Naz. Carm. de vitâ suâ.

„Epiphanius erzählet uns, wie die Bischöfe Ursinus und Valens, da sie ihre Verbrechen bereueten, dem römischen Pabste Julius Bittschriften gaben, worin sie um Vergebung ihrer Fehler baten, und zur Buße und Gemeinschaft zugelassen zu werden verlangten."

„Hieronymus hielt alles für unheilig, was mit dem Stuhle des Petrus nicht in Gemeinschaft stünde, weil er wußte, daß die Kirche auf diesen Felsen gegründet sei; dieser Ursache halber flehete er in den wichtigsten Streitigkeiten den Pabst Damasus allein um die Erklärung an, wie er nach der Glaubenslehre reden, und mit wem er Gemeinschaft pflegen könnte."

„Augustinus bezeuget, er habe es aus den heiligen Büchern gelernet, daß der apostolische Primat in dem Petrus mit ausnehmendem Vorzuge hervorleuchte: daß jenes Fürstenthum des Apostelamtes jeder bischöflichen Würde vorzuziehen sei: daß die römische Kirche, jener Sitz des Petrus der Felsen sei, welchen die Pforten der Hölle nie überwältigen." Hieraus wird abermal eine betrügliche Schriftauslegung des Verfassers wiberlegt, wodurch er vorgiebt, unter dem Namen des Felsen, auf welchen J. C.

F seine

seine Kirche gebäuet hat, sei nicht die Person des Petrus, sondern sein Glaube und sein Bekenntniß zu verstehen, gleichsam als hätten jene Väter, die wegen mannigfaltiger Bedeutung der heiligen Schrift das Wort Fels auf den Glauben und auf das Bekenntniß des Petrus ausgeleget haben, deswegen den buchstäblichen Verstand desselben gänzlich weggelassen; da doch ihre Worte bis zum Augenscheine beweisen, daß sie selben immer zugleich beibehalten haben. So schrieb Ambrosius, der Lehrer des Augustinus: Petrus selbst ist es, zu dem der Herr gesprochen hat: Du bist Petrus, und auf diesen Felsen will ich meine Kirche bauen. Wo also Petrus ist, da ist auch die Kirche. Diese ist die einhellige Stimme der Väter, die ununterbrochene Uebergabe der Lehrer, die der heilige Bernardus in diesen kurzen Worten zusammengefasset hat, als er den Pabst Eugenius anredete: „ Du bist es, dem die Schlüssel übergeben, und die
„ Schaafe anvertrauet worden sind. . . . Alle andere
„ haben die ihnen angewiesenen Heerden, jeder seine
„ besondere: dir sind alle insgesammt anvertrauet,
„ eine einzige ganze Heerde einem einzigen. Du bist
„ nicht nur der Schaafe sondern der Hirten Hirt allein."
Diese Lehre ist von allen, die nur immer in der Kirche Gottes aufgewachsen sind, wie die Milch eingesogen worden: in dieser Lehre sind, wenn sie daran denken

woll=

wollten, alle diejenigen von Kindheit auf unterrichtet werden, die sich nunmehr durch jeden Wind herum treiben lassen. Zu allen Zeiten hat man aus dem Evangelium verkündiget, Christus habe dem Petrus die Schaafe, und nicht den Schaafen den Petrus anvertrauet."

„Von dieser Uebergabe der Väter sind die allgemeinen Kirchenversammlungen niemals abgewichen. Die zu Chalcedon versammelten Väter gehorchten dem Petrus, als er durch den Mund des Pabstes Leo zu ihnen redete. Sie wußten, daß die Kraft und Festigkeit ihrer Handlungen nicht von jedem Bischofe, sondern nur von dem Oberhaupte Leo herzuhohlen sei, den sie auch um die Bestätigung derselben anfleheten. In der achten allgemeinen Versammlung wurde eine Schrift, die darin abgelesen ward, oder eine Formel gut geheißen, in welcher nebst vielen herrlichen Zeugnissen von der Gewalt des römischen Pabstes vorgeschrieben war, daß die Namen derjenigen, die von der Gemeinschaft der katholischen Kirche abgesondert, oder (welches für eins galt) mit dem apostolischen Stuhle nicht einstimmig wären, unter den heiligen Geheimnissen nicht genennet werden sollten. Ja, da es daselbst noch um einige

nige Dispensen zu thun war, die der Kirche selbst am meisten vortheilhaft zu seyn schienen, getraueten sich die Väter nicht, des Rechtes, selbe zu ertheilen, sich anzumaßen, sondern sie beschloßen, die Erlaubniß dazu von dem römischen Stuhle durch den Patriarchen Ignatius zu erbitten. Sie erkannten es also, daß dieser Stuhl, nicht aber die Patriarchen die Gewalt hatten, in den Kirchensatzungen einen Erlaß oder eine Linderung zu erlauben."

„Die vierte und große Kirchenversammlung am Lateran erkläret, daß die römische Kirche vermöge göttlicher Einsetzung über alle übrige den Vorzug der ordentlichen Macht erhalten habe, als eine Mutter und Lehrerin aller Christgläubigen."

„In der zwoten Versammlung zu Lion wurde das Glaubensbekenntniß für die Griechen herausgegeben, wodurch selbe bekennen und anerkennen, daß die römische Kirche den höchsten und vollen Primat und Principat über die ganze katholische Kirche besitzet, und daß sie denselben von dem Herren selbst in der Person des h. Petrus, als des Fürsten, oder Hauptes der Apostel, dessen Nachfolger der römische Pabst ist, mit der Völle der Macht empfangen habe. Die Versammlung zu Florenz, welche auf die obige gefolget ist, hat diese katholische Lehre von dem Primate durch ein berühmtes Decret neuerdings bestätiget."

„Die

„Die Väter auf dem Kirchenrathe zu Trient, von dem dem Geiste Gottes beseelt, thäten die Erklärung, daß die römischen Päbste, vermöge der höchsten Gewalt, die ihnen über die ganze Kirche ertheilet worden, berechtiget gewesen sind, einige Kriminalhändel von größerer Wichtigkeit ihrer eigenen Entscheidung vorzubehalten. Daß nun diese Gewalt, die sich auf einzelne Kirchsprengel, und eben sowohl auf andere dergleichen Verrichtungen erstrecket, obgleich selbe der Verfasser der Schmähschrift mit Unrecht auszuzischen sich bemühet; daß diese Gewalt nicht anderswoher geleitet, nicht von den niedrigern Hirten auf den obersten übertragen, sondern dem Primate ordentlichen Rechts wegen anhängig und eigen sei, muß ein jeder bekennen, der nicht etwa erst einen Zweifel hegt, ob die göttlichen Erleuchtungen der Kirchenräthe den Vernünftleien der menschlichen Unwissenheit vorzuziehen sind."

„Sybel berufet sich auf die Versammlung von Costniz, er hätte aber denken sollen, daß eben von diesem Koncilium die Irrthümer des Wikleffes und des Hussen verdammet worden sind. Der erste lehrete, es sei zur Seligkeit eben nicht nothwendig, daß man glaube, die römische Kirche sei die höchste unter andern Kirchen, und der Pabst sei der nächste und unmittelbare Statthalter Jesu Christi; der andere behauptete: Petrus sei nicht das Haupt der heiligen katholischen Kirche; er sei es auch nie gewesen. Diesen Irrthümern die wahre Lehre entgegen zu setzen, hat Martinus V. verordnet, daß man Leute, die dießfalls verdächtig wären, fragen sollte, ob sie glauben: der heilige Petrus sei der Statthalter Jesu Christi gewesen, und habe die Gewalt gehabt, auf Erden zu binden und zu lösen. Ob sie glauben: ein nach der Vorschrift der Kirchengesetze erwählter Pabst sei der Nachfolger des heiligen Petrus, und habe die höchste Gewalt in der Kirche Gottes. Ob sie glauben, der Pabst könne allen Christgläubigen Abläße ertheilen: die Bischöfe aber nur ihren Untergebenen, und nach Bestimmung der heiligen Kanonen. Hiedurch widerleget sich wiederum ein Irrthum des Verfassers, der mit Vermessenheit hingeschrieben hat, daß jeder Bischof eben so gut als der Pabst Abläße ertheilen könne. Wer nur immer diese Urkunden der Väter und der Kirchenversammlungen mit unbefangenem und ruhigem Gemüthe bedachtsam erwägen will, muß gewiß einsehen, daß sie weit eine höhere Macht in sich begreifen, als die nur in einem Directorialrechte, wie man es nennet, begränzet ist,

oder

oder nur in der Pflicht zu ermuntern, zu ermahnen, das vernachläßigte zu ersetzen bestehet."

„Ja selbst die zu Basel versammelten Väter haben in der Antwort an den Bischof von Tarent öffentlich erkläret, „daß sie bekennen und glauben, der rö„mische Pabst sei das Haupt und der Fürst der Kir„che: er sei der Statthalter Christi: er sei von Chri„sto, nicht von den Menschen oder Kirchenversamm„lungen andern vorgesetzet worden: er sei der Hirt „der Christgläubigen, dem von Christo dem Herrn „die Schlüssel sind übergeben worden: ihm allein sei „gesagt worden: Du bist Petrus, und er allein „sei zur Völle der Macht, andere nur zum Theil „der Sorgfalt berufen worden." Der Verfasser sollte sich seiner tollen Kühnheit um so mehr schämen, als er jene Völle der Macht zu entkräften unternommen hat, die sogar von der Basler Versammlung in die Zahl der so bekannten und allgemein angenommenen Hauptlehren gerechnet wurde, daß es nicht einmal nöthig zu seyn schien, selbe insonderheit anzuführen. Und in der That, was wir oben aus dem Augustin vorgebracht haben, daß sich der Primat des apostolischen Stuhles jederzeit an dem Sitze zu Rom erhalten habe, und daß dieser Primat des apostolischen Amtes der bischöflichen Würde vorzuziehen sei; dieses erhellet

nebst

nebst vielen andern Beweisen aus diesem auffallenden Merkmaale, weil der Nachfolger des Petrus eben dadurch, daß er in seine Stelle tritt, die ganze durch göttliches Gesetz ihm übergebene Heerde Christi erhält, so, daß ihm zugleich mit dem bischöflichen Amte über die Kirche zu Rom auch die Gewalt zukömmt, die ganze Kirche zu regieren: da hingegen den übrigen Bischöfen jedem sein besonderer Theil der Heerde nicht aus Gottes Gesetze, sondern nach dem geistlichen Rechte, nicht durch Christi Mund, sondern durch hierarchische Verordnung muß angewiesen werden, auf daß sie eine ordentliche Regierungsmacht über selben ausüben können. Wer es nun bei dieser Anweisung des Heerdetheils dem römischen Pabste absprechen will, daß sein Ansehen den meisten Einfluß dabei habe, der muß nothwendiger weise auch die rechtmäßige Folge so vieler durch die ganze Welt angestellten Bischöfe bestreiten; indem sie keine andere Kirchsprengel regieren, als die durch apostolische Vollmacht entweder von neuem gestiftet, oder von andern abgetheilet, oder mit andern vereiniget worden sind, zu deren Regierung sie die Sendung von dem römischen Pabste empfangen haben [a]; man kann

[a] Alle Kirchen Europens und der ganzen Welt (wenn man die Provinzen ausnimmt, so die Türken nunmehr inne haben, und worinn es wenige katholische Bischöfe giebt)

kam also, ohne die gräulichste Verwirrung in der Kirche
zuerregen, und das bischöfliche Hirtenamt selbst auf die
Spitze

giebt) sind nichts als Stiftungen und Arten von Ko-
lonien der römischen Kirche, daher sind entweder unmittelbar oder mittelbar diejenigen Wortsdiener gekommen,
die unsern Vorältern das Licht des Evangeliums brachten, unsere Kirchen stifteten, und unsere ersten Bischöfe
waren. Und die Nachfolger eben dieser Bischöfe wollen
nach 6, 10, oder 16 Jahrhunderten die Mutterkirche
und den Hohenpriester unterjochen, dem sie ihren Glauben, und ihr Priesterthum, ihr christliches und bischöf-
liches Daseyn zu verdanken haben? Das mag man wohl
die verkehrte Welt heißen; das ist wohl der Fall jener
in den heiligen Büchern verzeichneten Klage: *Filios
enutrivi & exaltavi, ipsi autem spreverunt me* ... Jsai.
Ein Schriftsteller, der, wenn er verlegen ist, immer I. 2.
besondere Ausflüchten hat, nimmt an, daß Rom durch
ein Erdbeben zu Grunde gehen könne, und die Kirche
ihren ersten Sitz alsdann anderswohin verlegen würde;
aber seine Naturkunde ist hier besser als seine Vernunftlehre. Denn in vorgesetztem Falle würde jedoch die
Folge der römischen Bischöfe bleiben, so wie die Kirche
die Folge der Bischöfe erhalten hat, deren Diöcesen
in die Macht der Ungläubigen oder Ketzer gefallen sind,
und wie die Päbste nichts von ihren Gerechtsamen ver-
lohren haben, als sie zu Avignon residirten: wenn auch
gleich die Ausübung der bischöflichen Würde diese Stadt
als wirklich existirend voraus setzet, so ist der Primat
des Pabstes, die Würde des Statthalters Jesu Christi,
und die höchste Gewalt in der Kirche, um ihre Rechte
auszuüben, auf keine Art eingeschränkt, und gehöret nur
wegen der Folge auf einander zum Bisthum von Rom.
Petrus der ehrwürdige wendet folgenden Vers aus dem
Lucan auf die päbstliche Residenz ganz artig an

Veios

Spitze zu setzen, jenen großen und wunderbaren Mitgenuß der geistlichen Gewalt nicht anfechten, welcher durch Gottes Gnade dem Stuhle des Petrus ist zugeeignet worden, „daß also, wie Pabst Leo der große „den Ausspruch gethan, Petrus alle diejenigen eigentlich

. . . . . . *Veios habitante Camillo*
Illic Roma fuit.

Man beliebe über diese Materie eine kleine, aber gelehrte und zierliche Abhandlung zu lesen mit der Aufschrift: *Epistola Sillasipi a Lapide, in causâ, an summus pontificatus a romanâ ecclesiâ avelli & alio transferri possit?* Augustoduni 1782. Der Verfasser widerlegt auf eine völlig entscheidende Weise einen kleinen Heftemacher, und einen gediehenen dicken Plünderer, die den ersten Stuhl der Kirche von der Laune der Menschen und dem Stoß der Ereignisse abhängig machen wollten. Uebrigens hat eben dieser immer unzusammenhängend denkende und mit sich selbst im Widerspruch stehende Plünderer, indem er das vergißt oder verwirft, was er den Augenblick zuvor gesagt hatte, die Unbeweglichkeit des römischen Stuhles auf eine Anmerkung gegründet, die allein hinreichend ist, um alle Irrthümer des *Liber singularis* zu vernichten. „Quod „autem is, qui ecclesiæ totius caput erat, in urbem „totius orbis dominam pervenerit, ibique sedem „fixerit suam, singulari divinæ providentiæ con„silio factum videtur, ut scilicet ipse ejusque suc„cessores inde quasi ex sublimi loco excubias agere, „& muneris sui partes commodius implere pos„sent." J. Febronius, *Libr. sing.* tom. I, p. 102.

„lich regieret, die vornemlich auch von Christo regieret
„werden; und wenn Christus gewollt hat, daß die
„übrigen Vorsteher mit dem Petrus etwas gemein-
„schaftliches hätten, so hat er dasjenige, was er
„ihnen nicht versagte, doch nur durch Petrus erthei-
„let [a]."

„Der

[a] Die brausenden Worte Nachfolger der Apostel, Völle der bischöflichen Gewalt, apostolische Macht u. s. w., wovon die Beförderer der itzigen Anarchie so vielen Gebrauch machen, haben wenigstens einiger Erklärung vonnöthen. Wessen Apostels Nachfolger ist dann dieser oder jener Bischof, der seine Würde am allermeisten erhebt; der von *, zum Beispiel? Wessen Apostels Stuhl besitzt er? Hat Matthäus, Thaddäus, Johannes oder Andreas das Bisthum * gestiftet? Hat nicht das Volk dieser Länder der römischen Kirche und ihrem Hohenpriester seine Priester, seine Bischöfe, und alles das zu verdanken, was es in Ansehung des Christenthums ist? Da haben wir also eine Nachfolge, die dem Begriffe dieses Wortes nicht genau entspricht. ... Aber nehmen wir sie auch in dem Sinne an, daß es ihnen zustehet, ihre Kirchen zu regieren, Priester zu weihen, auf die Erhaltung des Glaubens, die Aufrechthaltung der Kirchenzucht u. s. w. Acht zu haben, was wird diese Nachfolge wider die Gewalt des römischen Pabstes beweisen, der im strengsten Verstande des Wortes der Nachfolger des h. Petrus ist? ... Völle der apostolischen Gewalt. Wem wird es einfallen, im Ernste zu behaupten, daß die zwölf Lehrer und Stifter der christlichen Religion nicht eine sonderbarere, kräftigere und ausgedehntere Gewalt gehabt haben, als Leute, denen bloß aufliegt, ein seit achtzehn Jahrhunderten gestiftetes Werk in einem kleinen jedem insbesondere

„Der Verfasser steift sich auf die Bischöfe und Lehrer von Frankreich, aber ganz vergeblich; denn was für eine will er auf seine Seite ziehen? Vielleicht die Alten, oder jene, welche in den mittkern oder in den letztern Zeiten am Ruhme der Frömmigkeit und Gelehrtheit in jener ansehnlichen Kirche geblühet haben? Eine Menge von den alten könnten wir anführen; es mag ihm aber genügen, daß er den Cäsarius von Arles, und den Avitus von Wien höre. Cäsarius redet den Pabst Symmachus in einer Bittschrift also an:

„Das dere angewiesenen Bezirke zu erhalten? Daß persönliche Schüler Christi, Augenzeugen seiner Werke, Verwahrer seiner Lehre, die in der Gnade und dem Lichte gestärket, und gesetzet waren, in der ganzen Welt Kirchen zu bilden, wo keine waren, Gesetze zu machen, wo es deren noch keine gab, daß diese Männer nicht als Bischöfe sind, mit denen Monsignor von L. von K. von M. von S. ꝛc. so platterdings in gleichem Range stehen? —— Man hat die Unwissenheit schwatzen sehen, so über die Stelle der Apostel geschieht: *vos spiritus sanctus posuit, regere ecclesiam Dei.* So sind die Kenntnisse des 18ten Jahrhundertes beschaffen, wo man, Dank sei der Philosophie, weder griechisch noch Latein mehr verstehet, wo man die Bedeutung des Wortes *Episcopus* sowohl seiner Wurzel als auch dem Gebrauch nach, den man oft in den ersten Zeiten davon machte, nicht kennet, wo man das Lächerliche der Unterstellung nicht wahrnimmt, daß die *Majores natu ecclesiæ*, die der h. Paulus dieser Anrede wegen von Ephesus nach Milet hat kommen lassen, eine Versammlung von Bischöfen gewesen seyn sollen!

Act. XX. 28.

"Das bischöfliche Amt hat seinen Anfang von Petrus
"gewonnen, es müssen also Eure Heiligkeit durch
"fügliche Einrichtungen allen Kirchen deutlich vorzei=
"gen, was sie zu beobachten haben." — "Ich bitte
"Euch, schreibt Avitäs an den Pabst Hormisdas,
"Ihr wollet mich unterrichten, was ich Euren Söh=
"nen, meinen Brüdern in der Kirche Frankreichs,
"wenn sie mich um Rath fragen werden, zu antwor=
"ten habe: denn ich kann Euch von der Willigkeit
"nicht nur der Kirche zu Wien, sondern der ganzen
"französischen Kirche schon itzt Bürge stehen, daß
"jedermann den Ausspruch, den Ihr über die Glau=
"bensfrage werdet ergehen lassen, mit beiden Armen
"umfangen werde." Diesen Zeugnissen kann man
das Verfahren der Väter von Orleans hinzusetzen, wel=
che die gesetzmäßige Art, die bei der Wahl der Metro=
politen zu beobachten ist, aus den Verordnungen des
apostolischen Stuhles hernehmen."

"Aus dem mittlern Alter hören wir nun den
Hinkmar von Rheims, welcher eben dadurch, daß er
von sich bezeuget, wie getreu und in allem unterwürfig
er jederzeit gegen den apostolischen Stuhl als die Mut=
ter und Lehrerinn aller Kirchen, und gegen die Vorste=
her desselben gewesen sei, öffentlich an den Tag leget,
was für eine Schuldigkeit man gegen denselben Stuhl
habe,

habe, und was er von dieser Schuldigkeit urtheile. Auch auf den Jvo von Chartres kann man sich berufen, welcher die Frechheit derjenigen, die sich wider den apostolischen Stuhl auflehnen, mit nachdrucksvollen Worten bestrafet. Er sagt: Den Urtheilen und Gesetzen desselben (apostolischen Stuhles) widerstreben, ist in der That nichts anders, als den Schandfleck einer ketzerischen Bosheit sich zuziehen: diesem Stuhle stehet es vorzüglich und durchgängig zu, die Einsetzungen der Metropoliten sowohl, als der übrigen Bischöfe zu bestätigen, oder umzustoßen, die Verordnungen und Urtheile derselben kraftloß zu machen, die eigenen aber ungekränkt zu erhalten, und nicht zu gestatten, daß sie durch die Meinung eines Niedrigern entkräftet oder umgeändert werden. Jvo bestätiget diese Lehre auch durch übereinstimmende Worte des Pabstes Gelasius."

„Wenn wir von jenen alten Zeiten näher auf die unserigen herkommen, so hätten dem Verfasser die strengen Urtheilssprüche der berühmten theologischen Schule zu Paris nicht unbekannt seyn sollen, jene Urtheilssprüche, welche wider den verrufenen Abtrünnigen

~~de Dominis~~, Erzbischofen zu Spalatro ergangen ~~sei~~. Die vorläufige Verdammung seiner eigenen Schrift hätte er darinn erblicken können: Die Irrthü~~mer des de Dominis~~, welche die Lehrer zu Paris als ~~ketzerisch und~~ schismatisch zu brandmarken kein Beden~~ken trugen,~~ wären folgende: „Die Ungleichheit der „Gewalt unter den Aposteln sei Menschenerfindung, „die in den heiligen Evangelien und göttlichen Bü= „chern des neuen Testamentes keinen Grund hätte." (~~Diesen Satz~~ erklären sie als ketzerisch und schismatisch, ~~in so weit unter~~ der ordentlichen apostolischen Gewalt, die bei dem Petrus allein verblieb, verstanden würde) „In der Kirche gebe es kein anderes höchstes Ober= „haupt, als Jesus Christus; alle Bischöfe regieren „eben dieselbe Kirche sammt und sonders, jeder mit „voller Macht; die römische Kirche zeichne sich wie „vormals, also jetzt vor andern aus, nicht durch ein „Vorrecht der Regierungsgewalt und der Gerichts= „barkeit, sondern durch Ehrentitel, durch Achtung, „guten Namen, und Ansehen der Rangordnung." (Diesen Satz nennen sie ketzerisch und schismatisch, in so weit er zu verstehen giebt, daß die römische Kirche aus Gottes Einsetzung keine Gewalt über die andern Kirchen habe.) „Jeder Bischof sei vermöge des gött= „lichen Rechtes ein allgemeiner Bischof; die monar= „chische Regierungsform sei in der Kirche nicht un=
„mittel=

„ mittelbar von Christo eingeführet worden; es sey
„ falsch, daß die Einigkeit der katholischen Kirche
„ in der Einheit eines sichtbaren Oberhauptes be-
„ stünde." Und als de Dominis noch beisetzte, die
Lehre der Pariser, wenn man sie zergliedert, sey
von der seinigen nicht unterschieden; so widerlegten
sie unverzüglich diesen Betrug, als eine lautere
Verläumdung gegen die hohe Schule zu
Paris."

„Ein anderes Zeugniß von dem Primate des
römischen Pabstes gaben die Bischöfe Frankreichs
in der Versammlung vom Jahr 1681. Ein Zeugniß, welches in sich schon sehr wichtig, und zugleich
mit dem angeführten Ausspruche der hohen Schule
zu Paris, und mit der beständigen Erblehre der
vorhergehenden Bischöfe ganz einstimmig ist. „Der
„ Pabst, sagen sie, ist das Oberhaupt der Kirche,
„ der Mittelpunkt der Einigkeit; er erhält über uns
„ den Vorzug des Ansehens, und der Gerichtsbarkeit,
„ den ihm Jesus Christus in der Person des h. Petrus
„ ertheilet hat. Sollte jemand dieser Wahrheit wi-
„ derstreben, so würde er ein Schismatiker, ein
„ Ketzer seyn" [a].

„Diese

---

[a] Wie viele dergleichen und noch weit stärkere Stellen
bieten uns die erleuchtesten französischen Schriftsteller der
neue-

„Diese so hellleuchtenden, aus der ganzen Geschichte des Alterthums entnommenen Zeugnisse für den

neueren Zeiten dar! Ein Tomassin, der wider die Lieblingsanmaßung einiger Bischöfe dieses Jahrhunderts behauptet, die Fülle der Gewalt, so die Apostel erhalten hätten, sey nur den Nachfolgern Petri überantwortet worden. Ein Fleuri, der die zeitliche Souverainität des Pabstes als eine Wirkung der Vorsehung ansah; damit er in der Ausübung seiner geistlichen Macht freier seyn sollte, und die andern Bischöfe um so mehr in ihrer Schuldigkeit erhalten würden. Ein Bossuet endlich, der, ob er gleich für denjenigen gehalten wird, welcher in seiner *Defensio declarationis Cleri Gallicani* die päbstliche Macht am meisten geschmählert hat, dennoch von der allgemeinen Versammlung der französischen Geistlichkeit also redet: „Rom war vorbestimmet, das Haupt der
„Religion zu seyn, es mußte auch dieser Ursache wegen
„die eigene Kirche des h. Petrus werden. Es ward
„der ewige Stuhl des h. Petrus zu Rom errichtet und
„festgesetzt, dieß ist die römische Kirche, welche von
„Petrus und seinen Nachfolgern unterrichtet, keine
„Irrlehre kennet. Die römische Kirche ist immer eine
„Jungfrau, und der römische Glaube ist immer der
„Glaube der Kirche. Man glaubt immer, was man
„geglaubt hat, und Petrus bleibt in seinen Nachfol-
„gern immer die Grundfeste der Gläubigen. J. C.
„hat es gesagt: Himmel und Erde werden eher vergehen als jene Worte." Eine Stelle, die ungemein wohl mit demjenigen übereinkömmt, was wir von dem ausschließlich- und allein in der römischen Kirche beibehaltenen Glauben gesagt haben * . . . Es ist eine ganz gewisse litterarische Anekdote, die gegenwärtiger Materie nichts weniger als fremd ist, daß die *Defen-*

Eccl. disc. T. I. p. 22.

Serm sur l'unité de l'eglise. p. 15 & 17.

*siehe oben p. 79

den Primat des römischen Pabstes waren nicht einmal dem Verfasser der Schmähschrift völlig unbekannt: um so mehr liegt aber seine hartnäckige Widersetzlichkeit gegen den römischen Stuhl an dem Tage;

„*sio declarationis Cleri Gallicani*; so wie sie uns der Neffe des berühmten Bossuet gegeben hat, die Arbeit dieses Prälaten nicht ist, ob es gleich an dem ist, daß Bossuet über diesen Stoff ein Werk geschrieben, welches er einige Zeit vor seinem Tode übersehen und viel geändert hat; es fand sich in diesem Werke eine Schlußrede, worinn er, wie der Kanzler von Aguesseau versichert, das Buch Ludwig dem XIV zueignete, die aber nicht in demjenigen ist, was uns der Bischof zu Troies als ein Werk seines Oheims vorgerücket hat. Man sehe die Abhandlung des Victor Amadeus Soardi, Lehrers auf der hohen Schule zu Turin: *de supremâ romani pontificis authoritate hodierna Ecclesiæ Gallicanæ doctrina*, Avignon, 1747, ein Band in 4to. Der Verfasser beweiset, daß die heutige Lehre der französischen Geistlichkeit der gesetzmäßigen Gewalt des Pabstes ganz und gar nicht entgegen gesetzet sey, sondern sie vielmehr überaus begünstige, und dieses bestätiget die Erfahrung auf eine sehr tröstliche Weise durch die vollkommene Uebereinstimmung, die in allen Theilen zwischen den Bischöfen Frankreichs und dem römischen Pabste herrschet. Das Parlament von Paris hat das Werk des Bischofes von Troies auf Anhalten seiner Freunde durch ein Arret vom 25 Junius 1748 unterdrucket, ohne dennoch der weisen Kritik, und dem Resultat der gelehrten Untersuchungen des Verfassers dadurch etwas benehmen zu wollen; seine Schreibart ist klar, lauter und anzüglich: er lebte noch im Jahre 1780; das Jahr seines Hintrittes ist mir unbewußt.

Tage [a]; denn als er jene glänzenden Aussprüche der Väter weder zu verdunkeln, weder zu zernichten vermochte, so unternahm er mit äußerster Frechheit, selbe als verblümte, übel verstandene Redensarten durchzulassen, wodurch zum Theil geschehen wäre, daß man den Pabst durch viele Jahrhunderte für das gehalten habe, was er nicht ist; gleichsam als wenn die heiligen Väter, welche Gott seiner Kirche zu Hirten und Lehrern gegeben hat, in einer Sache von solcher Wichtigkeit, woran die Grundverfassung der Kirche gelegen ist,

---

[a] Der so rasende als unverdiente Haß wider den apostolischen Stuhl ist eine entsetzliche Sache, eine Sache, die für jeden unauflöslich ist, der den Grundsatz nicht einsieht, welcher dieses Jahrhundert herumtummelt, und ihm seine Worte und Handlungen eingiebt; ein Haß, der auf alle Weise bei Leuten hervorbricht, die sich Christen nennen, und für beleidigend halten würden, wenn man Bedenken trüge, sie Catholiken zu nennen. Noch vor wenigem sah man, wie ein Geistlicher, Verfasser oder Uebersetzer, oder Herausgeber oder Verlängerer eines Entwurfes einer geistlichen Pflanzschule die Gewalt des Pabstes, die Grotius und Melanchton zurückgewünscht haben, eine schwärmerische Schlange übergebirgischer Sisteme nennete, und sich schmeichelte, daß sie unter seinen Hieben unterliegen würde. Was Wunder, wenn eine Menge junger Theologen nach einer solchen Erklärung ein Feld verließen, wo man hauptsächlich, vielleicht einzig und allein auf den allgemeinen Vater der Gläubigen losgehen, und sich bemühen sollte, jenen Stuhl umzuwerfen, dem wir bis auf den Namen Christen zu danken haben. Sieh préf. &c. à Bruxell. chez E. Flon.

ift, entweder selbst allgemein geirret, oder die Gläubigen in den Irrthum eingeführet hätten, und als wenn nicht vielmehr jeder als des schändlichsten Irrthums schon überwiesen zu halten wäre, der nur immer von dem Pabste anders denket, als durch eine immerwährende Reihe so vieler Jahrhunderte geglaubt worden ist."

„Was nun bisher über die ganze Sache vorgebracht worden, erachteten wir nach dem Beispiele unserer Vorfahren, in ähnlichen Fällen der weitläuftigern Erörterung, die uns unsere Amtspflicht abgedrungen hat, würdig zu seyn: wir suchten dabei nicht unsere, sondern der Seelen Vortheile; wir gaben uns Mühe, die Einigkeit im Bande des Friedens zu erhalten: Unsere Absicht gieng dahin, daß erstlich die Betrügerei derjenigen, welche das Ansehen der Väter zur Verfälschung ihrer Aussprüche mißbrauchen, aufgedeckt, sodann alle belehret würden, wie sehr selbst den Vätern am Herzen gelegen war, daß die Einigkeit von den Gläubigen durch die Anhänglichkeit an jenen Stuhl erhalten werde, welcher von Christo als der einzige Vater und Lehrer aller übrigen eingesetzt ist."

„Die Kirche Christi ist also gewiß nur ein einziger Schaafstall, dessen einziger und oberster Hirt Christus,

bey

der im Himmel herrscht, an seiner Stelle auf Erden einen einzigen obersten Statthalter und sichtbaren Hirten zurückgelassen hat, durch dessen Stimme die Schaafe die Stimme Christi selbst hören könnten, damit sie nicht etwa durch fremde Stimmen verführet, auf vergiftete und tödtliche Weiden geriethen. Damit also die unserer Sorge anvertrauten Gläubigen gewarnet würden, alles unheilige und gefährliche Geschwätz, welches zur Gottlosigkeit führet, zu meiden; und damit sie unbeweglich an jenem Stuhle hiengen, in welchem Petrus als in seinem eigenen Sitze noch lebet, noch vorstehet, noch die Glaubenslehre denjenigen darbeut, die sie dabei suchen, damit sie ferner die irrige und verfängliche Meinung vermeiden, als wäre nur aus Ehrbegierde erzwungen, aus Unwissenheit oder Schmeichelei erstattet, oder durch unächte Kunstgriffe erhaschet worden, was Christus selbst geordnet und festgesetzet hat; so haben wir obgemeldete Schrift aus der deutschen in die lateinische Sprache übersetzt von mehrern Doctoren der Gottesgelehrtheit untersuchen lassen. Nachdem diese darauf die Berathschlagungen gehalten, und wir die Rechtsmeinungen unserer ehrwürdigen Brüder der Kardinäle der heiligen römischen Kirche als Generalinquisitoren wider die ketzerische Bosheit in dem ganzen christlichen gemeinen Wesen, da sie vor uns da stunden, angehöret, verwerfen und verdammen wir aus eigener Bewegung, aus unserer gewissen Wissenschaft, und aus der Völle der apostolischen Macht, obgemeldete Schrift, welche lateinisch betitelt ist: *Quid est Papa?* (Was ist der Pabst?) und zu Wien mit Erlaubniß der k. k. Büchercensurs Kommission (eine Erlaubniß, die der Verfasser betrieglicher Weise durch die Frechheit, daß er seinen Namen voransetzte, und dadurch allem bösen Verdacht auswich, erhalten hat) bei Joseph edlen von Kurzbeck 1782 gedruckt worden ist; als welche Schrift in gewissem Bezuge falsche, ärgerliche, verwegene, schimpfliche, zur Spaltung führende, schismatische, irrige, zur Ketzerei verleitende, ketzerische und von der Kirche schon verdammte Sätze enthält. Wir wollen auch und beschließen, daß man sie auf immer für verworfen und verdammt halten soll."

„Ueberdas befehlen wir, daß niemand aus den Christgläubigen, wessen Ranges und Würde sie seyn, und wenn sie gleich einer besondern Aufmerksamkeit würdig wären, gemeldete Schrift schon im Druck herausgegeben, oder mit der Hand geschrieben, entweder in seinem Original, oder in was immer für einer Uebersetzung zu lesen, zu behalten, oder wiederum zu drucken, oder drucken zu lassen, sich getrauen oder erfrechen=

chen soll, unter der Strafe der Suspension von geistlichen Verrichtungen, wenn sie geistlichen Standes sind: sind sie weltlich, unter der Strafe des grössern Kirchenbannes, in welche man durch die That selbst, ohne eine andere Erklärung verfällt, wovon Wir die Lossprechung, oder nach Gestalt der Sache die Auflösung Uns, und Unsern Nachfolgern den römischen Päbsten vorbehalten, nur den Sterbfall belangend den obgemeldeten Kirchenbann ausgenommen, als in welchem jeder Beichtvater von solcher Censur, als voraus gesetzt ist, wird lossprechen können."

„Wir gebieten auch den Buchführern und Buchdruckern, und allen übrigen sammt und sonders, wessen Ranges, Standes und Würde sie seyn mögen, den geistlichen Personen und den weltlichen, wenn sie gleich einer besondern und namentlichen Meldung bedürften, daß sofern ehegemeldete Schrift, entweder im Original, oder in was immer für einer Sprache, gedruckt oder geschrieben ihnen zu Händen gekommen ist, sie selbe unverzüglich unter den nemlichen oben angedroheten Strafen der Suspension von gottesdienstlichen Verrichtungen, oder nach Beschaffenheit der Personen des Kirchenbannes den ordentlichen geistlichen Ortsobrigkeiten zu überreichen gehalten seyn sollen."

„Damit

„Damit aber eben dieses gegenwärtiges Sendschreiben desto leichter allen bekannt werde, und niemand sich mit der Unwissenheit desselben entschuldigen könne, so wollen und befehlen Wir, daß dasselbe an die Thore der Hauptkirche des Apostelfürsten, und der apostolischen Kanzlei, so wie auch der Curia generalis auf dem citatorischen Berge, und am Ecke des Feldes der Flora durch einen aus unsern Gerichtsboten nach Gewohnheit öffentlich verkündiget werde, und die Abschriften davon dort angeschlagen bleiben sollen. Nachdem es nun auf solche Weise kund gemacht worden ist, soll es alle und jede, die es angehet, eben so verbinden, als wenn es einem jeden derselben persönlich wäre kund und zu wissen gemacht worden; den Abschriften aber gegenwärtigen Sendschreibens, auch wenn sie gedruckt sind, und von einem öffentlichen Notarius eigenhändig und mit dem Siegel einer Person, die in einer Würde der Kirche stehet, verwahret sind, soll eben der Glaube sowohl vor als außer Gericht aller Orten geleistet werden, welchen man demselben leisten würde, wenn es in Gegenwart vorgewiesen und gezeiget werden sollte. Gegeben zu Rom bei dem heiligen Petrus unter dem Fischerring den 28 Tag des Wintermonats im Jahr 1786, im zwölften Unserer päbstlichen Würde."

B. MARISCOTTUS, pro-Secretarius.

„Da

„Da die Existenz der Nunziaturen in Deutsch-
„land gegenwärtig sowohl die politische als geistliche
„Welt beschäfftiget, so wird das Publikum mit
„Vergnügen ein Schreiben sehen, worinn der
„Pabst selbst diese Sache vollends entwickelt."

Venerabili Fratri Ludovico-Josepho, Episcopo

Frisingensi,

P I U S P. VI.

Venerabilis Frater, salutem. Deesse apostolico
ministerio nostro crederemus, si sub silentio præ-
teriremus litteras tuas die 12 mā. Augusti ad nos
datas, in quibus, cum epistolæ nostræ responderes
ad te transmissæ a nostro Monachiensi nuntio,
præstiturum te illi operam tuam in ea verba sig-
nificabas: quatenus mihi stante edicto sacræ Cæsareæ majestatis, quod 12 octobris anni præteriti 1785
hac in causa in imperio emanavit, integrum erit.

Id a te, ven. frater, nobis plane inexspecta-
tum accidit, cum perspectissima tua esset jam ab

eo tempore, quo hic Romæ in sacra incubuisti studia, erga S. hanc sedem observantia, ac nobiscum pluribus tuæ pietatis officiorumque indiciis comprobata conjunctio. Minime quidem mirum nobis est, illos abuti Cæsareo edicto, qui etiam per artificium, ut idem conficeretur, curarunt. Facile certe, quo illi spectent, agnoscimus, ut nimirum super alios dominentur.

Ipsi prætexunt timorem, quem nos ab eorum animis tanquam vanum, atque inanem, cum iisdem responsa daremus, ostendimus. Sed hic longum & non necessarium esset, qui sint illi, quasque detulerint querelas ad Cæsarem, quibusque usi sint ad eum expugnandum rationibus, commemorare. Quæ omnia certe omnibus in Germania, nedum tibi sunt cognita ac perspecta. Ipse certe Cæsar, cum ad eum confugerent, aperte declaravit, esse in S. sedis arbitrio, mittere, si ita ipsi videretur, non solum unum, sed tres etiam nuntios, neque se, qui caput est imperii, huic immisceri negotio debere, cum illud certe nullo modo ad constitutiones imperii pertinere intelligeret. Hæc sunt expressa verba comitis de Seinsheim in suis litteris, die 8 Junii 1785 ad ministrum Romæ residentem perscriptis. Multum

tum quidem abest ut credamus, te cum iis, de quibus loquimur, hac in re societatem iniisse. Proinde nequaquam tibi displicere posse existimamus, si nos, omnem auferre ex animo tuo dubitationem cupientes, paterno studio aggrediamur, demonstrare tibi, illam Cæsaris epistolam encyclicam, seu circularem, neque revera obstare, nec etiam obstare posse, quominus recipiantur S. sedis nuntii, nostras gesturi vices, ea cum potestate, ac jurisdictione, quam hactenus exercuerunt.

Notissimæ sunt canonicæ sanctiones, per quas potest romanus pontifex vi sui primatus, non ab hominibus, sed a Deo constituti, suos mittere nuntios, prout postulare tempora videantur, eosque debere agnosci, & cum honore recipi ab omnibus catholicis, præsertim vero ab archiepiscopis, & episcopis; qui solemni jurejurando ad hoc explendum officium sese obstrinxerunt. Proinde nullus est dubitandi locus, si etiam legis vim, aut edicti obligatorii & coactivi haberet supra memorata circularis, hanc ipsam tamen non posse, utpote a potestate laica prodientem, obstare ecclesiasticarum legum observantiæ: atque idcirco nullum ex catholicis, multoque minus ex episcopis eandem adducere posse tanquam causam, se ab onere sibi

sibi imposito substrahendi: quin imo ob eam conjunctionem, quæ illis nobiscum tanquam membris cum capite intercedit, & ob eam, ad quam vocati sunt, nostræ pastoralis solicitudinis partem, suam omnem curam, studium atque operam nobiscum conjugere deberent, ut incolumis atque integra retineretur ecclesiæ auctoritas, atque hunc in modum sequi eorum Germaniæ episcoporum exempla, qui & antiquis & recentibus hisce temporibus jurisdictionem romanorum pontificum in hac etiam parte multa cum laude sustinuerunt, & sustinent.

Sed omnis revera iis eripitur sua, quam prætexunt, ratio, statim ac ea circularis non tamquam lex, seu edictum, ut ipse asseris, consideranda non sit, sed ut *simplex meræ insinuationis epistola*, per nonnullorum importunitatem a Cæsare perscripta, non personam legislatoris, sed *advocati & imperii defensoris gerente*, qua epistola nil aliud agit, quam ut archiepiscopos hortetur, quo illæsa conservent sua primæva jura, quæ per falsas ac erroneas querelas ablata ipsis esse feruntur *mediis illicitis, & juri ecclesiæ repugnantibus*, neque permittant, quemadmodum nec permissurum se ipse profitetur, *nuntii exercitium jurisdi-*

dionis in caufis ecclefiafticis: fubjungit porro, fe, dum exponit hanc animi fui intentionem, non jubere, fed exhortari, hifce nimirum verbis: „ In„ fimul te provocamus, ut jura tua Metropolitica, „ & diœcefana tam pro parte tua, quam attento „ etiam fuffraganeorum tuorum ac exemptorum, „ fi qui provinciæ tuæ infunt, epifcoporum confi„ lio contra quasvis læfiones illibata tuearis." Demum Cæfaream illis protectionem promittit.

Si hæc igitur & non alia funt dictæ circularis verba, unusquisque facile videre poteft, falvam effe archiepifcoporum & epifcoporum libertatem, quæ per exhortationem non eripitur, & ipfos præterea archiepifcopos nullam inde confequutos effe auctoritatem, ad fuos adftringendos fuffraganeos, cum agere non nifi ex eorum confilio debeant. Ex quo patet, fi quid novi in Germania acciderit in detrimentum jurisdictionis nuntiorum, non facto Cæfaris imputandum, fed archiepifcopis & epifcopis effe tribuendum.

Et revera quomodo id cogitari poteft, ut Cæfar fancire legem voluiffet pro univerfo imperio contra nunciorum jurisdictionem, quando imperium ipfum gloriæ fibi femper effe duxerit,

quod

quod in materiis ecclesiasticis se regeret ex ecclesiæ legibus, & præsertim primæ sedis, a qua veræ religionis initia recepit, & quando idem imperium in materiis ad ipsum pertinentibus non alias agnoscit leges, nisi illas, quæ sanciuntur a comitiis, seu ab integro Germaniæ corpore, neque ipsa comitia detrahere quidquam possunt à supremo suorum principum jure, cujus vi eorum quisque in suis ditionibus potestatem habet agendi quod velit, dummodo corporis constitutionem non lædat.

Non ignoramus multorum sermone nunc id spargi, quod nova nuntiorum in Germania institutio inconsultis & invitis episcopis repugnet concordatis Germaniæ, quæ ex jure patritio S. sedem stringunt, & quod id a rationibus episcoporum Germaniæ plane alienum sit, & quod plena sunt acta publica imperii vestri querelis & gravaminibus, quæ contra nuntiaturas ultra sæculum jam mota sunt. Plurimi recessus imperii & capitulationes Cæsareæ ad novissimam usque id aperte loquuntur; sed neque etiam ignoramus, nullo id ipsum fundamento niti, quoniam si ad concordatum Germanicum respiciamus, fieri in ipso expressam mentionem invenimus nuntiorum auctoritatis,

eamtamque approbari (§. Placet nobis 3) sed non invenimus illorum definiri numerum, vel impediri, quominus sine episcoporum consensu mittantur, quando ipsorum principum consensus non ex necessitate, sed ex honoris convenientia sit obtinendus: quamquam in casu, de quo agitur, certiores facti fuerint archiepiscopi, qui nunc adversantur, eisque datum sit ejusmodi responsum, quod ipsos a suo timore, nisi is simulatus fuerit, omnino deducere potuisset.

Sed si de *recessibus imperii* loquamur, veræ quidem sunt querelæ identidem excitatæ, sed verum est etiam, querelas non jam contra subsistentiam & jurisdictionem nuntiaturarum motas, sed contra *prætensos abusus* nuntiorum, fuisse tanquam rationis fundamento carentes, ab episcopis, ad repugnandum zelo inductis, in Germania contradictas, tantumque abesse, ut illæ quidquam nocuerint, ut etiam dictam jurisdictionem confirmarint, atque hæc ipsa nunc non obstantibus quibuscunque querelis multorum sæculorum possessionem habet, qui titulus universim agnoscitur & ab omnibus orbis nationibus retinetur.

Si denique loquamur de *capitulationibus Cæsareis usque ad postremam*, hæ sane evidenter convinvincunt, nuntios in Germania debere & poſſe libere exercere jurisdictionem S. ſedis nomine; quippe his ipſis capitulationibus nihil aliud intenditur, quam ut dicta jurisdictio *limitata ſit ad cauſas eccleſiaſticas*, utque una excludantur civiles cauſæ, ita ut exorta controverſia, civilisne an eccleſiaſtica ſit cauſa, unusquisque ex electis imperatoribus promitteret ſua interponere officia apud S. ſedem pro amica declaratione; ut legitur in ultima capitulatione aliis antecedentibus uniformi in *art.* 14, §§. 4 & 5. Hæc limitatio jam ab initio contradicta fuit in receſſibus annorum 1654 & 1658 proteſtante tamen nuntio *S.* Felice, & in alio receſſu anni 1664, ſimiliter proteſtante epiſcopo Paderbornenſi.

Sed ut nunc prætereamus, quod tum contra eam novitatem actum fuit, jam optimè intelligis, ven. frater, ipſum imperatorem ſuo jurejurando adſtrictum ad capitulationum obſervantiam, neque voluiſſe, neque potuiſſe ſancire pro univerſo imperio coactivam legem ad omnem abolendam nuntiorum jurisdictionem, contra fundamentales tam eccleſiæ quam ipſius imperii leges.

Poſt

Post, perspicuas has atque illustres demonstrationes, minime necesse est, tibi commemorare clarissimum exemplum, sub tuis oculis positum, electoris Palatini, qui unus est è præcipuis imperii membris. Is ea libertate utens, quæ intacta cuique relinquitur, sanctæque huic sedi illud obsequium deferens, quod multo magis ven. fratres episcopi deferre deberent, ad majorem suorum populorum utilitatem constitui voluit cum consueta jurisdictione nuntium in omnibus suis ditionibus Palatino Bavaris, qui ipse nuntius a variis agnoscitur episcopis & abbatibus Germaniæ, & a catholicis populis, electori etiam Brandenburgico subjectis, qui item est alterum è præcipuis imperii membris.

Propterea, cum tu, ven. frater, te esse profitearis zelosissimo animo, præfato archiepiscopo & nuntio pro moderno suo munere omnem locandi operam, a memorata circulari induci non debes ad ullam formidinem, ne tua ordinaria jura lædantur; cum id accidere omnino non possit, statim ac non aliam auctoritatem habet novus nuntius, quam quæ hactenus sine ullo ordinariorum jurium detrimento ab aliis nuntiis fuit exercita; itemque eidem nuntio a nobis expresse mandatum fuit,

fuit, ut sibi tecum, & cum aliis episcopis conveniret, utque omnium vestrum eam ipse haberet, quæ par esset, rationem. Hunc in modum nostræ voluntati, ecclesiæque & imperii legibus obsequens, tibi proximiorem habebis, qui nostro nomine defendat & tueatur jura tua, & bene de ipsa religione mereberis, & populis eam conservabis utilitatem, quam S. sedes iisdem cum proprio etiam impendio præstari per suos nuntios curat, quorum utilitas ab ipso Hontheim admittitur, ut fatetur in Historia Trevirensi, *tom. II, ad Dissert. Sæculi XVI, §. 10, pag. 540.*

Quod si ipse, qui suffraganeus es archiepiscopi Salisburgensis, ad adversantium nobis consilia accederes, præter quod juratam fidem non servares, neque stares ecclesiæ, imperiique legibus, publicæque utilitati aperte te opponeres: ea etiam incurreres pericula, a quibus cavere omnino tua causa debes, non solum S. sedis ejusque nuntiorum auctoritati te subtrahens, quæ certe Germanicam libertatem non lædit, sed tuo subjiciens Metropolitano ultra terminos ab universali ecclesia præscriptos, ad quod certe assequendum adversantium conatus spectare, nemo est qui non intelligat. Sed nos ita persuasi sumus de intima nobiscum

cum & cum apostolica sede animi tui conjunctione, deque tuæ mentis intelligentia, ut minime dubitemus, quin ascultaturus sis nostris hisce adhortationibus, eoque magis, quod certus esse possis, si quis forte abusus orietur, & si quæ proveniret jurium ad archiepiscopos, episcopos & principes imperii spectantium violatio, promptos nos, paratosque fore ad eos auctoritate nostra tollendos, proptereaque illam nos declarationem confirmamus, quam prædecessor noster Alexander VII per superius memoratum nuntium S. Felicem emisit in comitiis anni 1658. Hac de te fiducia freti, singulari paterni animi benevolentia, qua fraternitatem tuam complexi semper sumus, apostolicam benedictionem tibi, tuæque fidei concreditis populis peramanter impertimur. Datum Romæ die 18 octobris 1786. Pontificatus nostri anno duodecimo.

Schreiben des Pabstes Pius VI
An
Ludwig Joseph, Bischof zu Freisingen.
Rom den 18ten Oktober 1786.

Ehrwürdiger Bruder! Unsern Gruß zuvor. Wir glaubten den Pflichten unsers apostolischen Amtes keine Genüge zu leisten, wenn Wir deinen unterm 12ten August an Uns erlassenen Brief unbeantwortet ließen. Du versprichst Uns zwar darinn auf Unsern Dir von Unserm Nunzius zu München überschickten Brief, ihm an die Hand zu gehen, begleitest aber Dein Versprechen mit dem ausdrücklichen Beisatze: In so ferne, als es seit jenem kaiserlichen Edict bei mir steht, welches über diesen Gegenstand von Sr. Kaiserlichen Majestät den 13ten Oktober des 1785sten Jahrs im römischen Reiche erschienen ist.

Ehrwürdiger Bruder! Nachdem Uns Deine Ehrerbietigkeit gegen diesen heiligen Stuhl schon von

jener

jener Zeit her bekannt ist, da Du noch hier zu Rom den geistlichen Wissenschaften oblagst, und Deine nähere Verbindung mit Uns durch mehrere Zeugnisse Deiner Frömmig- und Willfährigkeit sattsam bewiesen war, so war Uns dieses freilich eben so auffallend als unerwartet. Wir verwundern Uns darüber nicht, daß diejenigen vom Kaiserlichen Edict einen Mißbrauch machen, die es durch ihre Kunstgriffe erwirkt haben, inzwischen sehen Wir auch gar wohl ein, wo sie mit ihren Absichten hinaus wollen; daß nemlich sie über andere herrschen können.

Ihr Vorwand ist eine vorgebliche Furcht; Wir haben ihnen aber in unsern an sie gestellten Antworten hinlänglich gezeigt, daß diese Furcht ungegründet und eitel sei. Es wäre zu weitläuftig, und es ist auch nicht nöthig, diejenigen öffentlich zu nennen, die sich zu Sr. Kaiserlichen Majestät gewendet, was sie für Klagen angebracht, und welcher Beweggründe sie sich bedienet haben, den Kaiser auf diesen Entschluß zu bringen; denn alles ist nicht nur Dir, sondern sogar jedermann in Deutschland bekannt. Aber selbst der Kaiser hat sich bei Gelegenheit, da sie ihre Zuflucht zu ihm nahmen, öffentlich erkläret: Es stünde in der Willkühr des apostolischen Stuhles, nicht nur einen, sondern auch drei Nunzien zu schicken, wenn er es für gut fände [a] und man müsse ihn als das Oberhaupt des römischen

siehe oben p.25.

[a] Dieses Recht fleußt augenscheinlich aus der Eigenschaft eines Oberhauptes der Kirche, wie wir es schon mit dem berühmten Kanonisten Schmitt angemerkt haben. Der Verfasser der *Statistica ecclesiæ Germanicæ* (Heidelberg 1779) eines gelehrten und gründlichen Werks drückt sich dieser Art hierüber aus: *Summum pontificem pollere potestate mittendi legatos eo certius est, cum id ex ipsa vi & natura primatus profluere satis compertum sit. Cum enim ad jura primatus pertineat cura suprema ac generalis inspectio, nemo erit, inficiari qui possit, id juris per universam ecclesiam pro unitate fidei, ac bono disciplinæ ecclesiasticæ illi competere. Luculenter id adstruitur in extravag: super gentes & regna, l. un. de consuet. inter communes, quidquid demum de eo sit, quis sit hujus constitutionis author habendus, an Johannes XXII, cui communiter tribuitur, an vero Bonifacius VIII cui potiori suffragio hodierni critici adjudicant. Idem hoc jus, tanquam certum, omnibusque jam tum perspectum probatumque supponit antiquissimus* Conc. Sardicensis canon, *Græcis V, alias apud Dionysium VII, dum integrum esse papæ declaravit, ut legatos mitteret in provincias, ubi instaurandum esset judicium episcopi, &c. ac denique hoc ipsum jus continua & perpetua ecclesiæ etiam per Germaniam praxis, ex indubitata historiarum fide constans corroborat* Cl. Endres Discours politic. canon. de recusat. visit. apost. §. 8. *Ex hoc ipso jure pontificis, mittendi ad regiones legatos, suapte natura profluit jus habendi in regnis & provinciis Vicarios & legatos, cum id & muneris ratio, & provinciarum amplitudo manifeste exigant. Nam cum iis omnibus, in quos pastoralis*

mischen Reiches in dieses Geschäfft nicht mischen; weil es gewiß auf keinerlei Art in die Reichskonstitutionen einschlüge.

Diese sind diejenigen Worte des Grafen von Seinsheim, die er in einem Briefe vom 8ten Junius an den zu Rom residirenden Minister schrieb. Es sei fern von mir zu glauben, daß auch Du mit denjenigen, von denen Wir reden, gemeinschaftliche Sache gemacht habest. Darum halten Wir auch dafür, daß es Dir unmöglich mißfallen kann, wenn Wir Dich, um Dir allen Zweifel zu benehmen, väterlich zu überzeugen suchen, daß jenes Encyklische oder Circularschreiben des Kaisers der Aufnahm eines Nunzius vom heiligen Stuhle, der Unsere Stelle mit eben der Vollmacht und Gerichtbarkeit vertritt, wie sie Unsere Nunzien bisher ausgeübt haben, weder in der That entgegen steht, noch auch entgegen stehen könne.

Es sind die kanonischen Satzungen zu bekannt, wodurch der römische Pabst kraft seines nicht von den Menschen, sondern von Gott errichteten Primats seine Nun=

lis cura ac inspectio sese extendit, adesse coram non possit, prohiberi non potest, quin per legatos officii sui partes expleat!

Nunzien zu schicken befugt ist, wie es die Umstände zu erheischen scheinen, und daß diese Nunzien dafür erkannt, und von allen Katholiken, besonders aber von Erzbischöfen und Bischöfen, die sich durch einen feyerlichen Eid hierzu verbunden haben, mit aller Ehrbezeigung aufgenommen werden müssen. Wenn also gedachtes Circularschreiben die Kraft eines Gesetzes, oder eines Zwanggebothes, welches verbinden soll, hätte; so bleibt dennoch kein Zweifel mehr übrig, daß es eben darum der Beobachtung der Kirchengesetze nicht entgegen stehen könne; weil es von einer weltlichen Macht herrührt. Es kann also kein Katholik überhaupt, und destoweniger ein Bischof dieses Kaiserliche Schreiben als einen Grund anführen, wodurch er sich von der aufgelegten Pflicht zu entledigen berechtigt wäre. Im Gegentheile, sie sollten vielmehr wegen des Bandes, welches sie mit Uns als Glieder mit dem Haupte vereiniget, und wegen der Theilung an Unserer oberhirtlichen Sorgfalt, wozu sie berufen sind, alle ihre Sorge, Mühe und Bestrebung dahin verwenden, daß das Ansehen der Kirche aufrecht und unverletzt erhalten werde. Sie sollten vielmehr dem Beispiele derjenigen Bischöfe Deutschlands nachahmen, die sich vor alters sowohl, als selbst in den neuesten Zeiten der Gerichtbarkeit der Römischen auch in diesem Stücke ruhmwürdigst unterworfen haben, und noch unterwerfen.

fen. Es hebt sich aller Vorwand schon dadurch von sich selbst auf, wenn gedachtes Cirkularschreiben nicht für ein Gesetz oder Geboth, wie Du es selbst behauptest, sondern für ein bloßes einfaches Insinuationsschreiben anzusehen ist, welches der Kaiser nicht als Gesetzgeber, sondern als Advocatus und Beschützer des römischen Reichs auf ungestümes Andringen anderer erlassen hat. Wirklich erhält auch dieses Schreiben nichts anders, als daß der Kaiser die Erzbischöfe aufmuntert, ihre ursprünglichen Rechte unverletzt zu erhalten, jene Rechte nämlich, von denen man durch unwahrhafte und irrige Klagen vorgiebt, als wenn sie ihnen durch unerlaubte und dem Endzweck der Kirche widersprechende Mittel entzogen worden wären. Sie sollen nicht zugeben, wie es selbst er nicht zugeben würde, daß die Nunzien eine Gerichtsbarkeit in geistlichen Streithändeln ausüben. Endlich fügt er hinzu, und erklärt, daß diese seine Willensmeinung kein Befehl, sondern nur eine Ermahnung sey; denn er sagt zuletzt ausdrücklich: *Insimul te provocamus, ut jura tua metropolitica & diœcesana tam pro parte tua, quam attento etiam suffraganeorum tuorum ac exemptorum, si qui provinciæ tuæ insunt Episcoporum Consilio contra quasvis læsiones illibata tuearis:* „Da „ich meine Gesinnungen Eurer Liebden hiemit eröffne, „so rufe ich dieselbe zugleich auf, alle ihre Metropoli-

„tan und Diöcesanrechte sowohl für sich, als auch durch
„Verständigung ihrer Suffraganen, und der beste»
„henden exemten Bischöfe gegen alle Anfälle aufrecht
„zu erhalten.„ Zuletzt versichert er ihn seines
kaiserlichen Schutzes [a].

Da es nun keine andere, als bloß diese eigenen
Worte des gedachten Cirkularschreibens sind: so sieht
jedermann leicht von sich selbst ein, daß die Freyheit der
Erzbischöfe und Bischöfe, die ihnen ja durch eine bloße
Ermahnung nicht entzogen wird, unverletzt bleibe,
und daß selbst die Erzbischöfe hierdurch keine Gewalt
erlangt haben, ihre Diöcesanbischöfe dazu anzuhalten,
weil selbst sie nicht anders als mit zu Rathziehung derselben handlen müssen. Hieraus erhellt, daß man die
Schuld nicht dem Kaiser, sondern den Erzbischöfen
und Bischöfen beimessen müsse, wenn in Deutschland
etwas Neues zum Nachtheile der Gerichtbarkeit der
Nunzien geschehen soll.

Und

---

[a] Man verkauft gegenwärtig zu Bonn und Köln eine kleine
Geschichte des Emser Kongresses mit der Antwort des
Kaisers. Diese Antwort ist dem Kongreß nicht sehr
günstig, weil S. K. M. ihre allerhöchste Vermittelung
dann erst angedeihen lassen wollen, wenn die Bischöfe
und die Reichsstände, in deren Lande sich die bischöflichen Sprengel erstrecken, zu den von den Metropoliten
festgesetzten Artikeln sich werden einverstanden haben,
welches wahrscheinlicher Weise wohl noch so geschwind
nicht geschehen dürfte.

Und in der That, wie kann man auch nur auf den Gedanken verfallen, daß der Kaiser ein Gesetz fürs ganze römische Reich wider die Gerichtbarkeit der Nunzien habe festsetzen wollen, nachdem sich selbst das römische Reich jederzeit eine Ehre daraus gemacht hat, sich in geistlichen Gegenständen nach den Gesetzen der Kirche, vorzüglich aber des römischen Stuhls zu richten, von dem es zuerst die Grundsätze der wahren Religion erhalten hat: nachdem eben dieses römische Reich in Reichsgegenständen keine andere Gesetze als diejenige anerkennt, die entweder auf dem Reichstage, oder doch von dem sämmtlichen Körper Deutschlandes geschlossen werden; nachdem selbst der Reichstag nichts zum Nachtheile desjenigen höchsten Rechtes der Reichsfürsten schliessen kann, kraft dessen jeder Reichsfürst in seinen eigenen Landen zu thun befugt ist, was er will, wenn er nur die Verfassung des Körpers nicht verletzt?

Es ist uns zwar nicht unbekannt, daß man vielfältig aussprenge: Es könne keine Nunziatur in Deutschland wider den Willen der Bischöfe, und ohne sie zuvor zu Rathe gezogen zu haben errichtet werden; im widrigen Falle liefe das den Konkordaten Deutschlands zuwider, welche zu halten selbst der heil. Stuhl kraft des vaterländischen deutschen Rechtes verbunden ist; Daß die öffentlichen Reichsakten voll von Klagen und Beschwerschwerden wären, die schon seit Jahrhunderten und noch darüber wider die Nunziaturen angebracht wurden? Dieses alles erhelle aus sehr vielen Reichsrecessen und kaiserlichen Wahlkapitulationen bis auf die letzte Wahlkapitulation her ganz sonnenklar. So bekannt Uns auch dieses alles ist, so wenig ist Uns auch unbekannt, daß alles ungegründet sey. Denn sehen Wir auf die Konkordate Deutschlands zurück, so finden wir, daß darin von der Gerichtsbarkeit der Nunzien eine ausdrückliche Meldung geschieht, und daß sie gutgeheissen werde; (§. 3. placet nobis) Wir finden aber nicht, daß eine gewisse Zahl von Nunzien darin bestimmt sey, oder daß ein Hinderniß in den Weg gelegt wird, wenn dergleichen Nunzien ohne vorhergehende Einwilligung der Bischöfe geschickt werden, besonders, nachdem die Einwilligung der weltlichen Fürsten selbst nicht der Nothwendigkeit wegen, sondern aus geziemender Ehrenbezeigung nachzusuchen ist. Was nun den gegenwärtigen Fall betrifft, von dem die Rede ist, so hat man es ja eben denjenigen Erzbischöfen, die jetzt dawider sind, schon vorhin zu wissen gemacht, und man hat ihnen solche Antworten ertheilt, die sie ihrer Furcht halben, wenn es nicht etwa eine verstellte Furcht war, vollkommen hätten beruhigen können.

Ist die Rede von den Reichsrecessen, so ist zwar wahr, daß immerzu Klagen vorgekommen sind; es ist

aber

aber auch nicht minder wahr, daß diese Klagen nicht
wider das Daseyn oder wider die Gerichtbarkeit der
Nunziaturen, sondern wider die vorgeblichen Mißbräu=
che der Nunzien selbst gestellt waren, daß sie überdieß
keinen vernünftigen Grund hatten, und daß sie selbst
von den Bischöfen Deutschlands, die sich aus Eifer
widersetzten, widersprochen wurden. [a] Dergleichen
Kla=

[a] Wenn die Prälaten Deutschlands die Bischöfe und
Erzbischöfe ihrem eignen Nachdenken und der Betrach=
tung sowohl ihres eigener, als auch des Interesse ihrer
Schafe und ihrer Kirche ohne fremden Einfluß auf ihre
Entschliessungen, auf ihre Weise, die Sachen einzu=
sehen und zu beurtheilen überlassen wären; so würden sie
noch wirklich die Beschützer der apostolischen Nunzien
seyn, sie würden es übel finden, daß die päbstlichen
Dekrete dem *placet* ihrer Kanzeleien oder ihrer Vika=
riate unterworfen seyn sollten, und es sich gewiß nicht
beygehen lassen, Dispensen zu geben, die sie bis hierhin
nicht glaubten ertheilen zu können. Hier ist zum Bei=
spiel, was Se. Kuhrfürstl. Durchlaucht zu Trier über
dieses *placet* oder *visa* in einem Briefe vom 1. Junius
1781 an Se. K. Majestät schreiben „wenn in der Zeit,
„ wo wir leben, die Kirche vom Eroberungsgeist beses=
„ sen, und das *placitum regium* das einzige Mittel
„ wäre sich von ihren Unternehmungen zu schützen, so
„ könnte vernünftiger Weise nichts wider ein Gesetz,
„ welches den Gebrauch dieses Placitums, so gefährlich
„ derselbe auch ist, einführte oder fortsetzte, eingewen=
„ det werden; allein lange schon ist es, daß die Päbste
„ nicht den mindesten Schritt mehr machen, der die
„ Souveränen beunruhigen könnte. Ihr ganzer Ehr=
„ geiz, wenn ich ihn so nennen darf, schränkt sich darin
„ ein, daß sie die Rechte ihres Primats, und die ihnen
„ von

Klagen gereichten also der Gerichtbarkeit der Nunzien nicht nur zu keinem Nachtheile, sondern sie haben ge‑

dach‑

„von Kaisern und Königen gemachte Geschenke verwah‑
„ren, und auch diese Politik gelingt nicht immer zum
„Besten. Was die auswärtigen Ordinarien anbetrifft,
„deren geistliche Gerichtbarkeit sich in die Staaten E. M.
„erstreckt, so läßt sich unmöglich von ihnen denken,
„daß sie kühn genug seyn sollen, etwas wider Dero
„geheiligte Rechte zu unternehmen. E. M. würden
„es allenfalls nicht an Mitteln gebrechen, ihrer Ge‑
„walt einhalt zu thun, und ihren Mitbrüdern die
„Nachahmungslust zu benehmen. „
„Es ist daher diese für die Kirche so verdemüthi‑
„gende Förmlichkeit weder nothwendig noch nützlich,
„eine ernsthafte Warnung von Seiten Ihro Majestät
„an die ersten Hirten, daß diese sich in den Grenzen
„ihrer Gerichtbarkeit halten; eine Bedrohung mit
„Ungnade, und der Verlust ihres zeitlichen, oder
„jeder andern Rechte, die sie von der Freigebigkeit
„der Fürsten haben, würden schön hinreichend seyn,
„diejenigen in ihrer Schuldigkeit zu erhalten, die etwa
„versucht werden könnten, aus Ehrsucht, oder aus
„Gefälligkeit für eine fremde Macht davon abzuweichen.
„Diese Förmlichkeit aber des *placitum regium* scheint
„nicht allein uns vollends überflüßig, sondern auch
„äußerst gefährlich zu seyn; denn aus eben dem Grunde,
„aus welchem sie für alles, was von Fremden her‑
„kömmt, befohlen worden, kann sich auch, wenn sie
„es nicht wirklich schon ist, für alles verordnet werden,
„was die Eurer Majestät untergebenen Bischöfe ihren
„Schafen zukommen zu lassen für gut befinden werden;
„Und in der Unterstellung dieses Falles ist es augenschein‑
„lich, daß von der Stund an die Kirche nichts als
„Leibeigen der weltlichen Gerichtshöfe mehr bleiben
„würde. Sind nun die Glieder dieser Gerichtshöfe
„größtentheils angesteckt von der Seuche des neuen

Socia‑

dachte Gerichtbarkeit vielmehr neuerdings bestätigt. Folglich ist diese Gerichtbarkeit aller Klagen ungeachtet,
was

„Socinianismus, oder was zu einem hinauskömmt,
„der Gleichgültigkeit gegen alle Religionen, eine Seuche
„die leider in unsern Tagen greuliche Fortschritte macht:
„so ist es offenbar, daß sie wider alles einzuwenden fin-
„den werden, was die Päbste und Bischöfe den Gläu-
„bigen zur Wahrung vor eben dieser Seuche zuzustellen,
„für nöthig erachten werden. Man wird darin Stellen
„finden, von denen man vorgeben wird, daß Sie be-
„denkliche Folgen für den Souverain haben, oder auch
„wenn es die Noth erfordert, sich dadurch verschanzen,
„daß man sagt, jene Bull, jener Hirtenbrief errege
„Unruhen bei den Unterthanen S. M. und müsse folglich
„unterdrükt werden.„
„Dadurch entsteht nun die Muthlosigkeit der Hirten,
„die sich überhoben zu seyn glauben werden, ihre Stim-
„me zu erheben um wider das Laster zu donnern, die
„Ketzerei zu schleudern, und sich dem Strom der Gott-
„losigkeit zu widersetzen, überzeugt, daß sie sich dadurch
„vergebliche Unannehmlichkeiten zuziehen würden: noch
„mehr, was wird sich wohl das Volk für einen Begriff von
„der Religion machen, wenn es einmal sieht, daß der Glau-
„bensunterricht dem Tadel weltlicher Richterstühle unter-
„worfen ist, die ihn willkührlich einschränken oder ver-
„biethen werden? Und giebt man durch die Erklärung,
„daß die Entscheidungen der Kirche, selbst in Glaubens-
„lehren, forthin nur dann für Katholisch zu halten seyn,
„wann solche die weltliche Macht mit dem Siegel ihrer
„Genehmhaltung bezeichnet hat, giebt man, sage ich,
„dem Volke durch eine solche Erklärung nicht Anlaß,
„die Religion als einen Gegenstand der Politik anzu-
„sehen, dem man höchstens eine äusserliche Ehrerbie-
„tung schuldig sey? Mögen nun aber wohl alle die
„Beeinträchtigungen, so die Fürsten von Seiten der
„Kir-

was sie auch immer für eine gewesen seyn mögen, schon viele Jahrhunderte durch immer im Besitze ihres Rechts, wel-

„ Kirche leiden könnten, Beeinträchtigungen, dieje-
„ wiß vergrößert sind, und für jetzt nur in der Einbil-
„ dung bestehen, mit jenen verglichen werden, welche
„ aus einem solchen Glauben entstehen würden, wovon
„ eine der natürlichsten Folgen diese wäre, daß die vor-
„ gebliche Gewissenspflicht, den Mächten zu gehorchen,
„ und ihr Joch alsdann auch geduldig zu tragen, wann
„ man es ungestraft und mit Vortheil abschütteln kann,
„ nicht sowohl die Wirkung eines durch das unfehlbahre
„ Organ der Kirche offenbarten göttlichen Gesetzes als
„ vielmehr die Wirkung der eigennützigen Staatsklug-
„ heit der Fürsten sey. Eine Folge durch welche die
„ allerfestesten Gründe des Throns untergraben werden."

Man sieht aus diesen Betrachtungen, wie wenig Se. Kuhrfürstl. Durchlaucht ans sich selbst geneigt sind, die päbstlichen Dekrete dem *placet* ihrer Beamten zu unterwerfen; dann natürlicher Weise werden Se. Durchlaucht selbst nicht weniger Achtung für den Pabst haben, als sie wünschten, daß der Kaiser für das Haupt der Kirche, ja selbst für die Bischöfe seiner Staaten habe. Daß die persönliche Denkungsart Seiner Kuhrfürstl. Durchlaucht über die Dispensen eben so billig sey, sieht man aus einem an den Kardinal, Erzbischof von Mecheln erlassenen Schreiben vom 7ten März 1782, wo Höchstdieselbe sich mit diesen Worten ausdrücken: „ Je mehr ich über
„ die Dispensen, die man uns ertheilen thun will,
„ nachgedacht, und nachgefragt habe, je mehrere Unge-
„ schicklichkeiten und Gefahren habe ich dabei gefunden.
„ Nehme ich auch an; daß die Bischöfe, im Fall der
„ Rekurs nach Rom unmöglich ist, dispensiren können
„ (was ich doch außer dem Falle einer wahren und drin-
„ genden Noth nicht wahr zu seyn glaube); so scheint
„ mir doch in Ansehung der Kränkung, den sie dadurch
„ den Gerechtsamen des heiligen Stuhls, der der Mit-
tels-

welcher Besitzungstitel allenthalben anerkannt, und bei allen Nationen in der Welt beibehalten wird.

Was

„telpunkt der Einheit ist, und an dem man leider schier
„gar nicht mehr hängt, anthun würden, und in An-
„sehung der Aergerniß, die aus ihrer in jetzigen Um-
„ständen bezeigter Nachgiebigkeit entstehen würde, daß
„sie Stand halten, und sich der Folgen wegen der gött-
„lichen Vorsichtigkeit überlassen müssen. Denken wir
„an die heiligen Apostel, derer wir uns rühmen die
„Nachfolger zu seyn, und an jene heiligen Bischöfe,
„derer Stühle wir besitzen, sie hatten weit an-
„dere Kämpfe auszustehen. Wir haben noch nicht,
„wie sie bis aufs Blut widerstanden, um die Sache
„der Kirche, welche zugleich die Sache Jesu ist, zu
„vertheidigen. Wir stehen unter ihren Fahnen, wir
„leben von ihrem Sold, wir sind an dieselbige durch
„die geheiligten Eidschwüre gebunden, wir müssen also
„für sie bereit seyn, das Leben zu geben; so viel wird
„nicht einmal von Uns gefordert werden, und wer weiß,
„ob nicht Gott unsere Unerschrockenheit mit einem
„glücklichern Erfolge krönen wird, als wir es hoffen
„dürften. Mehr dann einmal hat eine weise Herzhaf-
„tigkeit ihrer Bischöfe die Kirche gerettet, und immer
„ist die unanständige Weichlichkeit ihrer Hirten für
„sie verderblich gewesen.

In eben dem Monat und Jahr schrieben Se. Kuhrfürstl. Durchlaucht über eben diesen Gegenstand an Ihren
Durchlauchtigsten Bruder den Herzog Albert und Mit-
regierer der Niederlande folgenden Brief. „Mein
„Herr Bruder, wenn ich mit der Antwort auf
„das Schreiben vom 13ten verwichenen Decembers,
„womit E. K. H. sowohl in ihrem als Sr. K. H. der
„Erzherzoginn Maria meiner wehrtesten Schwester
„Name mich geehrt haben, so lange verzog, so war
es,

Was nun die kaiserlichen Wahlkapitulationen betrifft, so kann man sich daraus bis auf die Letzte her

Son-

„ es, weil ich durch erwähntes Schreiben wirklich
„ in die äußerste Verlegenheit gesetzt worden bin. Ich
„ würde, wenn von jeder andern Sache, als Gott durch
„ Verletzung meines Gewissens zu beleidigen, die Rede
„ gewesen wäre, gewiß der Erste gewesen seyn, den
„ übrigen Bischöfen das Beispiel einer hurtigen Unter-
„ würfigkeit gegen die Befehle S. K. M. zu geben.
„ Allein da die Sache, welche S. M. zu befehlen geru-
„ het, dem entgegen gesetzt ist, was von jeher in
„ der Kirche geübt wurde, und noch allerwärts geübt
„ wird, so konnte ich, bevor ich meine Entschliessung
„ nahm, nicht weniger thun, als diesen Gegenstand
„ mit einer jener äußersten Wichtigkeit angemessenen
„ Reife prüfen."

„ Zu meinem größten Leidwesen, je mehr ich auf den
„ Grund der Sache kam, destomehr Beschwerden
„ traf ich auf derjenigen Seite an, wohin ich neigte,
„ und destoweniger Festigkeit fand ich in den Gründen,
„ mit denen ich die Meinung schützen wollte, die mir
„ auf alle Weise daran gelegen war, wahr zu finden."

„ Es ist mir zum Beispiel nicht möglich gewesen, mich
„ zu überreden, daß die Bischöfe ursprünglich die
„ Gewalt gehabt haben sollen, Dispensen zu ertheilen,
„ davon achtzehn Jahrhunderte kein einziges Beispiel
„ aufweisen, und es schien mir evident zu seyn, daß,
„ da die Ehehindernisse durch Gesetze der allgemei-
„ nen Kirche eingeführt worden sind, es sich wi-
„ derspricht, daß jeder einzelne Bischof das Recht
„ ursprünglich habe, in diesen Gesetzen zu dispensiren;
„ indem es ja ein Grundsatz des natürlichen Rechts ist,
„ daß in dem Gesetze der Obern, der Untere ohne dessen
„ Einwilligung nicht dispensiren kann."

„ Es

Sonnenklar überzeugen, daß die Nunzien ihre Gerichtbarkeit im Namen des heiligen Stuhls in Deutschland

„Es liegt also den Bischöfen auf, zu beweisen, daß sie von der Kirche die Macht haben, in oberwähnten Gesetzen zu dispensiren. Wie sollen sie dieses aber beweisen, da keine ausdrückliche Erlaubniß existirt, und daß nicht nur der Gebrauch für sie nicht spricht, sondern sie auch nicht ein Beispiel einer von einem einzigen unter ihnen ertheilten Dispens anzuführen im Stande wären, es sey dann, daß sie entweder durch eine ausdrückliche oder vermuthete Erlaubniß dazu vom römischen Pabste bevollmächtigt gewesen wären, dem dieses Recht wo nicht vermöge der mit dem Vorzuge seines Stuhls von Christus selbst verbundenen Völle der Gewalt, doch vermöge der Anweisung der Kirche zusteht: einer Anweisung, die, wenn es nothwendig wäre, genug aus dem beständigen zu allen Zeiten und allen Orten für gesetzmäßig erkannten Gebrauch her erwiesen würde."

„Der Pabst hat also die Bischöfe der Gewalt zu dispensiren nicht beraubt, auch die Bischöfe selbst haben sich dieser Gewalt nicht begeben, indem sie selbe niemals gehabt haben. Das Unvermögen, worin sie dieserhalb zu seyn bis hierhin öffentlich bekennten, ist nicht die Wirkung eines Vorbehalts, sondern des natürlichen Gesetzes, welches in aller Art Regierungen, die Verordnungen der höchsten Macht immer über die Kränkungen der Obern eines niedern Rangs, die derselben untergrordnet sind, hinaussetzt."

„Da nun diese Ursache sammt mehrern andern, deren Auseinandersetzung E. K. H. überlästig seyn würde, mir entscheidend zu seyn scheint, so werde ich dadurch in die Unmöglichkeit versetzt, mich nach den Befehlen S. K. M. betreffend die in meinem Namen zugestattenden Dispensen, zu bequemen."

„Richts

land ausüben können und sollen; denn in diesen Kapitulationen ist nichts anders enthalten, als daß gedachte

„ Nichts destoweniger, um ihren Absichten nachzu-
„ kommen, die dahin zu gehen scheinen, daß von ihren
„ Unterthanen kein Geld mehr nach Rom geschickt werde,
„ habe ich zu wiederhohlten malen bei Seiner päbstlichen
„ Heiligkeit darum angestanden, daß sie das Indultum,
„ welches sie mir von fünf zu fünf Jahren gütig verleihet,
„ auf alle Hindernisse, die nicht göttlichen Rechts sind,
„ ausdehnen möchte. Allein der heilige Vater hat es
„ seiner Bescheidenheit nicht gemäß gefunden, meinem
„ Begehren zu willfahren, vermuthlich darum, weil
„ er Folgen befürchtete, die seinem schon ohnehin fast
„ zu nichts gebrachtem Ansehen nachtheilig und daher
„ selbst für die Kirche verderblich seyn würden, als
„ welcher dieses durch die Kanonen gemäßigtes An-
„ sehen, selbst nach der Anordnung Jesu, wesentlich
„ ist."

„ Was aber auch die Ursache seyn mag, die den
„ Pabst verhinderte, mir meine Bitte zu gewähren,
„ weil er jedoch unstreitig im Besitzstande ist, Dispen-
„ sen in Ehesachen zu ertheilen, so würde ich, wenn
„ ich ihn darin störte, die Gebothe der Gerechtigkeit
„ verletzen, die ich in Ansehung keines Menschen,
„ vielweniger in Ansehung des allgemeinen Vaters der
„ Gläubigen brechen wollte, gegen welchen ich schon
„ kraft meiner Religion besondere Empfindungen der
„ Liebe und der Ehrfurcht und der Unterwürfigkeit
„ zu haben schuldig bin."

„ Alles was ich mithin thun kann, zu zeigen, wie
„ sehr ich S. M. zu gefallen verlange, ist, daß ich
„ mich für meine Person verbinde, die Dispensen,
„ auf welche mein Indultum sich nicht erstrekt, so oft
„ um selbe von Sr. M. Unterthanen kraft einiger öf-
„ fentlichen Nothwendigkeit oder Nutzen dem Geist
„ der alten Kirchenzucht gemäß wird angehalten werden,

und

dachte Gerichtbarkeit bloß auf die geistlichen Streithändel eingeschränkt sey, und daß die weltlichen Streithändel davon gänzlich ausgeschlossen sind, so zwar, daß im Falle, wo sich fragt: ob der Streithandel geistlich oder weltlich sey? Sich jeder

„und so oft ich solche selbst, wenn ich dazu die Ge-
„walt hätte, ertheilen würde, mit eigenem Aufwand
„zu verschaffen."

„Ich schmeichle mir, E. K. H. werden S. M. dahin
„bewegen, daß sie diese meine Erklärung günstig auf-
„nehmen, und sie beschwören wollen, nicht mehr
„darauf zu bestehen, daß ich in meinem Namen Dis-
„pensen ausfertigen soll, welche sowohl als die daraus
„erfolgten Ehen nach meiner und vieler andern Mei-
„nung null und nichtig seyn würden."

Diese Briefe erschienen in vielen gedruckten Blättern und Heften, und sind niemal widersprochen worden. Der erste davon mit noch einem andern und zwoen Antworten S. K. M. sind erstlich zu Wien gedruckt, demnächst den Nouvelles ecclesiastiques, den Observations sur les Principes ꝛc. ꝛc. eingerückt worden. Die zween Letztern beziehen sich auf die Zeit, wo der Kaiser haben wollte, daß die Bischöfe aus eigener Macht dispensiren sollten, von welchem Satze aber der Monarch nicht verweilte zurückzukommen, wie wir hieroben S. 117 gesehen haben. Se. Kuhrfürstl. Durchlaucht haben in eben diesen Gesinnungen an den Pabst geschrieben, der Höchstdieselbe auch darin durch ein an sie erlassenes Breve stärkte; allein alle diese Stücke würden uns zu weit leiten.

von den erwählten Kaisern anheischig macht, sich beym heiligen Stuhle um eine freundschaftliche Erklärung darüber zu verwenden; und dieß ist in der letzten Wahlkapitulation, welche mit allen vorhergehenden in diesem Stücke übereinkömmt, (im 14ten Artikel §§. 4. und 5.) ausdrücklich enthalten. Zwar wird dieser Einschränkung gleich anfänglich in den Recessen von den Jahren 1654 und 1658 widersprochen; es protestirte aber der damalige Nunzius S. Felix, und der Bischof von Paderborn protestirte gleichfalls in einem Recesse vom Jahre 1664.

Wir wollen aber alles, was damals wider diese Neuerung geschehen ist, mit Stillschweigen übergehen; inzwischen wirst du doch, ehrwürdiger Bruder, ganz deutlich einsehen, daß selbst der Kaiser, der durch einen Eid an die Wahlkapitulationen gebunden ist, kein Zwanggesetz, wodurch alle Gerichtbarkeit der Nunzien aufgehoben wäre, für das sämmtliche römische Reich habe machen können, noch wollen, indem ein solches Gesetz den Grundgesetzen der Kirche sowohl als jenen des römischen Reichs zuwider wäre.

Bei so klaren und einleuchtenden Beweisgründen wird es nicht mehr nöthig seyn, Dir das helle Beispiel des Kuhrfürsten von der Pfalz vor die Augen hinzustellen,

stellen, der eins der vornehmsten Reichsglieder ist. Dieser Kuhrfürst bediente sich derjenigen Freiheit, die jedem Reichsmitgliede ungekränkt gelassen wird. Er bezeugte gegen diesen heiligen Stuhl eine Willfährigkeit, welche die Bischöfe, Unsere ehrwürdigen Brüder, destomehr bezeugen sollten. Er wollte, daß zur bessern Beförderung des Nutzens aller seiner Unterthanen ein Nunzius mit der gewöhnlichen Gerichtbarkeit für alle seine pfalzbairischen Staaten angestellt würde. Und dieser Nunzius wird wirklich nicht nur von verschiedenen Bischöfen und Aebten Deutschlands, sondern auch von den katholischen Unterthanen des Kuhrfürsten von Brandenburg, als Nunzius anerkannt.

Weil Du dich nun selbst, ehrwürdiger Bruder, anheischig machst, gedachtem Erzbischofe und Nunzius in Absicht auf seine dermalige Stelle mit heißestem Eifer an die Hand zu gehen, so laß dich durch obengedachtes Cirkularschreiben zu keiner Furcht verleiten, als wenn deine Ordinariatsrechte dadurch gekränkt würden. Denn das kann durchaus nicht, und destoweniger geschehen, als der neue Nunzius keine andere Gewalt hat, als welche bisher andere Nunzien ohne geringsten Nachtheil der Ordinariatsrechte ausgeübt haben. Wir haben sogar diesem Unserm Nunzius ausdrücklich aufgetragen, daß er sich mit Dir und mit andern Bi-

schö-

schöfen verstehe, und selbst er gegen Euch alle die geziemende Achtung hege. Wenn Du auf diese Art Unserm Willen, der Kirche, und den Reichsgesetzen Folge leistest, so wirst Du denjenigen näher an der Hand haben, der Dich in Unserm Namen schützen, und deine Rechte unterstützen kann. Du wirst dich selbst um die Religion verdient machen, und den Völkern denjenigen Nutzen verschaffen, den ihnen der heilige Stuhl sogar mit eigenem Aufwande durch seine Nunzien zu verschaffen sucht, einen Nutzen, den selbst Hontheim nicht mißkennet, sondern in seiner trierischen Geschichte tom. 2. ad Differt. Sæculi XVI. §. 10. pag. 540 sogar anerkennt.

Wenn Du nun selbst, der Du ein Suffragan von dem Erzbischofe zu Salzburg bist, mit denen hieltest, die Uns entgegen sind, so würdest Du nicht nur Deine geschworne Treue brechen, und Dich nicht nur an die Gesetze der Kirche und des römischen Reichs nicht halten, sondern Dich sogar dem Nutzen des Publikums öffentlich widersetzen. Du würdest dich auch selbst denjenigen Gefahren bloß geben, denen auszuweichen, dir ganz besonders daran liegt [a], indem Du dich
nicht

[a] Diese Gefahr betrifft besonders den Glauben, wie es aus der Geschichte des Metropoliten Truchses und mehr-

nicht nur der Gewalt des heiligen Stuhls und seiner Nunzien entzögest, wodurch die deutsche Freyheit gewiß nicht verletzt wird, sondern dich sogar dem Metropolitan destomehr und noch weit unterwürfiger machen würdest, als es selbst die von der allgemeinen Kirche vorgeschriebenen Gränzen erheischen. Denn, daß dieses der Endzweck sey, worauf die Bemühungen unserer Gegner abzielen, dies sieht bereits jedermann von sich selbst ein [a]. Wir sind aber von deiner innigsten Ver-

mehrerer andern erhellt, die ihre Suffraganen wahrscheinlicher Weise in das nämliche Unglück würden gestürzt haben, wenn sie alle die Gewalt über ihre Suffraganen gehabt hätten, welche ihnen die Veränderungen der Kirchenzucht, die Konkordate, und die Errichtung der Nunziaturen benommen haben, und sie jetzt wieder erwecken wollen. Man ist freilich überzeugt, daß die vier erleuchteten Metropoliten, und namentlich der Stuhlerbe des Truchses weit von jenen Herzens- und Geistesanwandlungen entfernt sind, welche den Fall jenes Prälaten zubereitet haben. Allein das Gegenwärtige ist ein wenig sicherer Bürge für das Zukünftige; was schon geschehen ist, kann noch einmal geschehen.

[a] Nach dem alten, auf die Dekretalen, das Herkommen, den weniger oder mehr befestigten Besitzstand gegründeten Recht sind die Metropoliten befugt, im Fall sich ein Gebrauch, der ihnen übel zu seyn deucht, und den sie ändern wollen, durch die Provinz verbreitet, auf die Untergebenen ihrer Diöcesanbischöfe eine unmittelbare Gerichtbarkeit auszuüben. Und dieses Recht können sie sich auch bedienen, wenn sie von den Untergebenen

Verbindung mit Uns und mit dem apostolischen Stuhle; wie auch von deinen Einsichten so sehr überzeugt, daß

Wir

benen eines Suffragans in der Ausübung ihrer Gewalt gestört worden. Als Vorsteher des Provincialkonciliums erkennen sie auch in Criminalhändeln der Bischöfe. Sie haben das Recht, durch sich selbst die Kirchsprengel ihrer Suffraganen zu untersuchen, und thaten dieses ehedem ganz genau: Innocenz IV. erklärt, daß die Erzbischöfe, nachdem sie ihre Kirchsprengel untersucht haben, auch zu ihrer ganzen Provinz die Städte, Dörfer, Bischöfe, Kapitel und Klöster zu untersuchen berechtigt sind; sie sollen den Bischöfen auferlegen, einen gerichtlichen Bericht von jenen Lasterthaten abzustatten, die in etwas ruchtbar geworden sind; sie sollen die Strafbaren, wenn es der Bischof zu thun vernachläßigt hat, züchtigen ꝛc. ꝛc. Sogar die gegen die Metropoliten zu beobachtende Etikette ist für die Bischöfe äußerst quälend gewesen. Die Besuche, die sie ihnen abzustatten verpflichtet waren, wurden als eine Art von Huldigung angesehen, die man ohne wichtige Ursachen nicht aufschieben durfte. So beklagte sich der Pabst Innocenz IV, daß der Bischof von Poitiers seinem Erzbischofe nie einen Besuch abgestattet hätte, und Lambert Bischof von Arras entschuldigt sich mit seinen Gesundheitsumständen, daß er die Kirche von Rheims und ihren Vorgesetzten noch nicht besucht hätte. ꝛc. und damit man nicht etwa auf den Gedanken gerathe, als sehen die Metropoliten diese Gebräuche oder Rechte für verjährt an, so hat man neuerdings Sorge getragen, in der neuen hohen Schule zu Bonn bei einer feierlichen Uebung zu behaupten, die *Novella* XI. Justinians, wodurch die Bischöfe weit tiefer unter die Metropoliten gesetzt werden, als es die Pfarrer unter den Bischöfen sind, habe in Deutschland die Kraft eines Gesetzes, und müsse in Ausübung gebracht werden. Es laß uns

also

Wir nicht im geringsten zweifeln, daß du diesen unsern Ermahnungen desto gewisser Folge leisten wirst, als du versichert seyn kannst, daß, wenn sich etwa ein Mißbrauch einschliche, oder wenn die Rechte der deutschen Erzbischöfe, Bischöfe, und Reichsfürsten verletzt werden sollten, Wir selbst geneigt und bereit sind, dergleichen Mißbräuche durch unsere Vollmacht aufzuheben. Wir bestätigen also hiemit diejenige Erklärung nochmal, welche Unser Vorfahrer Alexander VII. durch obengedachten Nunzius S. Felix auf dem Reichstage im Jahre 1658 von sich gegeben hat. Mit diesem Vertrauen auf Dich ertheilen Wir Dir und dem Dir anvertrauten Volke den apostolischen Segen, mit derjenigen väterlichen Zuneigung, wodurch Wir Dir jederzeit, ehrwürdiger Bruder, ganz besonders zugethan waren. Gegeben zu Rom, den 18. October 1786. Im zwölften Jahre Unsers Pabstthums.

Aus=

also der Widerwille gar nicht befremden, den die meisten Bischöfe gegen ein Joch bezeigen, was ihren Vorfahren mehr dann einmal unerträglich geschienen, und zu großen Zwisten Anlaß gegeben hat, wie es aus einer Menge in der Kirchengeschichte aufbehaltenen Beispielen am Tage liegt.

Auszug eines Briefes S. K. H. des F. v. *** an den G. v. ***
vom 14 Jenner 1787.

Ihr werdet Euch wundern, mein lieber Freund, wenn ich Euch sage, daß der zwischen den drei Kuhrfürsten und dem Nunzius zu Köln entstandene Streit uns ganz und gar nicht fremd ist, daß er die weltlichen Reichsfürsten sehr nahe angeht, und daß wir, wenn wir unser Volk lieben, ins Mittel treten müssen. Dies kommt Euch seltsam vor, und doch glaub ich es sehr einleuchtend zu seyn. Ihr wisset, daß, während der Nunzius auf die Kanonen des trentischen Kirchenraths besteht, die drei Kuhrfürsten in selben dispensiren wollen, nachdem sie zweihundert Jahre hindurch ihr Unbefugniß dieserhalb erkannt haben. [a]. Kraft dieses

---

[a] Wie sollen sie bei der Augenscheinlichkeit dieses Grundsatzes, daß der untere in den Gesetzen des obern nicht dispensiren kann, anders gedacht haben; ein in allen Gattungen von Rechtsgelehrtheit angenommener, und von dem Glanz der reinsten Vernunft schimmernder Grundsatz. Die allgemeine Kirche, die allgemeinen Kirchenversammlungen, sind sie nicht die Obern der Bischöfe? Hat nicht die allgemeine Kirche ver-

des neuen bis hierhin ihnen selbst unbekannten Ausspruchs [a] werden sie nun im zweiten, dritten und

vier=

verordnet, daß der Pabst die Dispensen geben soll? Haben nicht die drei Kuhrfürsten beständig diese Wahrheit sowohl in der That, als durch wiederhohlte Gesuche anerkannt? und als am Emser Kongresse die Rede war, die freitägigen Fasten und andere Punkte abzuschaffen, haben sich nicht die Abgesandten von Trier und Köln eben aus der Ursache widersetzt, weil die Bischöfe nicht abschaffen könnten, was einmal von der allgemeinen Kirche bestätigt worden wäre? Und hat nicht einer von den drei Kuhrfürsten in einer großen und ansehnlichen Gesellschaft gesagt, er würde den Unterschied der Speisen abschaffen, wenn er glaubte, die allgemeinen Kirchengesetze abschaffen zu können? Und ist nicht die Materie der Sacramente und des ehelichen Bandes ihrer Natur nach wichtiger als jene der Abstinenz? ... Was doch aus der armen Vernunftlehre des Menschen wird, wenn die Grundsätze, die den Anfang befestigen, und die Folgen davon versichern sollen, einmal zerrüttet sind.

[a] Ohne mich weiter bei dem bis aufs Jahr 1786 beständigen Eingeständniß der drei Erzbischöfe aufzuhalten, will ich nur auf den billigen und einsichtsvollen Cabassutius, Priester des Oratoriums, zurückweisen, den man keiner übergebirgischen Vorurtheile beschuldigen wird, und den vortreffliche Kunstrichter in den ersten Rang französischer Kanonisten gesetzt haben. Dieser beweist in seiner Not. eccles. Sæc. XVI. daß in dieser Materie kein Bischof ohne eine unerträgliche Verachtung der Koncilien und der Päbste dispensiren kann NON SINE INTOLERABILI CONCILIORUM ROMANORUMQUE PONTIFICUM DESPECTU. — Man sehe auch das gelehrte Werk

von

vierten Grad Dispensen in der Menge ertheilen; wegern sich nun, wie sie müssen, die Bischöfe, so vertre-

von Solier, gedruckt zu Toulouse 1692, mit der Aufschrift: *l'opinion des Canonistes*, QUE LE PAPE SEUL PEUT DISPENSER SUR L'EMPECHEMENT DIRIMENT DU MARIAGE. —— Johann Baptist Rigenti thut in seinen *Commentaires sur les regles de la chancellerie apostolique* Meldung von verschiedenen französischen Koncilien, insbesondere von dem von Tours im Jahr 1583, von dem von Toulouse 1590, von dem von Narbonne 1609, die der Kühnheit solcher Bischöfe Einhalt gethan haben, welche diese Dispensen ertheilen wollten. — Die zur Auslegung und Erhaltung des Trientischen Kirchenraths errichtete Congregation drückt sich über das 5. Kap. der 24. Sitzung folgendermaßen aus: *Episcopus authoritate ordinaria non habet facultatem in gradibus affinitatis seu consanguinitatis a jure prohibitis contrahentes matrimonia dispensandi.* — *Disputatum a patribus Tridentini*, sagt Karl Gagliardi, ein Neapolitanischer Rechtsgelehrter, *ferunt acta, utrum salubrius foret episcopis quam papæ facultatem dispensandi reservare? Pontifex Pius IV, præ cæteris annuebat, ut consanguinitas in quarto gradu, quia frequentior a pontificis reservationibus eximeretur, arbitrio episcoporum dimitteretur. At Synodo magis placuit sententia Marci Antonii Bobbæ, Augustani episcopi, & Sabaudiæ ducis legati, qui censuit episcopalem dispensandi facultatem in eo sanguinis gradu fore quam maxime adversam communi objecto voloque patrum, indulgendi raro dispensationes. propterea quod multo plures & crebriores ab episcopis proculdubio datum iri dispensationes animadverteret, quam ab uno quantumlibet largissimo pontifice. Inst. Jur. Can. l. 2. tit. II.* Man kann sich von der genauen Wahrheit dieser Erzählung

treten die Metropoliten ihre Stelle und verbreiten die Unordnung bei meinen Unterthanen, bei den ihrigen, und überhaupt bei allen Völkern des deutschen Reichs. Dieß ist leicht zu begreifen. Denn nach dem Kirchenrath von Trient sind solche Ehen nichtig, und die Kinder unrechtmäßig; nach der neuen von dem jetzt regierenden Pabste förmlich widersprochenen Lehre der Metropoliten sind sie gut und gültig. Urtheilet nun, was

für

lung überzeugen, wenn man Paleoti, *Acta Concil. Trid. ad diem 17. aug.* 1563; und den Karb. Pallavicini *l. 23. c. 9. n. 17.* ꝛc. ꝛc. nachschlagen will. Die Dekreten der zeitlichen Fürsten, das Kaiserliche insbesondere, das wir hier oben schon angeführt haben, stimmen in diesem Punkte mit der Lehre der Kanonisten und des trientischen Kirchenraths überein. .... Freilich wird man in einer Zeit, wo die Unwissenheit, die Schmeichelei, Freiheit, Zerrüttung aller Grundsätze die Entscheidungen willkührlich gemacht haben, Leute finden, die nach dem Gefallen der nächsten Macht, wo sie am mehrsten zu gewärtigen haben, sprechen werden; Allein ich widerhohle es noch einmal, (denn bis zum Ekel muß man heute auch die gemeinsten Wahrheiten wiederkauen) wenn sie es auch zu Stande brächten, daß sie dem Irrthum einen Anstrich der Wahrheit zu geben wüßten, wo wird die Gewißheit seyn, die dazu erfodert wird, um in Sakramenten, und Ehesuchen fortfahren zu dörfen, es wird zuvor dargethan werden müssen, daß die drei Kuhrfürsten, die Bischöfe, die Könige, Gottes und des geistlichen Rechts Gelehrten bis hierhin weder Wissenschaft noch gesunden Menschenverstand gehabt haben; und diese Arbeit wird wenigstens eben so beschwerlich als grob und brutal seyn.

für Rechtshändel und Streitigkeiten unter meinem guten Volke entstehen werden. Urtheilet von meinem Leibwesen, wenn ich, da ich mit einem meiner Unterthanen spreche, nicht wissen kann, ob ich mit einem ehelichen oder unehelichen Kinde spreche, und wenn Ihr und ich, wenn auch das ganze deutsche Reich diese Ehen für bürgerlicher Weise rechtmäßig erklären wollten, so würden gleichwohl die Nazionen, die sich an den Kirchenrath von Trient halten, die Polacken, die Italiener, die Spanier, so oft es um eine Erbfolge, eine Verwandtschaftssache, die sich auf unser Germanien bezöge, zu thun wäre, unsere Kinder für Bastarden ansehen, ihre Erbschaft, ihr Eigenthum, und endlich alles das bestreiten, was nur von dem ehelichen Bande, diesem Hauptgegenstande der bürgerlichen Gesellschaft, abhängt, bei welchem die geringste Veränderung, der geringste Unterschied die fürchterlichsten Folgen nach sich ziehet. Was mich anbetrifft, ich werde als Herr in meinem Lande mich so schändlichen Neuerungen nachdrücklich widersetzen, denen aber, welche in ihren Staaten Bischöfe haben, ist besonders daran gelegen nicht zuzugeben, daß diese von den Metropoliten unterjocht werden, nicht allein aus Furcht, alte der Ehre der Kirche in Betreff der öffentlichen Ruhe so nachtheiligen Streitigkeiten erneuern zu sehen, sondern auch um nicht zu sehen, daß ein gebieterischer und

schwül-

schwülstiger Metropolit (denn gewiß kann es solche geben) in ihr Land komme, ihre Bischöfe zu beunruhigen, sie zu verdemüthigen, ihnen hart zu begegnen, die Zwietracht unter ihnen und ihren Untergebenen anzufachen und zu nähren, ihre Verordnungen umzuformen, Dispensen zu ertheilen, die sie abgeschlagen haben, diese und jene Auftritte zu erneuern, die das Vergessen begraben hatte, und die man vermuthlich eifersüchtig ist, zur Verherrlichung dieses Jahrhunderts wieder aufzuwecken [a].

[a] Diese Betrachtungen, und die Theilnehmung der weltlichen Reichsfürsten an der Beibehaltung der Nunciaturen sind es ohne zweifel, welche S. K. M. sich dahin zu erklären bewogen, daß man über diesen Punkt das vorläufige Einverständniß der Bischöfe und der Reichsstände erwarten müsse. S. M. setzen hinzu, daß sie alle Forderungen der Metropoliten unterstützen würden, Die Sie gerecht zu seyn erproben würden. Nun scheint es aus allem dem, was wir jetzt gesehen haben, daß sich dieser Beweis in einem eben nicht so ganz hellen Lichte hervorthun werde.

„O römische Kirche, (ruft Fenelon, jenes erleuchtete Muster der Metropoliten aus,) „O heilige Stadt, o theuere und allgemeine Vater„stadt aller wahren Christen! in Jesu Christ ist weder Griech-

„ Griech, weder Scyth, weder Barbar, weder Jude
„ noch Heide. In deinem Schooß macht alles nur ein
„ Volk aus. Alle sind Mitbürger Roms, und jeder
„ Katholik ist Römer. Allein woher kömmt es,
„ daß so viele mißrathene Kinder heute ihre Mutter
„ verkennen, sich gegen sie erheben, und selbe als eine
„ Stiefmutter ansehen? Woher kömmt es, daß ihr
„ Ansehen ihnen so viel eitles Mistrauen verursacht?

Erster

Erster Anhang
zum
wahren Zustande ꝛc.
enthaltend
1) Einen Hirtenbrief Sr. Kuhrfürstlichen Durchlaucht zu Köln.
2) Ein Rescript des Reichshofrathes.
3) Ein Schreiben an den Verfasser dieses Werkes, sammt der Beantwortung desselben.

Da sapienti occasionem, & addetur ei sapientia.
Doce justum, & festinabit accipere.
Prov. IX. 9.

Erster Anhang

zum

wahren Zustande ꝛc.

enthaltend

1) Einen Hirtenbrief Sr. Churfürstlichen Durchlaucht zu Cöln.
2) Ein Rescript des Reichshofraths.
3) Ein Schreiben an den Verfasser dieses Werks, sammt der Beantwortung desselben.

─────────────

Di sapienti consignem, & addent et sapientia.
Doce justum, & festinabit accipere.

Prov. IX, 9.

Hujusmodi ergo nævos arguere ac prodere liberum est nobis, non quod male venerandis capitibus velimus, sed quod ecclesiæ toti velle melius debeamus. Juvat autem & Reipublicæ plurimum interest, nosse, quibus in locis non satis recte tradiderint, ne quis tantorum nominum authoritate, ubi non debet fretus, in transversum agatur. *Murat. de ingen. moder. Lib. 2. Cap. 2.*

Erzbischöflicher Hirtenbrief Sr. Kuhrfürstlichen Durchlaucht zu Köln.

Gegeben Münster am 4ten Hornung 1787.

„Max Franz 2c. Nachdem Uns von Unserm Bi-
„kariate die Nothwendigkeit, bei bevorstehender
„Fastenzeit in dem Abstinenzgeboth zu dispensiren
„unterthänigst vorgestellet worden, wie auch die an-
„geführten dahin abzweckenden Gründe reiflich erwo-
„gen, und dieselben erheblich bringend, und den ge-
„genwärtigen Bedürfnissen Unseres Erzstiftes ange-
„messen gefunden haben: so sind Wir gnädigst ent-
„schlossen im Namen der Kirche, als einer wohl-
„thä-

„ thätigen Mutter, für dießmal von der Strenge
„ des Gesetzes abzuweichen, und die nöthigen Dispens
„ zu ertheilen. Da Wir jedoch seit dem in Betreff
„ der Ehedispensen von dem Erzbischofe von Damiat
„ gewagten Schritte nicht gesichert sind, ob man nicht
„ auch in diesem Falle [a] die den Bischöfen von
„ Christo verliehene Gewalt zu lösen und zu binden
„ anfechten wolle [a] und denselben auch dieses eben
so

[a] Da die Dispensation in dem Abstinenzgebothe der
vierzigtägigen Fasten von örtlichen, vorübergehenden, auf
die Jahreszeit und Witterung und auf verschiedene andere Zufälle sich beziehenden Ursachen abhängt; und
daher besonders für Provinzen, die von Rom entfernet
sind, eine Art von Epikia ausmachen, die durch undenkliches Herkommen und durch ausdrückliche oder
stillschweigende Einwilligung des heiligen Stuhles gebilliget wird; da weder der Pabst noch seine Nunzien
sich jemals den bischöflichen Fastendispensen widersetzet;
da weder Herkommen noch Kanones demselben hierin ein
ausschließendes Vorrecht ertheilet, und die deutschen
Erzbischöfe, insonderheit der von Cöln von jeher und
beständig diese Befugniß zu Rom nachgesucht haben, –
so ergiebt sich von selbst, daß die Fastendispens mit den
Ehehindernissen nichts gemein habe, und daß daher
auch nicht zu besorgen war, der Pabst oder dessen Nunzius würde, weil er sich jenen widersetzte, sich dieser
ebenfalls widersetzen.

[a] Die drei Erzbischöfe haben sich wohl die lange Zeit
hindurch, da sie die Dispensationsbefugnisse zu Rom
nachsuchten, mithin bis zu diesen letztern Jahren die
Gewalt zu lösen und zu binden selber nicht
bestreiten wollen; wie soll denn nun der Nunzius dieselbe

da-

„ so gegründete Recht zu bestreiten, unsere bloß aus
„ Liebe gemachte Verfügung den Untergebenen ver-
„ dächtig zu machen, und unter gehässigen Farben
„ vorzustellen. [b] So halten Wir es für Pflicht,
„ die

dadurch bestreiten, daß er, wie sie selbst seither gethan
haben, den Rekurs nach Rom in Ehedispensen für
nothwendig erkläret?

b] In dem Schreiben des Nunzius ist nichts, was Se.
Durchlaucht gehässig machen könnte. Bewahre Gott!
Ihre Frömmigkeit und Tugenden können selbe bei ihren
Untergebenen und bei Fremden nur schätzbar und lie-
benswerth machen. Der Nunzius spricht von Sr. D.
nicht anders als mit der größten Hochachtung. Um
allem Mißbrauche vorzubeugen, der sich in die Vikariate hätte einschleichen können, gab er ein genaues
Verzeichniß von den Befugnissen zu dispensiren, die
den dreyen Erzbischöfen zukommen, ohne auch nur ein
Wort hinzuzusetzen, welches sie hätte beleidigen können.
Und wer wollte denn so ungerecht seyn, Fürsten, sogar
wenn sie sich irren, unter gehässigen Farben vorzustellen?
Weiß man nicht, daß ihnen, wenn sie der Wahrheit
nachzuforschen am allerbeflissensten sind, die Lüge dann
unter allen Gestalten und Bildern vorgespiegelt werde,
und wann sie am eifrigsten auf der Bahn ihrer Pflichten
wandeln, es keinen Kunstgriff gebe, durch den man sie
nicht auf Abwege zu bringen suche? Selbst die Liebe
für das allgemeine Beßte bereitet ihnen Gelegenheit
zum Uebel. Wollte Gott, sie könnten ihre Höfe und
Räthe immer mit Männern besetzen, welche von den
nämlichen Absichten geleitet, von den nämlichen Wünschen beseelet, von den nämlichen Gefühlen durchdrun-
gen zur Religion die nämliche Liebe, zur Orthodoxie,
zu den wahren, unveränderlichen hierarchischen Grundsätzen die nämliche Zuneigung hegten! Nie würde aber
die

„die Seelsorger des Erzstiftes hierüber zu unter-
„richten, damit sie in ihrem Gewissen überzeugt,
„auch andere, bei denen die ungewöhnlichen in der
„Kirchengeschichte unerhörten Schritte des Erz-
„bischofes von Damiat einigen Eindruck gemacht
„hätten [a], diesfalls zu belehren, und ihnen alle
„Gewissensbeängstigung heben können [a].

„Es

die Ausübung wechselseitiger Gewalt, über die Gesetze
und angenommenen Gebräuche einiger Zwist; nie schrek-
kende und gefährliche Neuerung entstehen. Das Haupt
und die Glieder würden in heiliger Eintracht leben,
und in der Kirche würde nur Friede und Einmüthigkeit
herrschen. Man sehe den wahren Zustand, S. 70.

[a] Die Päbste Leo und Gregor, die in diesem Hirtenbriefe
als Muster dargestellet werden, haben in ähnlichen und
in noch viel geringern Fällen weit heftigere Schritte
gethan, als eben Pius VI. durch seinen Nunzius thun
ließ. Nein dergleichen Schritte sind in der Kirchengeschichte nicht neu, noch unerhört, ob gleich
zu wünschen wäre, alles fügte und lenkte sich so, daß
sie keine Statt haben könnten.

[a] Wie können die Seelsorger dießfalls alle Gewissensbeängstigung, ja selbst ihre eigene heben,
so bald sie wissen, daß ihr Erzbischof immerhin sein
Unvermögen anerkennt hat, die Dispensen zu ertheilen,
die er nunmehr und zwar in einer Materie ertheilet,
wo, um ohne Gewissensbeängstigung handeln
zu können, moralische Sicherheit erfordert wird, wo
keine Wahrscheinlichkeit, keine, auch nicht die höchste
Glaubwürdigkeit zureichend ist; in einer Materie,
wovon die Ruhe und die Ehre der Familien, das wirk-
liche

„Es ist eine bekannte Sache, daß die Gewalt der Bischöfe unmittelbar von Christo herrühre [b], keinesweges aber bloß von der Willkühr* des römischen Stuhles abhange, nach dessen Gutdünken die Bischöfe bloß zur Theilnehmung an der oberhirtlichen Sorgfalt berufen würden. Wie sehr diese Wahrheit in dem Evangelio gegründet sey, wie sehr sie mit der beständigen und sich nie widersprechenden Ueberlieferung der Kirche übereinstimme, wie gemäß sie selbst den ergangenen Bekenntnissen der röm. Päbste sey, kennt jedermann, der in der Kirchengeschichte erfahren ist. Wir wollen daher die vielen Texte, Beispiele, Urkunden und Beweise nicht wiederhohlen, die ihr selbst in den heiligen Büchern, in den Sammlungen der Can-

*Willkühr, Laune, Eigensinn und päbstl. Gewalt sind die etwa gleichbedeutend?

liche Band der Eheleute, die Rechtmäßigkeit der erzeugten Kinder, der Friede, und die Eintracht des gemeinen Wesens abhangen; in einer Materie, die von allen Nazionen als die große Grundfeste des geselligen Lebens angesehen wird, und wo, wie selbst Philosophen und am wenigsten kristlich gesinnte Rechtsgelehrte anmerken, die Sicherheit und die Unveränderlichkeit der Grundsätze nie zu groß seyn können?

b] Diese Wahrheit ist nicht so sehr bekannt. Nein, es ist nicht so sehr bekannt, daß die Gewalt der Bischöfe (es verstehet sich, die Gewalt der Gerichtsbarkeit, von der hier die Rede ist) unmittelbar von Christo herrühre. Es ist über diese Frage in dem Kirchenrath zu Trient lange gestritten, aber nichts entschieden worden. (Man sehe die Gesch. des

Concilien und den Vätern der Kirche finden werdet. Nur wollen Wir euch hier die Entscheidung der Kirchenversammlung zu Trient anführen, welche sich, (s.

Bis-

des trient. Conc. vom Kard. Pallavicini B. 17. Kap. 14. und B. 21. Kap. 11 und 13.). — Woher kömmt es, zum Beispiel, daß die Gerichtsbarkeit des Erzbischofes zu Köln sich eher über Malmedy als über Stavelo erstrecket, daß seine bischöfliche Gewalt in letzterer dieser Städte für nichts ist, in der Erstern aber geehret wird? Soll man sich zur Erläuterung dessen unmittelbar zu Christo wenden, oder soll man nicht vielmehr erkennen, daß die Gewalt der Erzbischöfe wenigstens ihre Gränzen und Regeln von dem Oberhaupte der Kirche empfängt? — Sunt & alii gregum Pastores (sagte der h. Bernard Eugen III, l. 2. de consid.) habent illi sibi assignatos greges, singuli singulas, tibi universi crediti uni unus. Non modo ovium sed & pastorum tu unus omnium pater. PASCE OVES MEAS, inquit. Quas? is es vel illius popu'os civitatis aut regionis aut certi regni? Cui non planum est, non designasse aliquas sed assignasse omnes? Nihil excipitur, ubi distinguitur nihil; & forte præsentes cæteri condiscipuli erant, cùm committens uni unitatem, omnibus commendaret. Inde est quod alii singuli singulas sortiti sunt plebes, scientes sacramentum. Denique Jacobus qui videbatur columna Ecclesiæ *, contentus est Jerosolymis Petro cedens. — Gerson (Tract. de statib. ecclef. consid.) drükt sich folgendermaßen aus: status papalis institutus à Christo supernaturaliter & immediatè, tanquam primatum habens monarchicum & regalem in ecclesiastica hierarchia, secundum quem statum unicum & supremum ecclesia militans dicitur una sub Christo: quem sta-

Betreff der den Bischöfen zustehenden Macht ganz bestimmt mit den Worten des Verfassers der Apostelgeschichte also ausdrückt: *ut attendentes sibi & univer-*

sitatem, quisquis impugnare vel diminuere vel alicui ecclesiastico statui particulari coaequare praesumit, si hoc pertinaciter faciat, haereticus est, schismaticus, impius atque sacrilegus. Cadit enim in haeresim toties expresse damnatam a principio nascentis ecclesiae usque hodie, tam per institutionem Christi de primatu Petri super alios Apostolos, quàm per traditionem totius ecclesiae in sacris eloquiis suis & generalibus conciliis. — *soli Petro,* sagt der h. Thomas, Lib 4. contra gentes cap. 76.) *promisit:* TIBI DABO CLAVES REGNI COELORUM: *ut ostenderetur potestas clavium per eum ad alios derivanda, ad conservandam ecclesiae unitatem.* — In ihrem Schreiben an den Pabst Theodor sagen die Bischöfe von Afrika: *Apud Apostolicam sedem consistere fontem, de quo revuli prodeunt affluenter universum longissimè irrigantes orbem.* (A. 3. Conc. collect. Harduini col. 734.) Eben so der h. Leo, ad Episc. Vienn. epist. 89. *Hujus muneris Sacramentum ita Dominus ad omnium Apostolorum officium pertinere voluit; ut in beatissimo Petro, Apostolorum omnium summo principaliter collocaret, ut ab ipso quasi quodam capite dona sua velut in corpus omne diffunderet.* Can. ita Dominus, Dist. 19. —— Vorher S. 89. haben Wir gesehen, daß alle Erz- und Bischöfe Europens der römischen Kirche ihr Daseyn zu verdanken haben. Auch haben Wir gesehen S. 91. daß die Ausdrücke, unmittelbare Gewalt der Bischöfe, apostolische Macht, völle der geistlichen Macht, Nachfolger der Apostel ꝛc. ꝛc., wenn

sie

verso gregi, in quo Spiritus sanctus posuit eos regere ecclesiam, quam acquisivit sanguine suo [a], sicut Apostolus præcepit, in omnibus laborent, & ministerium suum impleant".

„Wie sie anders wahr seyn sollen, einer schicklichen Erklärung bedörfen, und daß selbe in einem Verstande ganz richtig, in einem andern hingegen eben so mangelhaft sind... Allein gesetzt, die Gewalt der Bischöfe rühre unmittelbar von Christo her, wird sie deswegen in ihrer Ausübung unabhängig seyn? Ueberhebt der Landesherr, der seinen Unterthanen einem jenes Amt, jene Bedienung unmittelbar, geradezu, in eigener Person ertheilet, denselben dadurch so gleich der Unterwürfigkeit und des Gehorsams, die den Vorgesetzten, unter deren Verwaltung sein Amt steht, gebühren? Ist nicht der Oberst, ob er schon seinen Rang unmittelbar von dem Souverain bekömmt, gleichwohl seinem General vollkommen untergeordnet? — Was bilft es, daß man sich bei den Worten verweilt, wenn die genaue Sacherklärung an dem Zustande der Frage nichts ändert?

Wahrer Zustand sieh p. 92.

[a] Wir haben schon angemerkt, daß diese Wörte gemeine Priester betreffen, die der h. Paulus, Abschied von ihnen zu nehmen, von Ephesus nach Milet hatte kommen lassen, daß aber die Kirchenversammlung zu Trient eben diese Worte auf die Bischöfe anwendet, geschieht aus dem Grunde, weil auch die Bischöfe, und zwar in einem besondern und weitläuftigern Verstande zum Kirchenregimente berufen sind.... Diejenigen Bischöfe, die sich mit dem Pabste zu messen, einen so starken Gebrauch von diesen Worten machen, wissen wohl nicht, daß dieselben, wenn sie im buchstäblichen Verstande und ohne Rücksicht auf die Ueberlieferung genommen werden, zu nichts anderm dienen, als die Gleichheit der Priester und der Bischöfe zu erweisen.

[a]

„Wie groß, wie ausgedehnt, und wie ehrwürdig die Gewalt der Bischöfe sey, haben in den blühendsten Jahrhunderten der Kirche unter andern zween der heiligsten und größten Päbste bezeiget: ein h. Leo und Gregor der Große, zween unverwerfliche Zeugen, welche die Vorzüge ihres Stuhles eben sowohl, als auch die bischöfl. Gerechtsame kannten [a]. Unter diese

bis

[a] Ich glaube nicht, daß Pius VI. die bischöfliche Gewalt weniger, als der h. Leo und der h. Gregor achte. Und nach den Handlungen und Dekreten dieser zween größten Päbste zu urtheilen, so würden sie die verschiedenen Schläge, die der Kirchenzucht unter den eitelsten Vorwänden versetzet werden, und besonders die Verachtung, mit welcher man der Person des Pyniius begegnet, so gedultig nicht übertragen haben. . . . Gesetzt die Bischöfe hätten ehedem größere Gewalt besessen, als sie nun wirklich haben; wenn es jedoch die allgemeine Kirche dem Heil ihrer Kinder nothwendig zu seyn geglaubet hat, einen Theil derselben dem obersten Priester entweder durch förmliche Gesetze oder auch durch eingeführte und Gesetzeskraft habende Gebräuche zu überlassen, mit welchem Fug werden sich dann einzelne Bischöfe eigenmächtig wieder in diese Rechte einsetzen wollen? . . . Hatten nicht auch die gemeinen Priester ehedem mehr Ansehen und Gewalt? Hat nicht zu ihnen der h. Paulus die Worte gesagt, die wir so eben gesehen, und die der Verfasser des Hirtenbriefes als den herrlichsten Ausdruck der bischöflichen Gewalt anrühmt? . . . Wenn daher ein jeder, ohne Rücksicht auf die in der Kirchenzucht vorgegangenen und mit der Bestätigung der allgemeinen Kirche bekleideten Veränderungen, was vor dem gewesen war, zurückzufordern und wieder einzusetzen befugt seyn soll, so wird

bisch

Regere ecclesiam Dei. Act. XX. 28.

das-

bischöfl. Rechte ward nun auch von jeher die Befugniß gerechnet, die Strenge der kirchlichen Gesetze in einzelnen vorkommenden Fällen zu mildern, und dasjenige um uns der Worte eines h. Bernard zu bedienen, was aus Liebe verordnet war, in besondern Fällen zu unterlassen, oder in etwas Schicklicheres zu verwandeln, wenn es die Liebe erforderte." [a]

Beyspiele hievon liefert uns die Geschichte verschiedner Jahrhunderte. So dispensirte der h. Athanasius in zwei allgemeinen Kirchengesetzen mit einem Mal [b] Theodoret versichert uns, daß viele durch ihre

daraus bald eine Verwirrung und Anarchie entstehen, die den Zusammenhang dieser nämlichen Kirch zerstören wird, *quam acquisivit Deus sanguine suo.*

bid.

[a] Es ist nichts in dieser Stelle, was ein allgemeines Kirchengesetz, ein Gesetz, das die Ehen vernichtet, und welches nach dem Geständniß der Erzbischöffe dem heiligen Stuhle immer ist vorbehalten worden, bezeichne... Was aus Liebe verordnet war, ist es so, daß sich der h. Bernard über so wichtige, so unverletzliche Gesetze, wie jene sind, von welchen die Giltigkeit der Ehen abhängt, würde ausgedrükt haben?

[b] Es kömmt darauf an, was dies für zwei Gesetze seyn, ob es wirklich allgemeine wären, ob Athanasius und seine Vorgänger ihre Unbefugniß hierin zu dispensiren Jahrhunderte hindurch erkennet haben...

Durch

ihr Lehr- und Wissenschaft berühmteste Bischöfe so gar in solchen Gesetzen dispensiret haben, die von den Aposteln herrühren. [c]. Eine ähnliche Abweichung von einem allgemeinen Kirchengebothe erlaubte sich der h. Augustin, wie er selbst von sich in seinem 209ten Briefe bezeuget [d]. Nicht minder wurde noch im ••• Jahrhundert, in der Proving von Tours in etlichen ••• nahen und verbothenen Grade eine schriftliche Dispens aus bischöfl. Gewalt ertheilet. [e].

Präs-

[c] Durch solche unbestimmte Verweisungen, wo man weder Zeit, weder Gelegenheit, weder Natur des Gesetzes, weder Buch, worin die Dispens angeführet wird, anzeiget, werden Wir außer Stande gesetzet, sie geradezu zu beantworten.

[c] Freilich wohl in Gesetzen von geringer Dauer, in Gesetzen, die besondern Zeiten, Orten und Umständen angemessen sind, wie die judischen Observanzen waren. Wenn man mir das Gesetz wird benennet haben, so werde ich auch gehöriger darüber sprechen.

[d] Ich habe den 209ten Brief in zwoen von den Werken dieses Kirchenvaters veranstalteten Aufflagen gelesen, und hievon kein Wort gefunden. Wenn man mir die Stelle zeigen wird, auf die man hat verweisen wollen, so werde ich auch gehöriger darüber meine Gedanken sagen können.

[e] Man solle beynahe sagen, der Verfasser des Hirtenbriefes habe seine Art zu citiren aus den Schriften eines sehr berufenen Mannes entlehnt, der bei dieser Methode nichts verlohr. Im 11ten Jahrhun-
der-

Prätextat, Erzbischof von Rouen, übte, nach dem Zeugnisse Gregors von Tours, eben diese Gewalt über einen Merovingischen Prinzen im 2ten Grade der Verwandschaft aus [a]; und Poppo

. . . . Erz-

berte hier müssen alle Chroniken von Jahr zu Jahr nachgeschlagen werden. . . . In der Provinz von Tours. Diese Provinz ist sehr weitläuftig und enthält viele Bisthümer. . . . Aus bischöflicher Gewalt. Von welchem Bischofe, wie ist sein Name, der Name seines Kirchsprengels? . . . Eine schriftliche Dispens. Ohne zweifel, so werden sie immer gegeben . . . In einem sehr nahen Grad. In welchem? . . . Und dann, ob man wohl dabei gethan habe? Wiederum eine andere Frage.

[a] Das ist nun einmal bestimmt, hierüber läßt sich was sagen, lesen Wir Fleuri (B. 34. Num. 29. wo er Gregor von Tours, Lib. 5. historiarum, c. 1. & 2. citiret) „Meroveus Chilperichs Sohn, vermählte „sich zu Rouen mit Brunehilde, der Wittwe seines „Oheims. Chilperich setzte ihnen nach, und schwur, „sie nicht von einander zu trennen, wenn „es Gottes Wille wäre, daß sie beisammen „blieben, das heißt (wie Fleury hinzusetzet) wenn „ihre Ehe für gültig würde gehalten „werden" (und Num. 32. wo er Gregor von Tours, B. 7. K. 16. anführet.) „Der König brach bei Prä„textat in diese Klagen aus: Bischof woran hast „Du gedacht, daß Du meinen Feind Me„roveus, der mein Sohn seyn sollte, mit „seiner Muhme zusammen gabst wustest „du nicht was die Kirchensatzungen die„serhalben verordnet haben ꝛc. Prätextat „leugnete die ihm vom Könige vorgerückten Thatsachen,
„was

Erzbischof von Trier ertheilte im Jahre 1036, nachdem Er vorher unsern Vorfahrer Piligrim um Rath gefragt hatte, eine Dispens in Ehehindernissen aus

„ man ließ Zeugen auftreten, welche Sachen vorzeig-
„ ten, die, wie sie sagten, ihnen waren gegeben worden,
„ damit sie Meroveus ihre Treue versprächen. Er
„ erkannte die Geschenke an, leugnete aber, daß sie
„ ihm in der Absicht gemacht worden wären, den
„ König zu vertreiben." Weiter sagt Fleuri nichts
von dieser dem Prätertat vielleicht fälschlich zugeeigneten, obwohl wirklich zu Rouen geschehenen Heurath. Allein das Ganze dieser Erzählung ist schon hinlänglich, diese wahre oder falsche Dispens zu beurtheilen.

[a] Wenn diese Anekdote, die ich nirgend finde, nicht richtiger angeführet ist, als die Vorige, so wird sie auch nicht mehr wie jene beweisen. Gesezt aber auch, sie verhielte sich vollkommen so, wo ist die Gattung von Fehlern, von denen man nicht, wenn man alle Zeitpunkte, wo dieser oder jener Bischof darin verfallen sind, beobachten wollte, eine ganze Chronik verfertigen könnte... Bischof, was hast du gedacht, wußtest du nicht, was die Kirchensitzungen dieserhalben verordnet haben? Sieh da was der gesunde Menschenverstand dem Chilperich eingab, der aus dem, daß Prätertat dispensiret hatte, wenig zu schließen dachte, daß die Bischöfe dazu befugt wären... Und was würde Prätertat für gutes Spiel gehabt haben, wenn er unter dem E. V. H. studiret hätte? Anstat die Tathsachen zu leugnen, würde er gesagt haben: Sire, ich kenne die Kirchensatzungen, ich habe aber vermöge der mir zustehenden Gewalt darin dispensiret. Da Wir nun nicht wissen, ob nicht dieselbige Frage an Poppo gemacht worden sey, so können Wir auch unmöglich seine Antwort wissen.

[b]

aus ordentl. bischöflicher Macht [b]. Diese Gewalt-Ausübung erhielt sich bei verschiedenen Bischöfen bis auf die heutige Stunde um so mehr, als, wie einer der angesehensten Schriftsteller Frankreichs sagt, man weder im kanonischen Gesetzbuche, noch in dem Concilium von Trient lieset, daß die Ehedispensen dem h. Stuhle jemals vorbehalten seyn.

[b] Weder im canonischen Gesetzbuche, noch in dem Concilium von Trient. Was das canonische Gesetzbuch anbetrifft, so ist es nicht möglich, daß dieß der angesehene Schriftsteller im Ernste gesagt haben soll, da diese Vorbehaltung darin so beständig, so deutlich ausgedruckt ist, daß man versichern kann, nichts sey darin förmlicher vorgetragen als eben diese Vorbehaltung. Und um mich einzig bei den Urkunden der gallicanischen Kirche aufzuhalten, als welche gemeiniglich für die gehalten wird, welche der päbstlichen Gewalt am wenigsten günstig ist: so ist die Lehre des Concilium zu Narbon 1609, tit. *de Matrimonio*, ausdrücklich und förmlich wider die von den Bischöfen ertheilte Dispens. Das Concilium zu Toulous 1590 verbeut den Seelsorgern aufs schärfste, jemanden, wer es auch immer sey, in verbotenen Graden zusammen zu geben, ohne voraus die päbstliche Dispens mit eigenen Augen gesehen zu haben: *Quos cognationis gradus impedit, nisi visa prius summi pontificis dispensatione, in matrimonii conjunctionem Parochi non recipiant.* Jenes von Tours 1583 erhebt sich mit Eifer wider einige Bischöfe, die, wie sich die Väter ausdrücken, zum größten Aergerniß der Kirche und mit der Verachtung der Concilien in Ehesachen dispensiret hatten; und erkläret, daß sie sich dadurch der ewigen Verdammniß schuldig gemacht haben (*in suarum animarum dispendium*); daß diese Ehen blutschänderisch, und die daraus erzeugten Kinder un-

Auch konnte die Einführung der sogenannten Facultatum Quinquennalium denen von Gott herstammenden bischöfl. Rechten nichts entziehen, indem es be-

unehlich seyn, ꝛc. (hæc autem conjunctio cum matrimonium censeri non debeat, sed vere incestuosus sit concubitus, sintque liberi ex ejusmodi INCESTU procreati SPURII, nec debeant parentibus succedere, uc imposterum omnes a tam nefariâ & sceleratâ conjunctione caveant, &c.). —— Eben diese Lehre findet man ausführlich bewiesen und nachdrücklich in einer großen Menge von Werken behauptet, wo die hierhin einschlägigen Stellen des geistlichen Rechtes gesammelt sind. Ich eröfne zum Beyspiel das gelehrte Werk von Solier, mit der Aufschrift: *Que le pape seul peut dispenser sur l'empêchement dirment du mariage* (Toulouse 1692.); und ich lerne bis zur Ueberzeugung, daß dieß die allgemeine Meynung der Canonisten und Theologen ist. Ich eröfne einen der angesehensten, und vielleicht den gründlichsten, den vorsichtigsten, den mäßigsten Canonisten Frankreichs, den Joan Cabassutius einen Priester des Oratoriums und finde nicht allein, daß dieß die allgemein aufgenommene Meynung der Kirche sey, sondern auch, wie viele Mühe sich verschiedene Kirchenräthe gegeben haben, diejenigen Bischöfe, die davon abwichen, wieder ins Geleise zu bringen (Not. Eccles. sæc. 16.). Ich eröfne die gelehrten *Commentaires* von Johan B. Riganti; ich eröfne den *Traité des Bénéfices* von Garcias, ein überaus geschätztes, und vielleicht das beste Werk, was über diese Materie geschrieben ist; und finde dieselbige Lehre auf die genüglichste Art vorgetragen. Letzterer macht eine Anmerkung, die man nicht außer Acht lassen muß, weil sie allen Klagen wider den Pabst auf einmal ein Ende macht, indem sie zeugt, daß er es nicht ist, der sich die Dispensationen vorbehalten habe. (Quod Epis-

bekannt und hergebracht ist, daß dieses bloß als eine Ehr, erbietigkeitsbezeugung gegen den päbstlichen Stuhl zu betrachten (a) und, indem darinn mehrere Gegenstände enthalten, welche, falls es in des Pabstes Willkühr stünde, solche zu versagen, zu großen Unordnungen

Part. 2, c. 5, N. 351.
Episcopus non possit dispensare in lege papæ, vel concilii, provenit ex naturâ rei, quia episcopus est inferior, & inferior non habet potestatem in superiorem, nec in ejus legem, & non ex eo quod papa sibi reservet potestatem dispensandi. — Das tridentinische Concilium betreffend, so hat dieß nicht allein das Gesetz, so wie es war, erhalten, sondern auch dadurch, daß es sich förmlich weigerte in Ansehung des 3ten und 4ten Grads davon abzuweichen, dem alten Zustande der Sachen eine neue Bestätigung gegeben, die desto fester und nachdrücklicher ist, als selbst der Pabst auf eine entgegengesetzte Entscheidung zu neigen schien. Man sehe die Acta Conc. Trid. von *Paleotti ad diem* 17 *Aug.* 1563. —— Man sehe auch die Hist. du Conc. de T. vom C. *Pallav.*, l. 23, c. 9, n. 17. — Instit. jur. can. vom berühmten Karl Tagliardi, l. 2, tit. 11, &c. &c. Schon durch die bloße Erzählung dessen, was sich in dieser Session zugetragen hat, ist es augenscheinlich, 1°. daß in dieser ganzen und großen Versammlung nicht ein einziger Bischof gewesen sey, der bei der dem Pabst gemachten Vorbehaltung der Ehedispensen das mindeste Bedenken gehabt hätte; 2°. daß es nur nach reiflicher Untersuchung, und Erwägung entgegengesetzter Gründe geschehen ist, daß die Dispensen im 3ten und 4ten Grade den Bischöfen nicht überlassen werden sollten.

[a] Ist in der Geschichte wohl ein einziges Beyspiel von einem Bischofe zu finden, der in Fällen, wo er dispen-

gen Anlaß gegeben würde. Wie sollen z. B. Se. päbstl. Heiligkeit von den Lokalumständen, welche die Fasten für dieses Mal zu mildern nöthig machen, in Zeiten und zuverläßig nach jeder Diözes unterrichtet werden [a]? und warum sollten sie die Erkenntniß der

Noth-

firen konnte, und selbst wußte, daß er es konnte, die Dispensations Befugnisse zu Rom nachgesucht hätte? und warum sucht man nicht aus eben dieser Ehrerbietigkeit auch die Befugniß nach, in den vierzigtägigen Fasten, in dem Aufgeboths, und in andern dem Pabst von der Kirche nicht vorgehaltenen Uebungen der bischöflichen Gewalt zu dispensiren?... Eine solche Ehrerbietigkeit würde für die Bischöfe so wohl als für Rom äußerst lästig seyn.... S. K. D. erklärt in eben diesem Hirtenbrief, mit den Armen Kraft der Quinquennalfacultäten dispensiret zu haben. Sieh ein langes und weise räsonnirtes Schreiben des Kurfürsten zu Trier, hie oben, S. 125.

[a] Wenn man viel über Gesetze klügelt, so finden sich zuletzt Wege, sie alle zu vernichten. Weil einmal die Kirche diese Dispensen dem Pabst vorbehalten hat, so steht zu vermuthen, daß sie aus wichtigen Gründen dazu bewogen worden ist. Der weise und einsichtsvolle Cabassutius bemerket, daß „die Bischöfe manchmal in häk„lichen Umständen seyn, wo sie von hohen Personen um „Dispensen begehrt werden, die sie nicht abschlagen „dörfen, wodurch entweder die Dispensen zu gemein „werden, oder die Bischöfe sich bei Leuten verhaßt ma„chen, von denen sie in der Ausübung ihrer Amts„pflichten gestöret oder beunruhiget werden könnten.„ Und aus eben diesem Grunde haben die Väter zu Trient, wie der Kard. Pallavicini berichtet, dem römischen

Pab-

Nothwendigkeit und Ertheilung der Dispensen, nicht lieber in den Händen der von Gott bestellten rechtmäßigen Hirten, als der von Rom ernannten Miethlinge sehen (a)? ohne den Unterschied von Nation,

Päbste, wie vorhin, die Dispensen im 3ten und 4ten Grade vorbehalten wissen wollen, sieh hie oben S. 142.
—— Wenn es, um die Dispensen bescheiden zu ertheilen, vonnöthen ist, die Lokalumstände zu kennen, so ist dieß eine Ursache desto mehr der Existenz der Nunzien keinen Beyfall zu geben, die, da sie an Ort und Stelle sind, die Sachen vernünftig beurtheilen, und dem Oberhaupte der Kirche berichten können.

[a] *Qui altari deseruiunt, cum altari participant*. Die dem Altare dienen, sind alle Miethlinge des Altars. Man muß jedoch gestehen, daß ein Erzbischof zu Köln ganz anders, als ein Erzbischof zu Damiat bescheret ist, besonders seitdem die garstigen Türken sich dieser in der Geschichte der Kreuzzüge so berühmten Stadt bemächtiget haben. Nichts desto weniger findet dieser Miethling sich noch im Stande den Einwohnern Kölns einiges Gute zu thun. Die vorigen Nunzien hatten eine Casse errichtet, worein alles Geld, welches von den Armen Dispensen kam (denn der Ertrag der Dispensen für die Reichen beläuft sich auf ein Geringes und gehet nach Rom) geschüttet, und monatlich unter die armen Familien von Köln ausgetheilet wurde. Der jetzige Nunzius setzt diese wohlthätige Stiftung fort, und obschon die Einkünfte durch die Seltenheit der Dispensen vermindert sind, so ist gleichwohl der Nunzius weit entfernt etwas von den Almosen abzuschneiden, vielmehr setzt dieser Prälat aus andern Gerichtsbarkeits herkommenden Geldern, und manchmal aus eigenem Beutel hinzu. Dieß sind Sachen, die jedwedem, besonders den Seelsorgern dieser großen Stadt, die davon Zeugniß geben können, bekannt sind. Doch genug von derlei

Be-

Lokalkenntniß, Erkenntlichkeit, Anhänglichkeit ꝛc. zwischen beiden zu berühten, so zeiget uns unser göttlicher Lehrmeister, der untrüglichste Menschenkenner, in seinem Evangelio selbst deutlich an: *Bonus Pastor animam suam dat pro ovibus suis, Mercenarius autem fugit, quia Mercenarius est, & non pertinet ad eum de ovibus* (a). Laut dieser (alle fünf Jahre erhaltenen) römischen Facultäten dispensirten die Bischöff-

stets

Betrachtungen; es giebt noch eine andere, die simpler ist als jene: diese nämlich, daß es nicht erlaubt ist, durch verächtliche Benennungen die Gesandten eines Souveräns zu beleidigen; sogar in feindlichen Landen bei Heiden und Wilden wird eine solche Schändung für eine Verletzung des Völkerrechts gehalten. *Nomen Legati*, sagt Cicero, *ejusmodi esse debet, quod non modo inter sociorum fœdera, sed etiam inter sociorum tela incolume versetur*. Wie viel mehr gilt dieses von einem Gesandten des obersten Hohenpriesters, der zu einem christlichen, zu einem katholischen Bischofe geschickt wird?

[a]. Sollten wirklich durch diese Stelle die Gesandten des römischen Pabstes, des Nachfolgers Petri, des Statthalters Jesu bezeichnet werden? Sollte unser göttliche Erlöser seine untrügliche Menschenkenntniß angewendet haben, 18 Jahrhunderte zuvor, ein so schwarzes Gemählde von denjenigen zu machen, welche aus Befehl des Kirchenoberhauptes auf die Beobachtung der Kanonen dringen, und dasjenige handhaben würden, was selbst die Erzbischöfe Jahrhunderte hindurch als einen Hauptpunkt gehandhabt hatten.

In eben diesem Hirtenbriefe machen Se. Kurfürstlich Durchlaucht eine pathetische Erzählung von einer Art evangelischer Gegenwahrheit: Mann sieht darin einen

recht-

stets in Fällen, wo die Parteien arm sind; und welches Kirchengesetz unterscheidet solche von Reichen (a)? und was kann der Geist und der Zweck eines solchen Unterschiedes seyn? daher ward auch immer in denjenigen Fällen, wo der Recurs nach Rom zu beschwerlich war, diese Gewalt von den Bischöfen ausgeübet (b).

Dieses war der Zustand der Sachen bis auf die neuern Zeiten, in welchen der unglückliche Abfall des Erzb. Gebhard Truchses Se. päbstl. Heiligkeit nöthigten,

rechtmäßigen Hirten, der seine Schafe fliehet, weil er sie nicht verschlingen kann, und einen Miethling, der da ankömmt, dieselben zu hüten.

[a] Wer zweifelt daran, daß, nachdem einmal die Gewalt zu dispensiren dem Pabste vorbehalten worden ist, er solche nicht auch, wenn er sie andern mittheilet, nach Belieben einschränken könne. Ueber Gnaden vernünfftelt man nicht.... Uebrigens ist dieser Unterschied zwischen Reichen und Armen sehr klug und vernünftig. Die Reichen haben in Liebeshändeln so wie in allen andern Stücken Einfälle und Gelüsten, die die Armen nicht kennen. Wenn daher die Dispensationen in Rücksicht jener nicht mit einer besondern Beschwerlichkeit verzäunet wären, bald würden die Gesetze alle ihre Wirksamkeit verloren haben.. Und weil es über dieß billig ist, daß eine Abweichung durch irgend ein anderes gutes Werk ersetzet wird, so ist es ebenfalls billig, daß dieses gute Werk mit den Kräften und Mitteln derjenigen, welchen es aufgelegt wird, im Verh.Ultniß stehe.

[b] Dispensen, die der Unmöglichkeit oder der zu großen Beschwerlichkeit des Recurses halber gegeben werden,

ten, einen eigenen Nuncium nach Köln zu schicken (a). Seit dem fieng man an, die Dispensationen bey ihm nachzusuchen, und da dieser Recurs die sonst äußerst beschwerliche Erhaltung der Dispensen sehr erleichterte, wendete sich jedermann, mit Vorübergehung seines rechtmäßigen Oberhirten, an denselben (b). Es war aber eine nöthige Folge, daß, so wie die Gerichtsbarkeit der Nunzien in dem deutschen Reiche aufhörte (c),

L 5 Un-

unterstellen die Nothwendigkeit und Pflicht dieses selbigen Recurses im Fall, daß die Möglichkeit ihn zu nehmen da ist. Es ist eine Epikia oder gelinde Auslegung des Gesetzes; das Gesetz bestehet also, und muß, so viel möglich, beobachtet werden.

[a] Da ist jedoch der Miethling, den man genöthiget ist, nach Köln zu schicken, um den unglücklichen Abfall des rechtmäßigen Hirten zu ersetzen.

[b] Es war der rechtmäßige Hirt selbst, der sich, wie aus den Quinquennalfacultäten dargethan wird, nach Rom wendete.

[c] Wir haben bereits gesehen, daß die Gerichtsbarkeit der Nunzien in einem großen Theile des Reiches noch immer in Uebung ist *... So lange sie der oberste Hohepriester damit bekleidet, müssen sie von den übrigen Hohenpriestern nicht angesehen werden, als wenn sie keine mehr hätten... Kann dann jedes von je einer weltlichen Macht erlassene Rescript, den Kanonen der Kirche in Betreff der Sakramente entgegen stehen? Kann es die Gewalt ertheilen, in Ehesachen zu dispensiren, und solche Ehen gültig zu machen, die von den Erzbischöfen bis auf heutige Stunde für null und nichtig erkannt worden sind?

* Hier oben S. 29.

[a] In

Unser Vaterherz erwachen, und zugleich die Besorgniß in uns entstehen mußte, man möchte den um Hülfe und Erleichterung Rufenden die Dispensationserlangung zu sehr erschweren. Wir hielten Uns daher an dem alten Gebrauche, und der steten Gewohnheit mehrerer deutschen Bisthümer; an den Lehren der bewährtesten deutschen Kanonisten, mit welchen selbst die gemeinen Rechte übereinstimmen. Wir berechneten die Grade der Verwandschaft immer nach dem entferntern; in bedenklichen Fällen aber wandten wir uns mehrmal an Se. Päbstl. Heiligkeit, und ließen, ohne Belästigung der Parteien, durch Unsern Agenten das Nöthige besorgen. Und es war Uns eine der angenehmsten Pflichten, in Fällen, wo Wir die Nothwendigkeit oder den Nutzen einsahen, den Parteien die so sehr gewünschte Dispens ohne große Kosten zu verschaffen. Se. Päbstliche Heiligkeit haben auch gegen diesen, das Beste der Religion, und das Heil Unserer Diözesanen, allein bezielenden Weg nie das mindeste Mißfallen geäußert, vielmehr uns mit aller ihrem liebevollen Charakter eigenen Bereitwilligkeit dabei väterlich unterstützt (a). Wie unvermuthet mußte Uns also bey dieser Ruhe störende Schritt des Erzbischofes von Damiat auf

[a] In diesen Zeiten der Neuerungen und der Verwirrung preisen wir Gott für die Gefühle, die Se. Kurfürstl. Durch-

auffallen (a)? welcher auf eine ganz unerhörte, in der Geschichte beispiellose Art, ohne vorgängige Aussage bei dem rechtmäßigen Oberhirten, ja geflissentlich in dem Augenblicke, da Uns ein anderes Hirtenamt von Unsrer Erzdiözes entfernte (b), an die sämtlichen Seelsorger Unsrer Diözes gedruckte Befehle ergehen zu lassen, sich erlaubte. Ohne die verschiedenen in dieser

Druck-

Durchlaucht gegen den allgemeinen Vater der Christen äußern, sie sind ein kostbares Unterpfand der steten Einigkeit, so die alte Kirche der Ubier mit dem Stuhle Petri beibehalten wird.... Preisen wir Gott für das väterliche Herz, das er dem ersten der Hirten gegeben hat; für den Eifer, den er ihm einflößt, die Bischöfe zu unterstützen, für die Aufmerksamkeit auf alles, was das Beste der Religion, und das Heil seiner Diözesanen bezielt... Beruhigen wir uns, durch diese tröstenden Gedanken, der Zwiespalt halber, die man uns will befürchten lassen, und woran falsche und verderbte Leute gewiß umsonst werden gearbeitet haben, sobald der gottesfürchtige Fürst, dessen Zutrauen sie hintergangen haben, ihre Absichten und Kunstgriffe entdeckt haben wird.

[a] Der Fürst ist gegenwärtig vom Gegentheile überführt. S. P. H. haben ganz neuerdings an Ihn ein Breve erlassen, wodurch sie erklären, daß der Nunzius nichts als auf ihren Befehl gethan habe. Wir haben gesehen, daß er für sich und ohne diesen Befehl, es schon nicht hätte zu thun unterlassen können. *Sieh unten 2ter Anhang*

[b] Warum sollte der Nunzius, um sein Schreiben kund zu machen, geflissentlich die Zeit abgewartet haben,

wo

Druckschrift enthaltenen Allegata zu berichtigen; ohne von den ungeziemenden und frevelhaften, sich am Schluße befindlichen Ausdrücken einige Meldung zu thun (a), so hätten wir jedoch gedachtem Titular Erzbischofe in der Geschichte der christlichen Kirche sowohl als in den geistlichen Rechten mehr Kenntniß zugetrauet,

wo S. K. D. zu Münster waren? Konnte er glauben, daß die Existenz dieses Schreibens auf die Art dem Prinzen unbekannt bleiben würde? Wären nicht die Erzbischöfe von Mainz und Trier, in deren Diöcesen dieses Schreiben ebenfalls geschickt worden ist, in ihren gewöhnlichen Residenzen? Man sieht, daß die Leute, welche um Se. Kurfürstl. Durchlaucht sind, sich es zum Geschäfte machen, alles zu vergiften, daß sie seine edel- und großmüthige Seele durch Gemählde eingebildeter Kränkungen aufbringen, und eine von Ihro Feinden allein verdiente Ungnade auf Personen lenken, von denen Se. Durchlaucht vorzüglich geliebet und geehret werden.

[a] Man findet weder am Schluße noch im Conterte des Briefes einen einzigen Ausdruck, der auf die Art bezeichnet werden könne. Sollte es etwa incestis nuptiis, legitimatis jure destitutum seyn? Allein diese Ausdrücke beziehen sich nur auf Ehen, welche ohne die gehörige Dispens, das ist: ohne diejenige Dispens, welche die drey Erzbischöfe bis zu diesen letztern Jahren nicht glaubten ertheilen zu können, und ohne welche sie diese Ehen gerade aus demselbigen Gesichtspunkte würden betrachtet haben; dabei sind diese Ausdrücke genau dieselbigen, deren sich das Concilium zu Tours, um eben dieselbige Sache auszudrücken bedienet hat: nie aber sind die Väter dieses Conciliums beschuldiget worden,

trauet, als daß er in einem fremden Kirchsprengel (a), ohne Bewilligung des Ordinarii einige Gerichtsbarkeit auszuüben wagen sollte. Die öftern und mächtigen Beschwerden, so wider derlei an keinen Sitz gebundene Bischöfe (b), und ihre gefährlichen Eingriffe geführet würden (c), wie auch die von den Concilien dagegen genommenen Maßregeln, könnten ihm doch nicht unbekannt seyn (d). Und wenn ihm auch irgend eine Macht zugestanden hätte, Unser Verfahren zu verbessern, so hätten Wir doch billig von einem geistlichen Mitbruder jene von Christo selbst bestimmte stuffenweise Ermahnungsart erwarten sollen. Und er hätte daher die Abstellung dieses vermeintlichen Misbrauches der bischöfl.

Ge-

den, sich ungeziemender und frevelhafter Ausdrücke bedienet zu haben.

[a] Wenn der Pabst die Gerichtsbarkeit über die ganze Kirche hat, welche Diözese kann dann für ihn, seine Legaten und Repräsentanten fremd seyn?

[b] Der römische Sitz ist der erste von allen, diesen haben die Nunzien immer vorgestellet, in dessen Namen haben sie geredet und gehandelt.

[c] So eben haben wir jedoch gesehen, daß diese Eingriffe die Kirche zu Köln, vielleicht alle Kirchen Deutschlands in den Zeiten des unglücklichen Abfalls des Erzb. Truchses gerettet haben.

[d] In welchem allgemeinen oder particulären Kirchenrathe sind Maßregeln wider die Gesandten des römischen Pabstes genommen worden?... In welchem Kirchenrathe ist darüber geklagt worden, daß der Pabst

durch

Gewalt nicht bei den untergeordneten Pfarrern, sondern bei den Bischöfen und deren nachgesetzten Vikariaten suchen müssen (a) „Hat nun der Erzbischof von Damiat dieses wissentlich verabsäumet, so können wir nach der Art, wie er seine Schrift verbreitet hat, nicht anders schließen, als daß ihr Zweck gewesen sey, die untergebenen Seelsorger wider ihre rechtmäßigen Oberhirten aufzuwiegeln, das wechselseitige gegründete Vertrauen zu schwächen, und die hierarchische Ordnung zu zerstören (b). Gott, dessen h. Geist stets über seine

Kir-

durch seine Legaten auf die Beobachtung solcher Kanonen dringen ließ, die von den Erz- und Bischöfen immer als ein sie verbindendes Gesetz sind anerkannt worden?

[a] Wie sollte dieser geistliche Mitbruder die stuffenweise Ermahnungsart bewerkstelligen, wenn er nicht angenommen wird, wenn er umsonst Audienz begehret, wenn er als ein Miethling behandelt wird, wenn man Manifeste wider ihn verkündiget, wenn der Eingang in die heilige Fastenzeit durch einen währenden Opfer des Friedens von der Kanzel verkündigten Hirtenbrief ausgezeichnet wird, worinn seine Person, sein öffentliches Amt, und seine Amtsverrichtung mit Schimpf und Schande bedecket werden? ... Hat aber der Nunzius die Abstellung dieses Misbrauches bei den Bischöfen und deren nachgesetzten Vikariaten persönlich nicht suchen können, so that er es jedoch durch Wege, die in seiner Gewalt stunden. Die drey Erzbischöfe und ihre Vikariate sind mehrmals auf die dringaste Art, aber immer ohne Wirkung ermahnet worden.

[b] Ihr Zweck ist platterdings gewesen, den Ehen ihre Gesetzmäßigkeit zu versichern, und die ausdrücklichen

Be-

Kirche wachet; hat aber ein solches Werk, welches nur vom Geiste der Finsterniß und der Zwietracht entstehen könnte, nicht zur Erfüllung bringen lassen. Noch hören die Heerden die Stimme ihres rechtmäßigen Hirten; noch bestreben sich die Seelsorger, durch Zurückschickung dieser Schrift, ihre Vereinigung mit ihrem Bischofe, und durch denselben mit der allgemeinen Kirche und dessen Oberhaupte, dem Pabste, öffentlich an Tag zu legen (a). „Mit welcher inniger Rührung

[...] Befehle desjenigen zu vollziehen, auf den, wie wir gesehen haben, S. K. D. sich selbst wohl berufen wollen.

[a] Verlassen wir uns dem Geiste und dem Herzen nach auf diese der Weisheit und der Religion Sr. Kurfürstl. Durchlaucht so würdige Behauptung. Dero Vereinigung mit dem Oberhaupte der Kirche, dem Pabste, versichert uns, daß, da der Prinz wirklich den sehr bedachten Willen des Pabstes, und die Wichtigkeit der Gründe kennet, die Se. Heiligkeit durch ihren Nunzius sprechen machten, er die Feinde dieser großen und kostbaren Vereinigung unverzüglich von seinem Rathe entfernen werde. Dem feierlichen Eid, und dem Glaubensbekenntniß*, gemäß, die Se. Durchlaucht bey Ihrer Einweihung gethan haben, *Romano Pontifici, beati Petri apostolorum principis successori, ac Jesu Christi vicario* VERAM OBEDIENTIAM SPONDEO AC JURO...
*von Pius IV.

„Mit diesem Bekenntniß, sagt Bossuet, wird man zum Bisthum erhöhen, durch dieses Glaubensbekenntniß werden alle, die außer der Kirche sind, wieder in dieselbe eingelassen. Dieses Bekenntniß ist der Inhalt des Glaubens, und es kann über die darinn enthaltenen Punkte bey Katholiken keine Streitigkeit seyn.

[b]

sehen. Wir aus diesem Betragen Unsrer Geistlichkeit, wie sehr das wechselseitige Vertrauen und die daraus entstehende Einigkeit derselben mit ihrem Bischofe sich mehr und mehr befestige (a). Wir sehen die alte Kirchenzucht wieder aufleben, und mit ihr die blühenden Tage der ersten Kirche zurückkommen. Lasset uns dann Gott preisen und danken, lasset uns mitwirken, und das Unsrige beitragen, damit solche Wünsche in Erfüllung gehen mögen, der Eifer der Seelsorger verdopple sich in diesen heil. Zeiten, in Belehrung ihrer Pfarrgenossen, hauptsächlich jener Unschuldigen, die sie zuerst zum Tische des Herrn zuführen, in Ausübung der Seelsorge-Pflichten, und deren vorzüglichster, der Menschenliebe. Der tröstliche Gedanke stärke euch stets, daß Gott, der Belohner alles Guten, eure auch mindeste Thaten sehen, und den von ihm verheissenen Beistand seiner Kirche nie entziehen werde. Et portæ inferi non prævalebunt adversus eam (a). „

Gegeben Münster den 4. Febr. 1788.

(a) Wohl, ist die Vereinigung der niedern Geistlichkeit mit ihrem Bischofe eine sehr erbauende und der Wohlfahrt der Kirche sehr wesentliche Sache, vornehmlich dann, wenn sie nicht zum Nachtheile der Päbstlichen Gewalt, der allgemeinen Kirchengesetze, und der Rechtmäßigkeit christlicher Ehen gereichet.

(a) Wünsche und Hoffnungen aller katholischen Christen vereiniget euch in dieser göttlichen Verheissung. Die
Ver-

„ Man stimmt hoch an und thut groß mit den
„ ursprünglichen Rechten der Bischöfe; aber um jene
„ anschätzbare Einheit, die den wahren Charakter der
„ Kirche Christi ausmacht, um jene Einheit, die sich
„ nach Verhältniß der Anhänglichkeit an das Ober=
„ haupt, des guten Vernehmens zwischen dem ersten
„ Hirten und seinen Mitarbeitern zusammenziehet,
„ scheinet man sich wenig zu bekümmern. Und den=
„ noch ist dieß immer der Hauptgegenstand der Diener
„ Gottes gewesen. In beschwerlichen und stürmischen
„ Zeiten schienen sie sich zu nähern und inniger zu ver=
„ einigen; Der Gedanke von jeder Art Trennung oder
„ Spaltung kündigte ihnen den sichern Umsturz an;
„ der Wirbelwind, wie sich die heilige Schrift
„ ausdrückt, der da zertrennet und zer=
„ streuet, kam ihnen schrecklicher als die mörderisch=
„ ste Gewaltthätigkeit vor: *venientibus ut turbo ad*
„ *dispergendum.* Wenn nun aber durch diese enge
„ Verbindung mit dem Oberhaupte der Kirche die

Vorsehung wolle doch unter die Mittel ihr Werk zu er=
halten, und wieder herzustellen, auch die Frömmigkeit
eines Fürsten setzen, den seine Tugenden noch mehr als
sein erlauchtetes Herkommen ehren, und wolle seine
durch die Salbung des Priesterthums geheiligten Hände
anwenden, das Unkraut auszurotten, welches der
feindselige Mann auf den Acker des Haus=
vaters zu streuen nicht aufhört! Matth. 13.

M   Stär=

„Stärke jedes Bischofes insbesondere entstehet, wie
„groß wird nicht der Vortheil seyn, der dadurch für
„die Aufrechthaltung, die Einförmigkeit, die immer-
„währende Dauer der Lehre, der Gebräuche und der
„Gesetze entspringet! Im Gegentheile, welch bunt-
„scheckiges, unbeständiges Wesen würde das Ange-
„sicht christlicher Dinge nehmen, wenn jeder Bischof
„in seinem Kirchsprengel abgesondert, selbst waltend
„und unabhängig über alle Gegenstände nach eigener
„Willkühr entschied, Vorschriften über die Disciplin
„machte, Urtheile über Lehrpunkte fällte, mit der
„Liturgie schaltete, die Klostergeistlichen bald nach
„diesem bald nach jenem Plan einrichtete, dispensirte
„oder nicht dispensirte ꝛc.! bald würden so viele Kir-
„chen seyn als es Bischöfe giebt; und diese schöne,
„weitschichtige Gesellschaft aller katholischen Christen,
„die die vier Punkte der Erde umfaßt, und überall
„dieselbige, überall beständig und einförmig in ihren
„Einrichtungen, ihrem Verhalten, ihren Gebräu-
„chen, so wie in ihrer Lehre ist, würde mehr nichts,
„als ein zerfetzter Körper ohne ordentliche Bewegung,
„ohne Schönheit, ohne Reiz in ihrem Ganzen ver-
„bleiben.„ *Comm. sur les Rem. du C. Bath.*

Ad verecundiam vestram dico. Sic non est inter vos sapiens quisquam, qui possit judicare inter fratrem? sed frater cum fratre judicio contentit.

1. Cor. VI. 5.

Reichshofraths-Rescript
auf die Klagen der Metropoliten wider die Nunzien des heiligen Stuhls.
Martis 27 Feb. 1787.

Quod concernit papales in imperio nuntiaturas, in specie a papalibus nuntiaturis Monacensi & Coloniensi nuper factas Usurpationes & in archiepiscopalia jura invasiones.

Imo. Ponantur epistolæ, quos elector Moguntinus, Trevirensis & Coloniensis sub præsentato 22ma Februarii anni currentis ad suam cæsaream Majestatem dederunt, ad acta.

2do. Rescribatur dominis electoribus Moguntino, Trevirensi & Coloniensi, unicuique seorsum: quod sua Cæsarea Majestas ex datis ab ipsis dominis electoribus ad eandem epistolis summa cum

cum displicentia intellexerit, quam inconvenienter & indecente modo, commorans Coloniæ pontificius nuntius Pacca litteras encyclicas pontificias, penitus prætereundo dominum electorem, ad subjectos illi ecclesiasticos ablegaverit, cujus tenor etiam ex parte objectum pure politicum contineat, per quod etiam in jura territorialia statuum imperii sine aucthoritate invadebatur. Quod proinde ratum haberet sua cæsarea Majestas, quod dominus elector subjectis sibi parochis remissionem hujus encyclicæ mandaverit; & sicut ipsa tanquam supremum imperii caput & summus ecclesiæ germanicæ protector in vim capitulationis electionis hæc indecentia, atque has pontificiæ sedis invasiones pati non posset; hinc sua cæsarea Majestas hisce dictam encyclicam summo jure cassaret & supprimeret, etiam domino electori mandaret, ut universis sibi subditis ecclesiasticis hanc sequuturam cassationem de verbo ad verbum per suos ministros aucthoritate Cæsarea notificare, & quomodo hoc factum fuerit in termino duorum mensium notificare debeat.

3tio. Rescribatur domino electori Palatino, quod suæ cæsareæ Majestati a domino electore Coloniensi

nienſi cum gravamine indicatum fuerit, qua ratione ille, qui Monachii commoratur pontificius nuntius Zollio adhuc nuperrime aliquam ſibi non competentem jurisdictionem in ditionibus Juliacenſi & Montenſi ſibi arrogare, atque hunc in finem præpoſitum Roberts Düſſeldorpii tanquam ſuum delegatum conſtituere, eundemque ſpeciali inſtructione munire auſus fuerit. Cum vero ſua cæſarea Majeſtas tanquam ſupremus Eccleſiæ Germanicæ advocatus pati non poſſet, ut ſine ipſius conſenſu ejusmodi nupera & aliena jurisdictio in imperium teutonicum introducatur, tribunalia augeantur, ſimul vero, & ſic etiam germani Archi- & Epiſcopi in ſuis eccleſiaſticis juribus limitentur, ſua cæſarea Majeſtas domino electori mandaret, ut ipſe pontificio nuntio Zollio, in ſuis Juliacenſibus & Montenſibus ditionibus nullam eſſe finat jurisdictionem, præpoſito Roberts executionem incompetentium ordinationum dicti nuntii prohibeat, & niſi in hoc iſte paruerit, eum ad id urgeat ſequeſtratione temporalium, & quomodo dominus elector hanc ſummam ordinationem exequutus fuerit, ſuæ cefareæ Majeſtati in termino duorum menſium indicare debeat.

De Hoffmann.

Uebersetzung.

Nuntiaturen, päbstliche, im Reiche, in specie die von den päbstlichen Nuntien zu München und Köln [a] neuerlich gewagte Anmaßungen und Eingriffe in die erzbischöfliche Rechte betreffend. [b].

„I.

[a] Man sieht, daß der Reichshofrath die Nuntiaturen als noch immer bestehend betrachtet (*papales in imperio nuntiaturas*), während dem die Metropoliten vorgeben, daß dieselbigen aufgehoben seyn. Wenigstens sind die an die Pfarrer ihrer Kirchsprengel erlassenen Decrete nach diesem Grundsatze abgefaßt. Man sehe hie oben S. 26, 28, 32.

[b] Der Reichshofrath nennet *usurpationes & invasiones*, was in den Klagen der Erzbischöfe als ein solches vorgestellet wird. Es ist der gewöhnliche Gang dieses Gerichtes nach den vorgebrachten Klagen zu sprechen, doch so, daß der verurtheilte Theil das Recht behält sich auch vernehmen zu lassen. Das Gericht urtheilet *secundum allegata*, es muß aber die weise und billige Maxime *audiatur & altera pars* hinterhalten... Wir untersuchen hier den Unterschied nicht von *mandatum cum clausula & sine clausula*. Diese mechanischen Formeln der Gerichtsstuben und Hofausfertigungen vermögen nichts wider die gesunde Vernunft, der natürlichen Menschenverstand, das Völkerrecht, und die unverletzlichen Gesetze der allgemeinen Gerechtigkeitspflege. Wir bemerken jedoch, daß, wenn in irgend einem Falle das *Mandatum sine clausula* keinen Statt haben dürfte, es augenscheinlich in gegenwärtigem Falle ist. Ein in dieser Materie sehr bewanderter Rechtsgelehrter (Joan Pütter, Lehrer des öffentlichen Rechtes auf der hohen Schule zu Göttingen) verbreitet hierüber ein schätzbares Licht. „*Jam si quaerebatur, quibusnam*

„in

„ 1. Ponantur die von den Herren Kurfürsten zu Mainz, Trier und Köln sub præsentato 22 Febr. anni currentis erlassene Schreiben an Ihro Kaiserliche Majestät, ad acta [a].

„ 2. Rescribatur den Herren Kurfürsten zu Mainz, Trier und Köln, jedem insbesondere.

„ in casibus mandatum sine clausula decerni posset, „ responderi solebat, in quatuor casibus. Quoties „ nempe aut factum injustificabile. aut detrimen- „ tum reipublicæ, aut periculum in mora adfue- „ rit... Wer sieht nun aber nicht, daß diese vier Bedingnisse, weit gefehlt gegen den Nuntius Statt zu haben, sich vielmehr gerades Weges wider die Erzbischöfe kehren? sich plötzlich ein Recht anmaßen, von dem man sonst immer erkennt hat, daß man es nicht hätte, ist dieß nicht *factum injustificabile*? Und ist nicht *damnum irreparabile* derjenige, der unehliche Kinder macht? und unrechtmäßige Ehen vervielfältigen, ist das nicht *detrimentum reipublicæ*? Und ist *damnum in mora* auf Seiten desjenigen, der solche Unordnungen erhalten will, oder auf Seiten derjenigen, die auf einmal was unternehmen, das sie Jahrhunderte hindurch glauben nicht thun zu dörfen?... Was derjenige Schriftsteller nachher über diese Materie abhandelt, ist eben so unwiderleglich und zu Gunsten des Nuntius entscheidend.

Nova epitome processus imperii tribun. §. 151.

[a] Dieß sind also die drey einzigen übergebenen oder angenommenen Stücke, auf welche der Bescheid erfolgt ist. Dieses sorgfältige und genaue Verzeichniß der im Prozesse vorgebrachten Stücke setzt die Gerechtigkeit des Gerichtes ausser allem Zweifel. Den Schreiben der drey Erzbischöfe nach konnte es kein anderes Urtheil fällen als es wirklich gefällt hat.

[a] Man

„ Es hätten Kaiserliche Majestät aus dem von ihm Herrn Kurfürsten an allerhöchst Dieselben erlassenen Schreiben misfälligst ersehen, auf welche ungebührliche und unanständige Art der sich in Köln aufhaltende päbstliche Nuntius Pacca ein päbstliches Cirkularschreiben mit gänzlicher Vorbeigehung des Herrn Kurfürsten an die ihm untergeordnete Geistlichkeit habe ergehen lassen [a], dessen Inhalt auch zum Theil einen bloßen weltlichen Gegenstand enthalte [b], wodurch in die landesherrliche Gerechtsame der Reichsstände unbefugt eingegriffen werde.

„Es

[a] Man behauptet, der Nuntius habe diese Vorbeigehung nicht begangen. Einer meiner Freunde zu Mainz versichert mir, der Kurfürst habe vorläufige Nachricht davon erhalten, und so auch der Kurfürst von Trier. Was den von Köln betrifft, dem der Nuntius nicht im Falle ist zu schreiben, sondern zu sprechen, so weiß man, daß er persönlich bei ihm gewesen ist, ohne zur Audienz gelassen zu werden. Noch mehr, er hat die drey Vikariate mehrmal angemahnt, und eben dieß Kreisschreiben wurde zuletzt allen Vikariaten, allen Suffraganen ꝛc. zugeschickt, sieh hie oben S. 174.

[b] Der Nuntius hat dieses Cirkularschreiben ohne Zweifel nur in den Beziehungen und Absichten geschrieben, in welchen sich die drey Kurfürsten bis hiehin immer nach Rom gewendet haben. Da es nun sicher ist, daß die Prälaten hierinn die Ehe nicht ihren politischen Beziehungen nach betrachteten, so ist es ebenfalls gewiß, daß sie der Nuntius aus diesem Gesichtspunkte nicht betrachten konnte.

[a] Zu

„Es genehmigen dahero Ihro Kaiserl. Majestät, daß der Herr Kurfürst den ihm untergebenen Pfarrern die Zurücksendung dieses Cirkularschreibens anbefohlen habe; und gleichwie allerhöchst Dieselbe als Reichsoberhaupt und höchster Schutzherr der deutschen Kirche in Verfolg Dero Wahlkapitulation diese Ungebührnisse und Angriffe des päbstlichen Stuhles nicht gestatten könnte [a];

„Als wollen Ihro Kaiserl. Majestät anmit ersagtes Cirkularschreiben allergerechtest cassiren und aufheben [b], auch dem Herrn Kurfürsten anbefehlen,

daß

[a] Zur Zeit der Wahlkapitulation Sr. Kaiserl. Majestät wendeten sich die Kurfürsten um der Dispensen willen nach Rom; sie nahmen die Nunzien auf und hörten sie an. Es stehet also zu vermuthen, daß die auf einen Schein von Eingriff sich gründenden Schreiben der drey Erzbischöfe den Inhalt eines Briefes übel vorgestellet haben, der nur eine bloße Erzählung dessen war, was sie selbst bis zu jetzigem Zeitpunkte gethan hatten, und nicht, wie es die Beysitzer des Hofrathes zu glauben scheinen, *prætereundo dominum directum* geschickt worden war.

[b] Es ist wohl nicht nöthig zu bemerken, 1. daß der Brief des Nuntius in der That nur in so weit aufgehoben sey, als er *prætereundo dominum directum* soll geschickt worden seyn; 2. daß er es im Rechte nur in so weit sey als man glauben könnte, daß er mit Kaiserlicher Bestätigung bekleidet sey oder sich auf die bürgerlichen Wirkungen der Ehe beziehe, keinesweges aber so weit er das Organ einer geistlichen Gerichtsbarkeit ist, wie dieß nach allen weltlichen und geistlichen Rechtsgelehrten

der

daß er seiner sämtlich untergeordneten Geistlichkeit diese erfolgte Cassation ihrem wörtlichen Inhalte nach durch seine Behörde autoritate cæsarea kund machen, und wie er solches befolget, Ihro Kaiserl. Majestät in termino duorum mensium anzeigen soll.

„3. Rescribatur dem Herrn Kurfürsten zu Pfalz. Es sey Ihro Kaiserl. Majestät von dem Herrn Kurfürsten zu Köln beschwerend angezeigt worden, wie der sich dermalen in München aufhaltende Nuntius Zollio ganz neuerlich einer ihm nicht gebührenden Jurisdiction in den Jülich= und Bergischen Landen anzumassen, zu dem

---

Johannis Henrici Christiani de Selchow Elementa jur pub. German. T. 1. §. 275.

der berühmte Selchow deutlich lehret, dessen Werk in den meisten Universitäten Deutschlandes, und namentlich in der bonnischen zu den öffentlichen Vorlesungen dienet, ohne daß weder des P. H. Ehrwürden, noch irgend jemand das geringste dagegen zu sagen bis hiehin gefunden habe. *De cætero ipsa jurisdictio universalis summarum imperii tribunalium multis limitibus circumscripta est, qui vel ex indole causarum, vel ex jure primi fori derivantur. Ex natura causarum cessat jurisdictio utriusque judicii primum in causis ecclesiasticis. Cum enim imperator catholicus omnis jurisdictionis ecclesiasticæ omnino sit expers: eam cum tribunalibus imperii communicare non potuit, cum nemo plus juris in alterum transferre queat, quam ipse habeat.* — Nebst dem muß man bemerken, daß dieser Brief, da er ein simpler Unterricht, eine Gewissens= und Verhaltungsregel für die Pfarrer ist, schon durch die Aufnahme und die Kenntniß, die daraus entstand, seine völlige Wirkung erlanget hat. Es kann also aus Mangel eines wirklich vorhandenen Gegenstandes keine Aufhebung oder eigentlich sogenannte Cassation Statt haben. [a] Man

Ende den Probsten zu Düsseldorff Roberts, daselbst als seinen Subdelegatum anzuordnen, und denselben mit einer besondern Instruction zu versehen sich anfangen habe [a].

„Da nun aber Ihro Käiserl. Majestät als oberster Schutzherr der deutschen Kirche nicht gestatten könnten, daß ohne Dero allerhöchste Genehmigung derley, neuerliche fremde [b] Jurisdictionen in dem deutschen

[a] Man kann bemerken, daß hier mit keinem Worte von der Gerichtsbarkeit, die der Nuntius Zollio in ganz Baiern, in der Ober- und Niederpfalz (ein neuer Beweis, daß in Wien die Existenz der Nuntiaturen nicht problematisch sey), sondern nur derjenigen erwähnet ward, die er durch Anordnung eines Commissarius in den Herzogthümern Jülich und Berg ausübet. Man muß gestehen, daß dieses neue, untergeordnete Gericht etwas besonders an sich hat, und es nicht leicht zu begreifen sey, warum die zwey Herzogthümer von der Kölnischen Nuntiatur abgerissen und der Baierischen sind einverleibt worden. Das Journal general de l'europe giebt zu verstehen, der M. Antici habe diese Art von kirchlich-politischem Galimatias wider den Willen des Kurfürsten und des Pabstes geordnet, und sey darum von seiner Durchlaucht der Mühe überhoben worden, künftig mehr Dero Geschäfte zu Rom zu betreiben.

[b] Man sieht deutlich, daß von der neuen Unter-Nuntiatur zu Düsseldorff die Rede ist: *nupera jurisdictio* kann unmöglich diejenige seyn, die der Kurfürst zu Köln von dem unglücklichen Abfall des Erzbischofs Truchses herleitet. Sieh hie oben, S. 168.

[a]

schen Reiche eingeführt, die Gerichtsstellen vermehrt [a], andurch aber auch die deutsche Erz- und Bischöfe in Ihren geistlichen Gerechtsamen eingeschränkt würden [b].

„Als

[a] Wiederum ein Ausdruck, der eben dasselbige beweiset: es ist in der That ein Gericht mehr vorhanden (Tribunalia augeantur); freylich wohl ein untergeordnetes Gericht, das aber doch vor der neuen Einrichtung nicht vorhanden war... Allein ob die Metropoliten zufriedener seyn würden, wenn die Sachen auf den alten Fuß zurückgebracht, und die zwey Herzogthümer mit der Nuntiatur zu Köln wieder vereiniget wären, weiß ich nicht.

[b] Als Beschützer der deutschen Kirche wird der Kaiser ohne Zweifel nicht zugeben, daß die Erz- und Bischöfe durch Neuerungen und Eingriffe was von ihren Gerechtsamen verlieren. Biß hiehin haben die Metropoliten noch nichts angeführt, was ihnen wäre entkommen worden. Der Kurfürst von Köln besonders versichert im Gegentheile, der unglückliche Abfall des Erzbischofes Truchses habe den Pabst genöthiget, einen eigenen Nuntius nach Köln zu schicken. Sieh da einen Besitzstand von zweyen Jahrhunderten zu Gunsten der kölnischen Nuntiatur; die Kaiser, die Reichstäge, die Kurfürsten, die Metropoliten haben ihn durch mehrere Acte mit ihrer Einwilligung bekleidet, er hat die Bestätigung der Kirche und des ganzen Reiches: wo sind also die Eingriffe?... Die Entstehung und Consistenz der andern Nuntiaturen sind eben so gesetzmäßig. Man sehe die *Statistica Ecclef. Germ.* des Herrn Hoff. Wenn der Nuntius in München heutiges Tages die Gerichtsbarkeit des Nuntius zu Lucern ausübet, was verlieret bey diesem Tausche der Erzbischof zu Salzburg? Endlich wird durch die sich ganz auszeichnende Aufmerksamkeit des Reichshofrathes in seinem Rescripte weder die Münchener noch kölnische Nuntiatur zu berühren, und sich platterdings bey dem Commissarius von Düsseldorff und

bey

„ Als befehlen Jhro Kaiserl. Majestät, dem Herrn Kurfürsten, daß er dem pábstl. Nuntius Zollio in seinen Jülich- und Bergischen Landen keine Jurisdiction gestatten, dem Probsten Roberts die Befolgung der unbefugten Aufträge ersagten Nuntius untersagen, in dessen Entstehung ihn hiezu mit Sperrung der Temporalien anhalten, und wie Herr Kurfürst diese allerhöchste Verordnung befolget, Jhro Kaiserl. Majestät in termino duorum mensium anzeigen solle [a]. „

J. G. von Hoffmann.

bey dem Schreiben des Herrn Pacca zu verweilen, zur Genüge bewiesen, daß die Nuntiaturen von Sr. Kaiserl. Majestät nicht als Eingriffe in die Erzbischöflichen Gerechtsame betrachtet werden.

[a] Man weiß die genaue Antwort nicht, die Se. Kurfürstl. Durchlaucht Sr. Kaiserl. Majestät geben wird, man kann jedoch vorläufig versichern, daß sie das gute Vernehmen, welches diese zwey Fürsten vereiniget, nicht stören wird. Der Kurfürst wird seine landesherrliche Rechte handhaben, und der Kaiser, wegen Anmaßungen, die nichts zur öffentlichen Glückseligkeit beytragen, sich nicht mit einem benachbarten Fürsten und Freunde entzweyen. Zugleich aber will man behaupten, der Kurfürst werde sich mit voller Kraft über die Klagen der Metropoliten, besonders über jene des Erzbischofes zu Salzburg ausdrücken, der von der Nuntiatur zu München wie von einem Eingriffe in sein Eigenthum und in seine unveräußerlichen Rechte gesprochen hat. „ Das erste Recht des Kurfürsten (sagt ein Bayerischer Rechtsgelehrter in einer in deutscher Sprache sehr vortreflich obwohl mit einer den Freunden der Eintracht und des Friedens immer unangenehmen Heftigkeit geschriebenen Denkschrift) ist Herr zu Hause zu seyn, „ die landesherrlichen Rechte auszuüben, aufzunehmen,
„ wenn

„wenn er will, mit dem Pabste, den Türken, den Sine-
„sern in beliebigen Verhältnissen zu stehen, seinen Un-
„terthanen zu befehlen, daß sie den als-Nuntius erken-
„nen, den der Landesherr für einen solchen annimmt
„und erkennet. Wenn der Kurfürst in seinen Staaten
„den Protestantismus einführte, wenn ihn seine Vorfah-
„ren daselbst eingeführet hätten, was würde dann der
„Metropolit oder jeder andere Erz- oder Bischof für
„eine Gerichtsbarkeit über die Baiern ausüben? Sind
„etwa die Beherrscher Baierns, weil sie sich treu bei der
„katholischen Kirche gehalten haben, deswegen weniger
„unabhängig, weniger Herr in ihrem Lande geworden,
„als die Kurfürsten von Brandenburg, von Sachen und
„von Hannover, als der Herzog von Braunschweig, der
„Landgraf von Hessen ꝛc.? Fällt es den Metropoliten
„wohl ein, diesen Fürsten einen Proceß anhängig zu ma-
„chen, sie vor den Reichshofrath zu citiren, um wider
„ihren Willen über ihre Unterthanen irgend eine Gerichts-
„barkeit auszuüben? Schreyen sie über Verletzung ihrer
„Rechte und über Eingriffe, um die Rechtshändel vor
„ihre Gerichte zu ziehen, die in den protestantischen Con-
„sistorien betrieben werden, um in den Ehen zu dispen-
„siren ꝛc.? Seit wann sollte die katholische Religion für
„den Landesherrn ein Titel der Unterwürfigkeit und der
„Abhängigkeit seyn? oder aber sollten die Rechte der
„Metropoliten durch den Protestantismus weniger em-
„pfindlich als durch die Verhältnisse mit dem apostoli-
„schen Stuhle verletzet werden; Verhältnisse, die in dem
„Reiche bekannt, hergebracht und bestätiget sind, Ver-
„hältnisse, denen man mit Zusehen und Wissen der gan-
„zen Welt die Erhaltung der katholischen Religion in
„dieser schönen und weitläuftigen Gegend Europens zu
„verdanken hat? – Was für Veränderungen hat nicht
„Joseph II, als Kurfürst von Böhmen, als Herzog von
„Schwaben, als Erzherzog von Oestreich in Civil- und
„Religionssachen vorgenommen, ohne daß weder das
„Reich, weder die Kurfürsten, noch Ihro Majestät der
„Kaiser, als Kaiser auf irgend eine Art dazwischen ge-
„kommen wären?... Und was haben nicht die Erzbi-
„schöfe selbst seit einiger Zeit für Unternehmungen ge-
„wagt?

"wagt? Wie viel haben sie deren schon vollzogen, ohne
"daß sie irgend ein Fürst verhindert hätte, Herren in ih-
"rem Lande zu seyn? Sie reissen aus, sie zerbre- Jer.
"chen, sie zerstören, sie verderben, sie bauen I.10.
"auf, sie pflanzen (ein wenig verschieden von dem
"Propheten), niemand beunruhiget sie, kein weder ka-
"tholischer noch protestantischer Reichsstand stellet sie ih-
"rer Veränderungen und ihrer Neuerungen, ihrer Zer-
"störungen und ihrer angeblichen Wiederherstellungen we-
"gen zur Rede. Und ein weltlicher Fürst, ein Beherr-
"scher eines großen und mächtigen Staates soll nicht ein-
"mal einen mit päbstlicher Autorität bekleideten Legaten,
"einen Stellvertreter des Oberhauptes der Kirche, des
"allgemeinen Vaters der Christen haben können, ohne
"daß ihn Erzbischöfe bey den Reichsgerichten als einen
"Verletzer ihrer Rechte verklagen!... Ein weniger re-
"ligiöser Souverän würde hurtige und entscheidende
"Mittel brauchen, eine solche Verklagung zu beantwor-
"ten. Er würde in seiner Hauptstadt eine Comité von
"Rabinern und Dervis errichten, um die Manifeste
"der Herren Erzbischöfe zu widerlegen; sogleich würde
"alles ruhig, alles wiederum in Ordnung seyn; die Vi-
"kariate zu Salzburg, zu Mainz, zu Trier und Köln
"fänden sich im Falle eines Kreuzzuges; und da keine
"Kreuzzüge mehr gemacht werden, und man den Ge-
"schmack daran verloren hat, so würde man allgemach
"Geduld haben... Was doch nicht die gute Meynung
"thut, die man von einem eifrig katholischen Fürsten
"heget! Kein Zutrauen, das sie nicht einflößt; keine An-
"maßung, die sie nicht muthig machet. Ist aber dieser
"Muth der Muth der Klugheit, der Muth des Evan-
"geliums Sieh da eine Frage, die in dem zweyten
"Emser Congreß mag beantwortet werden „.

Implete gaudium meum, ut idem sapiatis, eandem cha-
ritatem habentes, unanimes, id ipsum sentientes, nihil
per contentionem, neque per inanem gloriam: sed in hu-
militate superiores sibi invicem arbitrantes, non quæ sua
sunt singuli considerantes, sed ea quæ aliorum. Phil. 2.

Nos

Nos & refellere sine pertinacia, & refelli sine iracundia parati sumus. Cic. Q. Tusc. L. 5. n. 5.

Schreiben an den Verfasser des wahren Zustandes ꝛc. und der Noten über den Hirtenbrief Sr. Kurfürstl. Durchlaucht des Erzbischofes zu Köln, und über das Rescript des Reichshofrathes, in Betreff der Nuntiaturen.

Bonn, den 19. Merz 1787.

Ich weiß nicht, ob ich mich gut abbressire; Allein bey dem öffentlichen Gerüchte, das Euch drey Schriften zueignet, die in unsern Gegenden Lärm machen, glaubte ich nicht zu viel zu wagen, wenn ich Euch die Beobachtungen der Kritik über einige darinn enthaltenen Stellen mittheilte. Und zwar

1) Habet ihr nicht bemerket, daß alle eure Schlüsse und Beweise, die ihr aus dem Geständnisse der drey Erzbischöfe, und derer Gewohnheit sich an Rom zu halten, herleitet, auf falschem Grunde beruhen, wenn es wahr ist, wie in dem Hirtenbriefe gesagt wird, daß man sich an Rom hielt, nicht als glaubte man keine Dispensen aus ordentlicher Macht ertheilen zu können, sondern bloß und allein, um eine Art von Nachgeben und

und Ehrerbietigkeit gegen den ersten Stuhl der Kirche zu bezeigen. -

2) Wie konntet ihr jene Auslegung, die in dem 28ten Vers des XX Kap. der Apostelgeschichte: *Posuit vos Episcopos &c.*, Bischöfe zu erkennen beginnet, als ein Geschwätz behandeln? Konnte es euch unbekannt seyn, daß der h. Irenäus und andere berühmten Schriftsteller, die ja nicht schwatzten, diese Auslegung angenommen hatten?

3) Seite 137 des wahren Zustandes, wo von Truchses Abfalle die Rede ist, saget ihr, was schon geschehen sey, könne abermal geschehen. Ihr habet ohne Zweifel nicht nachgedacht, wie sehr die Religion und Frömmigkeit des jetzigen Kurfürsten diese Besorgniß vereitelt, und ich will wohl glauben, daß Ihr dieses in Gedanken hingeschrieben habet.

4) Ihr beklaget euch, daß in dem Hirtenbriefe die Citationen fehlen; allein, ob ihrer schon in den Monatschriften, Zeitungen und Heften, die besagten Hirtenbrief anführen, gar keine Erwähnung geschieht, so findet sich doch ein großer Theil derselben in der deutschen Urschrift. Wahr ist es, daß diese Urschrift außer dem Lande nicht bekannt ist; ihr hättet sie euch aber doch ohne Zweifel verschaffen können,

N um

um selbe in ihrem ganzen Inhalte und nach allen ihren Proben und Beweisen zu beurtheilen.

5) Ihr gebet (S. 174) zu verstehen, als wäre dieser Hirtenbrief von der Kanzel, mitten unter der Aufopferung des Lammes des Friedens abgelesen worden. Ihr müsset also die deutsche Auflage nicht gesehen haben, wo den Pfarrern durch eine Nachschrift befohlen wird, ihn nicht zu verkündigen, und allein zu ihrem eigenen Unterrichte zu bewahren.

Dieß sind meine Anmerkungen, die ich euch ohne Verbitterung mittheile, in Erwartung, daß ihr sie in einer eben so gelassenen und billigen Gemüthsverfassung aufnehmen werdet.

Ich bin ꝛc.

J. E. H...

Magna vis est veritatis, quæ, cum per se intelligi possit, per ea tamen ipsa, quæ ei adversantur, elucet; ut immobilis manens, firmitatem naturæ suæ, dum attentatur, acquirat. Hilar. pictav. de Trinit. l. 7, Tom. 2, edit. veron.

Antwort.

Ehrbare und mäßige Anmerkungen nehme ich immer mit Dankbarkeit auf, ich rechne mir es zur Pflicht solche zu beantworten, und bestrebe mich in Ansehung gegenwärtiger diese meine Pflicht zu erfüllen. Ich werde es so kurz und lakonisch abmachen, als ich nur immer kann.

Wäre es möglich gewesen zu glauben, daß der Rekurs, den man in Ehesachen nach Rom nimmt, ein bloßer Ausdruck von Ehrfurcht gegen den ersten Stuhl sey, so würde ich mich nicht geweigert haben, diesen Begriff von einer Huldigung anzunehmen, die dem ersten Hohenpriester der Christen eben so sehr als denjenigen, die sie ihm erwiesen hätten, zur Ehre gereichte. Allein wie läßt sich eine Unterstellung annehmen, so die Evidenz von allen Seiten bestreitet? Nicht allein findet man kein Beyspiel eines solchen Rekurses nach Rom in Sachen, wo die Bischöfe aus sich selbst glauben, dispensiren zu können, die Erzbischöfe haben auch zu verschiedenen Malen ausdrücklich erkläret, daß ihnen die Macht, von welcher hier die Rede ist,

ist, nicht zustünde; sie haben erkläret, daß sie aus der Ursache, weil sie solche nicht haben, sich nach Rom wendeten und noch wirklich dahin wenden. Ich sage, daß sie sich noch wirklich dahin wenden. Denn nicht nur seit der Epoche des Emser Kongresses, sondern auch seit dem wider den apostolischen Nuntius ergangenen Dekret hat der Kurfürst von Trier noch um die *Facultates quinquennales* für sein Augsburger Bisthum begehret [a]. Ohne aber über ein so auffallendes, ganz frisches Beispiel, welches die Sache durch die That selbst entscheidet, zu vernünfteln, was ist wohl förmlicher als die Erklärung eben dieses Prinzen in einem an den wahren Zustand eingerückten Schreiben

[a] Warum denn mehr für Augsburg als für Trier? Hat etwa in diesem Fache ein Erzbischof mehr Gewalt als ein Bischof? Hat er mehr Macht über die Gesetze der allgemeinen Kirche, über die Gültigkeit der Sakramente, ꝛc.?... Wer wird einen solchen Unzusammenhang in einem weisen, religiösen, gerechten und gottesfürchtigen Prinzen begreifen? Und dieß in einer wichtigen, dem Staate und der Kirche so angelegentlichen Sache, wie die Rechtmäßigkeit des ehlichen Bandes ist?... Traurige Lage der Fürsten, besonders jener, derer lautere und freye Seele sich keinem Mißtrauen übergeben kann, die, indem sie die Wahrheit zu hören glauben, weil sie dieselbe lieben, ohne es zu sehen, ja ohne es zu muthmaßen, Unordnungen gutheissen, die ihr Herz mit einem tiefen Schmerz verwunden würden, wenn nicht diejenigen, die ihr Wohlgefallen daran haben, und sie sich zu Nutze machen, Sorge trügen solche vor ihren Augen zu verbergen.

ben an den Herzog Albert *? Was ist förmlicher als * S.
die Erklärung Sr. Kurfürstl. Durchlaucht zu Köln in 129.
eben demselben Hirtenbriefe, in welchem Höchstdieselbe auf diese Dispensen Anspruch machen, und wo sie
nichts destoweniger ausdrücklich gestehen, daß sie sowohl als Dero Vorfahren bis hiehin nur **kraft der
Quinquennalfacultäten** dispensiret haben?
Was ist förmlicher als die Erklärungen des kölnischen **Rituals**, dieses geheiligten Codex der Ceremonien, Gebräuche, Entscheidungen, allgemeinen Meynungen dieses großen Bißthumes, dieses ehrwürdigen
Denkmals alles dessen, was bis dahin üblich war,
und dieser überaus wichtigen Richtschnur alles dessen,
was beständig geschehen und beobachtet werden muß?
Wir wollen zuerst den Titel dieses mit der Bestätigung
so vieler kölnischen Erzbischöfe bekleideten Werkes lesen
und sehen, was darinn enthalten ist, und was die
Seelsorger daraus erlernen sollen.

Agenda S. Coloniensis Ecclesiæ, hoc est, Liber pastoralis, in quo continentur, quæ in Sacramentis administrandis, aliisque ritibus sacris peragendis, ad parochorum ac sacerdotum animarum	Agenda der kölnischen Kirche, oder Pastoralbuch, enthaltend, was die Pfarrer und Seelsorger bey Verwaltung der Sakramente und sonstiger heiligen Cere-

cu-

curam habentium offici- | monien in Acht zu
um spectant; jussu & auc- | nehmen haben, mit
toritate Reverendissimi & | Zusätzen und Verbes-
Serenissimi D. D. Josephi | serungen herausge-
Clementis, &c. ad usum | geben auf Befehl des
Archidiœcesis Coloniensis | Hochwürdigsten und
recognita, aucta & emen- | Durchlauchtigst. Hrn
datius evulgata. | Joseph Clemens,
Erzbischofes zu Köln,
zum Gebrauche des
Erzstiftes Köln.

Coloniæ Agripinæ sumpt. Köln bey Servaz Nö-
Servatii Næthen, Sere- then Buchdrucker Sr. kur-
nissimi Electoris Typogra- fürstl. Durchlaucht, 1720.
phi, anno 1720.

Laßt uns nun alles aufsuchen, was die Ehedispensen betrifft und sehen, ob der Codex der kölnischen
Erzbischöfe für sie oder für den Nuntius spricht.

Tit. De impedimentis | Tit. Von den Ehe-
matrimonii, pag. 201. | hindernissen, S. 201.
„*Quoad dispensationes in* | „Was die Sippschaftsdis-
„*affinitate, sciendum est* | „spensen betrifft, so ist er-
„*primá, si in lineæ colla-* | „stens zu wissen, wenn
„*teralis gradu secunda* | „die Sippschaft im zwey-
„*aut remotiori sit affini-* | „ten oder noch weitern
„tas,

„tas, cum sit impedimen-
„tum juris ecclesiatici,
„potest dispensare S. pœ-
„nitentiaria pro foro in-
„terno; pontifex pro ex-
„terno„.

„Grade der Seitenlinie
„Statt hat, indem diese
„Hinderniß kirchlichen
„Rechtes ist, daß alsdann
„die heilige Pönitentiarie
„pro foro interno, der
„Pabst aber pro foro ex-
„terno dispensiren kann.

Tit De dispensationibus matrimonialibus, & primum ea quo hæ peti possint? p. 204.

Tit. Von den Ehedispensen, und zwar erstens bey wem man sie begehren kann? S. 204.

„Quoad impedimenta tan-
„tum impedientia, epis-
„copus dispensat jure or-
„dinario, quia hoc tribuit
„ipsi consuetudo jam re-
„cepta. Excipe votum
„perfectum castitatis per-
„petuæ & votum ingre-
„diendi religionem, quæ
„pontifex sibi expressè
„reservat extra casum
„urgentis necessitatis: ex-

„Was die bloß hindernden
„Ehehindernisse angehet,
„so kann der Bischof aus
„ordentlichem Rechte in
„selben dispensiren, weil
„ihm dieses der einmal an-
„genommene Gebrauch zu-
„schreibt, jedoch mit Aus-
„nahme des vollkommenen
„Gelübdes der ewigen
„Keuschheit, und des Ge-
„lübdes in ein Kloster zu
„cipe

„eipe etiam sponsalia ju-
„rata & simplicia. &c.„

„treten, als welche sich der
„Pabst außer dem Falle
„einer dringenden Noth
„ausdrücklich vorbehält;
„man nehme auch die ein-
„fachen Eheverlöbnisse,
„und die Eheverlöbnisse
„aus, die mit einem Eid
„sind bekräftiget worden,
„ꝛc.

Et paulo post:

Und ein wenig wei-
ter:

„Quoad impedimenta ab-
„solute dirimentia, & quæ
„dispensabilia sunt, jure
„ordinario dispensat so-
„lus pontifex „.

„Die völlig vernichtenden
„Ehehindernisse betref-
„fend, wenn sie einer Dis-
„spens empfänglich sind,
„ertheilet diese aus or-
„dentlichem Rechte nur al-
„lein der Pabst „.

ibid. pag. 205.

Ebend. S. 205.

„In mero dubio autem, an a
„matrimonio contrahendo
„quis prohibeatur impedi-
„mento dirimente, potest
„episcopus declarare non
„subesse impedimentum:

„Im bloßen Zweifel aber,
„ob jemand, der heirathen
„will, in dem Falle einer
„völlig vernichtenden Ehe-
„hinderniß sey, kann der
„Bischof erklären, daß die
„si

„*si tamen deinde compe-*
„*riatur revera adesse im-*
„*pedimentum, opus est*
„*dispensatione pontificia*„.

Ibid. ead. pag.
„*Extraordinarie & pro*
„*foro externo, in nonnul-*
„*lis impedimentis dirimen-*
„*tibus archiepiscopus Co-*
„*loniensis in vim faculta-*
„*tum sibi a pontifice com-*
„*municatarum ad quin-*
„*quennium, quo elapso*
„*Romæ renovandas illas*
„*curare debet, dispensa-*
„*re potest. Facultates au-*
„*tem prædictæ sunt hæ:*
„*1mo dispensandi in ter-*
„*tio & quarto gradu sim-*
„*plici & mixto tantum,*
„*cum pauperibus in con-*
„*trahendis: in contractis*
„*vero cum hæreticis con-*

„Hinderniß nicht vorhan‑
„den ist; findet es sich aber
„nachher, daß wirklich ei‑
„ne Hinderniß da war, so
„hat man sich der Dispens
„wegen an den Pabst zu
„wenden.„.

„Der Erzbischof zu Köln
„kann ausserordentlich und
„pro foro externo in ei‑
„nigen trennenden Hinder‑
„nissen dispensiren kraft
„der Facultäten, die
„ihm vom Pabste auf
„fünf Jahre sind mit‑
„getheilet worden,
„nach deren Verlauf
„er sie muß erneuern
„lassen. Die Facultäten
„aber sind folgende: 1. in
„noch zu schließenden Hei‑
„rathen mit den Armen
„im dritten und vierten
„einfachen und vermischten
„Grade allein, in schon
„ge‑

,, *verſis, etiam in ſecundo*
,, *ſimplici & mixto, dum-*
,, *modo nullo modo attingat*
,, *primum gradum, &c.*
,, 2do. *Diſpenſandi ſuper*
,, *impedimento publicæ ho-*
,, *neſtatis, &c.* 3tio. *Su-*
,, *per impedimento crimi-*
,, *nis &c.* 4to. *In impedi-*
,, *mento cognationis ſpiri-*
,, *tualis, præter levantem*
,, *& levatum &c.,,*

,, geſchloſſenen Ehen aber
,, mit bekehrten Ketzern
,, auch im zweyten einfa-
,, chen und vermiſchten Gra-
,, de, wenn er nur den er-
,, ſten keinesweges erreichet,
,, zu diſpenſiren. 2. Zu di-
,, ſpenſiren in der Hinder-
,, niß des öffentlichen Wohl-
,, ſtandes; 3. in jener des
,, Verbrechens; 4. in der
,, Hinderniß der geiſtlichen
,, Verwandtſchaft, jene
,, zwiſchen den Gevattern
,, und dem von ihnen geho-
,, benen Kinde ausgenom-
,, men, ꝛc.,,

Tit. Quomodo facienda ſit ſupplicatio pro diſpenſationibus in foro externo?

Tit. Wie die Bittſchrift für die Diſpenſen in foro externo müſſe aufgeſetzet werden.

1mo. Pag. 212, & ſeqq. *Præſcribuntur formulæ diverſæ juxta diverſitatem cauſarum petendi a ſumma*

1. S. 212 und folg. werden nach Verſchiedenheit der Urſachen verſchiedene Formeln die Diſpenſation
,,pon-

pontifice dispensationes ab impedimento tertii & quarti gradus simplicis & mixti.	von dem Pabste zu begehren, vorgeschrieben, und in jeder findet man das Gesuch der Dispens für den dritten und vierten einfachen und vermischten Grad ausgedruckt.
2do. Pag. 219. Tit. transitus ad formulas petendi dispensationes ab impedimento tertii & quarti gradus, ut sequitur:	2. S. 219. Wird zu den Formeln, Dispensen von den Bischöfen zu begehren, geschritten, wie folget.
„ Extra curiam (Romanam) vero, apud episcopum, seu alium, qui habet a sede apostolica facultatem dispensandi in tertio & quarto simplici & mixto gradu, &c.	„ Ausser der (römischen) Curie wendet man sich zu dem Bischofe, oder zu einem andern, welchem die Gewalt im dritten und vierten einfachen und vermischten Grade für die Armen zu dispensiren von dem apostolischen Stuhle ertheilet ist worden, ꝛc. „
Deinde additur: „ Formula supplicandi apud episcopum est eadem,	Demnächst folget: „ Die Bittschriftformel ist an den Bischof eben die „ qua

„ *qua supplicatur apud* „ selbige, wie an den Pabst,
„ *pontificem nisi mutatis* „ nur muß der Titel geän-
„ *mutandis in titulo... &* „ dert, und den Worten:
„ *ad verba:* adimplere „ ohne Dispensation
„ non possint absque di- „ nicht sch,ließen kön-
„ spensatione, *inseratur:* „ nen, folgende hinzuge-
„ *quoniam vero sciunt se-* „ setzt werden: Da sie
„ *renitatem suam electo-* „ aber wissen, daß
„ *ralem, seu ejus D. vi-* „ Seine kurfürstliche
„ *carium generalem gau-* „ Durchlaucht oder
„ *dere* SPECIALI PER „ Dero Vicarius ge-
„ SEDEM APOSTOLI- „ neralis eine Spe-
„ CAM CONCESSA FA- „ cialerlaubniß vom a-
„ CULTATE *dispensandi* „ postolischen Stuhle
„ *cum pauperibus...* in „ haben, mit den Ar-
„ *tertio & quarto gradi-* „ men im dritten und
„ *bus, supplicant humili-* „ vierten Grade zu
„ *ter,* &c.] „ dispensiren, so bit-
„ ten sie demüthigst,
„ 2c. „

Tandem ead. pag.   Endlich an eben der
           Seite.

„ *Formula litterarum di-* „ Die Formel der Dispen-
„ *spensatorialium (quando* „ sationsbriefe (wenn sol-
„ *in hac archidiœcesi ex di-* „ che kraft des obgesagten
„ *cto privilegio dispensa-* „ Privilegiums in unserm
              „ *tur*)

„tur) est fere in omnibus „ Erzstifte gegeben werden)
„eadem cum litteris curiæ „ ist fast dieselbige, wie die
„Romanæ, &c. „ „des römischen Hofes„.

Wie groß muß nicht die Bestürzung derjenigen seyn; die dergleichen lesen, und nicht wissen, bis zu welchem Grade das Zutrauen der besten Fürsten von falschen und religionslosen Höflingen gemißbraucht wird! Indessen muß man doch ihre Ungeschicklichkeit bedauern. Sie hätten, ehe sie zur Ausführung ihres Entwurfes schritten, das Verfahren der ersten Protestanten nachahmen sollen, welche, als sie die neuen Glaubenslehren einführen wollten, die Vorsicht gebrauchten, und ihr bestes thaten, um sich von allen vorherigen Denkmalen los zu machen; sie haben Agenden, Meßbücher, Pontificalbücher verbrennet [a], haben die Kirchen geplündert, die Heiligthümer angezündet,

[a] Diese Vorsicht haben neulich die angeblichen Väter des angeblichen Kirchenrathes zu Pistoia gebraucht. Der 8te Schluß befiehlt ausdrücklich, der Bischof soll ein neues Meßbuch, ein neues Ritual verfertigen, ꝛc. Allein laßt uns den guten Pfarrern keine Schuld in solchen Sachen geben, woran sie keinen andern Antheil haben, als daß sie blödsinnig darinn gewilliget haben. Man weiß, daß diese angeblichen Acte des Conciliabulums sind zu Paris von schwärmerischen Mönchen verfertiget und von da nach Pistoia geschickt worden, wo sie die Zeitangabe und die Unterschriften erhalten haben. Die Fratze von Pistoia hängt mit dem Coinischen und nichts destoweniger äusserst übermüthigen Emsercongreß ganz

bet, die Bildsäulen gestümmelt, die Gemälde zerrissen, die Gefäße geschmolzen, ꝛc.; dieses stumme aber handgreifliche und nachdrückliche Bekenntniß einmal zerstöret, war es ihnen ein leichtes, die alte Lehre zu verbannen. Aus eben dieser Politik hätten die Salzburger, Mainzer, Trierische und Kölnische Höflinge alle Sakristien, Vikariate, Secretariate und Officialate dicht durchmustern, und so viel möglich alles das verheeren sollen, was ihr neues Sistem verbainmet. In Ermangelung dessen blieben unzählige Zeugen übrig, die, ehe sie auf die Seite gebracht werden konnten, wider die Neuerer das Wort geführt haben. Aber ach! indem ich die Beweise verschwende; überfalle ich mich selbst, ich überfalle alle Freunde des öffentlichen Anstandes, der Reinigkeit und Heiligkeit christlicher Sitten mit einer völlig niederschlagenden Evidenz. Denn es ist hier nicht um eine speculative Wahrheit, es ist um die Gültigkeit der Ehe zu thun, es ist zu thun um die Rechtmäßigkeit des ehelichen Bandes, des Eltern=Standes, des Standes der Kinder.... Haben die vier Erzbischöfe Unrecht, wie sie gewiß, und nach ihrem eigenen Geständnisse, einem Geständnisse,

das

ganz genau zusammen; ein mit den römischen Dichtern sehr bekannter Theolog, nennet sie:

Ætnæos fratres, cælo capita alta ferentes; concilium horrendum. III. Æneid. v. 678.

das schon zweyhundert Jahre lang währet, Unrecht haben, so sind alle dem neuen Sistem gemäß geschlossenen Ehen, Entheiligungen der Sakramente, Blutschanden, Beischläfe, und die daraus gezogenen Kinder uneheliche Kinder.... Darf man sich also wundern, daß der Kurfürst von der Pfalz die Fortschritte dieses Uebels gehemmet, und allen Gebrauch der neuen Erzbischöflichen Dispensen unter harter Strafe durch ein scharfes Edikt verboten hat [a]?... Darf man sich wundern, daß der Nuntius zu Köln, der von dem Oberhaupte der Kirche den Auftrag hat auf die Erhaltung der allgemeinen Kirchensatzungen und der alten Disciplin zu wachen, in einer so wichtigen Materie wider eine Neuerung, deren Folgen so erschrecklich sind, endlich protestiret, daß er endlich, nachdem ihm alle Mittel seine Stimme vernehmen zu lassen benommen waren, die Erzbischöfe, Vikariate und Pfarrer durch ein

[a] Hier ist die treue Uebersetzung dieses Ediktes.
Wir Karl Theodor, ꝛc. „Demnach Wir vermöge von Unserer Kurpfälzischen Regierung erstatteten Berichts, und aus den hiebeigehenden Anlagen, vernommen haben, daß das bischöfliche Vicariat zu Worms, zufolge seines gefaßten Entschlusses, von dem römischen Hofe die Facultates quinquennales nicht mehr zu begehren, sondern in den darinn enthaltenen Fällen die nachgesuchten Dispensen aus

„aus eigener Macht zu ertheilen, sich er-
„kühnet hat den Pfarrern und der Geist-
„lichkeit der Kurpfalz, ohne Vorwissen
„und Bewilligung des Landesherrn dahin
„abzielende Verordnungen einzuschärfen,
„nicht allein mit dem Verbothe das Um-
„laufsschreiben des apostolischen Nuntius,
„welches die den päbstlichen Reservaten zu-
„widerlaufende Einräumungen für null
„und nichtig erkläret, anzunehmen, son-
„dern auch mit Befehl solches auf der Stel-
„le zurückzuschicken. Wie nun dergleichen
„Unternehmen, ohne das *Placet* des Landes-
„herrn weder den bischöflichen noch erzbi-
„schöflichen Verordnungen zustehet, und
„man die daraus erfolgenden Trennungen
„und Gewissensunruhen nicht gleichgültig
„ansehen kann, so wird unsere Regierung,
„die diesen Bericht abgestattet hat, befeh-
„liget, nicht nur in gegenwärtigem Falle
„allen Dechanten und Pfarrern unserer
„kurpfälzischen Landen, unter Strafe der
„Sequestration und Confiscation ihrer Gü-
„ter, zu bedeuten, ohne den mindesten Auf-
„schub die Verordnungen, die Ihnen in vor-
„besagter Sache von Seiten der Erzbischö-
„fe oder Bischöfe zugekommen, zurückzu-
„schicken; sondern auch den bereits ertheil-
„ten Befehl, daß sie, in Ermangelung des
„kurfürstlichen Placet, von den Vicaria-
„ten weder Hirtenbriefe annehmen, noch
„solche beachten sollen, auf das nachdrück-
„lichste zu erneuern. Und da der Pfarrer
„von Aemsbach, statt dieser Verordnung
„nachzukommen, dieselbe übertreten hat,
„so ist derselbe zu citiren, um ihm einen
„derben Verweis zu geben, und seine Ein-
„künfte sollen bis auf fernern gnädigsten
„Befehl sequestriret werden„. Manheim,
den 6ten Merz 1787.

ein Kreisschreiben gemahnet hat [a]?.. Darf man sich wundern, daß die meisten Pfarrer der drey Kurfürstenthümer, selbst diejenigen, die auf Befehl der Vikariate das encyclische Schreiben des Nuntius zurückgeschicket, öffentlich betheuret haben, lieber ihre Pfarren zu verlassen, als ihren Segen solchen Leuten zu geben, die sich nach den angeblichen Kanonen der Emser Weinstube vermählet hätten?

Ich habe die nicht als Schwätzer behandelt, welche bey Auslegung der Stelle des h. Paulus, *Posuit vos episcopos, &c.* glaubten, daß sie von den Bischöfen könnte verstanden werden, wohl aber diejenigen, die mit Hülfe dieser Auslegung dem Nachfolger Petri die Bischöfe auf die Seite setzen, und ihnen schlechterdings ohne Abhängigkeit von dem ersten und allgemeinen Hirten der Kirche das Regiment derselben übergeben wollten. Dieß ist, was die Unwissenheit geschwätzet hat; der ganze Inhalt von dem, was ich hierüber in dem wahren Zustande gesagt ha-

[a] Man kann es nicht genug wiederholen, der Nuntius hat die Pfarrer nicht eher gesprochen, als nachdem er es umsonst versucht hatte, die Erzbischöfe zu sprechen. Seine Person wurde nicht angenommen, seine Briefe zurückgeschickt: was war zu thun? *Extremis malis, extrema remedia.* sieh den wahren Zustand, S. 26. — Die Noten über den Hirtenbrief, S. 174. — Die Note über das Rescript des Reichshofraths, S. 184.

be [a], zeiget offenbar, von was für Schwätzern ich redete. — Was die Erklärung des Wortes *episcopos* betrifft, so ist es wahr, daß es einige Schriftausleger durch das Wort Bischöfe gegeben haben; allein der Context schleußt diese Erklärung augenscheinlich aus; indem der heilige Paulus die *majores natu*

von

---

[a] Einer aus den Demosthenen, von denen Bonn wimmelt, hat gesagt, der Verfasser des wahren Zustandes habe französisch geschrieben, um den Damen Zeitvertreib zu machen. Er setzet hinzu, daß Ihm, wenn er deutsch geschrieben hätte, die Männer würden geantwortet haben. Es sind also nur die Damen, die zu Bonn Französisch wissen, die Männer wissen nichts als Deutsch. So geht es, wenn man bey vielen Zotten, die man zu sagen gesinnet ist, so weit kömmt, daß man deren auch verschiedene saget, an die man nicht dachte! ... Die französische Sprache ist etwas bekannter, als die deutsche; sie ist in keiner Gegend von Europa fremd. Jeder Deutsche, der nur in etwa weiter sieht, als der abgeschmackte Possenreisser zu Bonn, kennet dieselbe. Die deutsche Sprache aber ist nirgend im Schwunge, wird nirgend verstanden, als nur in Deutschland. ... Warum sollten die theologischen Materien keine Sache für die Damen seyn, seit dem die unwissendesten Schmierer mit einer entzückenden Genügsamkeit darüber sprechen? Würden jene etwa schiefer davon reden als diese? ... Zu dem ist der wahre Zustand wirklich ins Deutsche übersetzt und läuft in vielen Provinzen Deutschlands herum; unser kleine gelehrte Tento kann sich also desselben bemächtigen, und zu dessen Widerlegung seine ganze wissenschaftliche Substanz anwenden. Wir erwarten ihn, und werden ihn höflich genug empfangen, um überzeugt zu werden, daß Mittel Recht zu haben sey nicht, daß man mit Zetergeschrey den Anfang mache.

von Ephesus (Πρεσβυτερυσ) nach Milet kommen ließ, die gewiß keine Bischöfe waren, und wären es auch einige unter Ihnen gewesen, so ist es doch immer wahr, daß die mehresten Priester waren, und daß der heil. Paulus die ganze Versammlung anredete. — Was die Anwendung betrifft, so der Trientische Kirchenrath von diese Stelle auf die Bischöfe machet, habe ich die Meinung und Absicht der Väter in meinen Noten über den Hirtenbrief des Kurfürsten von Köln gezeiget. Die ganze Beschwerniß verschwindet, sobald man weiß, daß der Name *episcopus*, Επισκοπος (inspector, custos) in den ersten Zeiten öfters den Pristern und Bischöfen ohne Unterschied gegeben wurde. Hierin sieht man ein anderes augenscheinliches Beispiel in dem Sendschreiben an die Philippier. *Paulus & Timotheus, servi Jesu Christi, omnibus Sanctis in Christo Jesu, qui sunt Philippis, cum episcopis & diaconibus.* Weswegen sollten die Priester in diesem Gruße ausgelassen seyn? Und warum sollte die Stadt Philippi mehrere Bischöfe gehabt haben? Lasset uns den heil. Chrysostomus hören, diesen in der buchstäblichen Auslegung der heiligen Schrift vor allen anderen höchst bewanderten Mann: *Quid hoc sibi vult? Tunc unius civitatis plures erant episcopi? Nequaquam; sed hoc titulo designat presbyteros, tunc enim temporis adhuc vocabulum erat commune.* — „Die

Phil. I. 1.

Comment in Epist. ad Phil.

„Bischöfe in diesem Verse (sagt D. Calmet, in
„seinem Commentaire über die Apostelgeschichte,
„K. 20, v. 28.) sind dieselbigen als die Priester
„im 17ten Vers. Obgleich die Verrichtungen der
„Priester und Bischöfe immer sehr verschieden gewe-
„sen sind, so wurden doch in alten Zeiten ihre Na-
„men ziemlich oft mit einander verwechselt.„

Als ich von dem unglücklichen Abfalle
des Truchses (wie ihn S. Kurfürstl. Durchlaucht
nennet) redete und sagte, was schon geschehen
wäre, könne noch einmal geschehen, habe ich
von dem kurzen Zeitraume gesprochen, der die Regierung dieses oder jenes besondern Fürsten abmießt.
Denn ich setzte hinzu, das Gegenwärtige sey
ein wenig sicherer Bürge für das Zukünftige, und erklärte dadurch deutlich genug, daß uns
der itzt regierende Herr durch seine Weisheit und seine Katholicität wider alle Furcht von Heterodoxie und
von Spaltung sicherte. Man weiß, daß ihm diese
unschätzbare Erbschaft von Religion, von Weisheit
und Tugend nach der ganzen Ausdehnung zu Theil
geworden ist, nach welcher diese theuere Gaben in dem
Durchlauchtigsten Hause Oesterreich von Rudolph von
Habsburg Zeiten an bis auf Maria Theresia [a] ge-
glän-

[a] Dieser, ehedem so theuere, itzt leider schon vergesse-
ne, ja gar durchgezogene, getadelte Name, erinnert mich
an

glänzet haben, man weiß, daß dieser letzte Sproß dieses Durchlauchtigsten Stammes in die Seele dieses vielgeliebten Sohnes nebst einer lebhaften und aufgeklärten Frömmigkeit auch Gesinnungen von Redlichkeit, Freimüthigkeit und Großmuth eingeprägt hat, so die ganze Kunst der arglistigsten Höflinge Mühe haben wird zu verfälschen [a]; aber ist es der Charakter der

re-

an jene schöne Strophe eines vortreflichen Liederdichters, wo die Seelen dieser großen Königinn mit einer Wahrheit geschildert wird, von der ich wohl zu sehen wünschete, daß sie sich in jedem ihrer zahlreichen Nachkommenschaft behauptete:

Nunc vnus extat fœmina surculus,
Sed cujus alto in pectore Cæsarum
  Umbræ triumphales, & omnis
  Austria vivit adhuc superstes.

Die Philosophen, die Staatsklügler, die Febronier und die Emser werfen Ihr ihr Christenthum, ihre Katholicität, ihre Ergebenheit gegen das Haupt der Kirche, ihre Gottseligkeit und ihre guten Werke vor. Und die Rechtgläubigen finden (ich weiß nicht durch welch fatale Antilogie) in Ihr eine Schwäche, einen Unzusammenhang, eine der Gleichgültigkeit nahekommende Gelindigkeit, eine von dem Unbestand wenig verschiedene Nachgiebigkeit, die die Vorbereitung zu manchen Sachen waren, welche sie zeitlebens nicht hätte sehen wollen, die aber schon entworfen waren, ehe sie noch auf der Welt gewesen. Beweinenswürdiges Schicksal der Fürsten, nie das vollkommen zu seyn, was sie zu seyn am meisten wünschen?

[a] Nichts ist so abstechend, als der Charakter des Prinzen gegen den Charakter derjenigen, die von seinem Zutrauen und seinem Schutze Misbrauch machen. Täglich

Tom-

regierenden Fürsten, und nicht vielmehr die Nacheinanderfolge der Regierungen, nach welcher der wahre
Freund

kommen aus den Bönnischen Pressen bald Plattitüden, bald sonstige Greuele wider den Pabst, die Nuntien, die katholischen Schriftsteller ꝛc. hervor. Die Mönche und andere Pedanten der neuen hohen Schule, glauben durch dergleichen Ausschweifungen dem Prinzen ihre Cour zu machen; allein er verachtet ihre Feigheit, und verwirft ihre brutalen Schmähschriften. Es ist noch nicht lange, als dem Kurfürsten eine solche Mönchsrapsodie überreicht wurde, das ist zu verbittert, sagte Maximilian, zu heftig, das taugt nicht. Es fand sich nichts destoweniger bey seinem Hofe ein in Ansehen stehender Curtisan von feinem und zartem Geschmack, der das schöne Ding austheilen ließ. —— Die Anhänglichkeit des Prinzen an den päbstlichen Stuhl ist jederman bekannt, mit Vergnügen erzählte er dem Herrn Bellisomi, daß ihn der Pabst, als dieser zu Wien war, seinen Sohn nennete, und setzte hinzu, er sey von dessen väterlichen Wohlgewogenheit überzeugt. — Ferner ist bekannt, daß er, als er sich zu Köln in einigen Versammlungen mit dem Nuntius Pacca fand, weit gefehlt ihn als einen Miethling, als einen Aufwiegeler, einen Unwissenden ꝛc. zu behandeln, demselben vielmehr mit aller Ihm gebührenden Ehre und Achtung begegnete. — Es ist endlich bekannt, daß der Fürst allen den Neuerungen sehr abhold ist, die ehrgeizige und schwärmerische Leute in die Lehre und Gebräuche der katholischen Kirche einzuführen suchen. Se. Kurfürstl. Durchlaucht haben sich in der bey Eröffnung der Bönnischen hohen Schule gehaltenen Rede deutlich und nachdrücklich hierüber erkläret. Eine Rede, die gedrucket, und worinn die Stelle, von welcher hier die Rede, zu latein gegeben worden ist, und also lautet: „Vos quibus
„ divinæ tanti ponderis scientiæ creditæ sunt, nul-
„ li parcetis labori, ut aptos theologos, non so-
„ phistas

Freund des Staates und der Kirche seine Weise richtet die Begebenheiten vorzusehen und zu beurtheilen? Was ist die Regierung von Maximilian Franz, wäre sie auch so lange als es seine treuen Unterthanen wünschen? Was ist diese Regierung in Betracht so vieler verflossenen und noch zukünftigen Jahrhunderte, wo die auffallendesten Contraste ein Gemälde von Kenntnissen und Tugend gegen eines von Thorheiten und Scheusalen bilden, und dieß zwar mit einer Abwechselung, die eben so trübselig für diejenigen ist, welche nach einem dauerhaften Gute in dieser Welt trachten, als sie für andere lehrreich und tröstlich ist, die von der Veränderlichkeit der menschlichen Dinge überzeugt ihre Hoffnungen nicht weiter ausdehnen, als es die Natur des Aufenthaltes leidet, wo uns der Ewige auf eine sehr kurze Frist hingesetzet hat.

Und um zu dem Faden, den uns die Geschichte darbeut, zurück zu kommen, und nur der Lehre der Thaten zu folgen, kann es uns unbewußt seyn, daß in weniger als einem halben Jahrhunderte in dem einzigen Erzstifte Köln zween abtrünnige, ketzerische

„ phistas sed rite cogitantes, non NOVATURIEN-
„ TES sed fideles, non ADULATORES sed CON-
„ VICTOS, non persecutores sed instructores, non
„ SUPERBOS, sed mites, non desides sed assiduos
„ & actuoso proximorum amore animatos ecclesia-
„ sticos efformetis „.

rische und schismatische Erzbischöfe waren? Herman von Weyden [a] und Gebhard Truchses, der eine aus Dumm- und Unwissenheit, der andere aus Trieb einer schändlichen Leidenschaft? Was soll man von den Bischöfen und Metropoliten der anderen Gegenden Deutschlandes, Schwedens, Dänemarks, Englands u. s. w. sagen?.... Laßt uns so betrübte Epochen aus dem Gedächtnisse der Katholiken auswischen, und machen, daß sie aus den Jahrbüchern Deutschlandes und des römischen Glaubens verschwinden, erfüllen wir so viel an uns liegt, den Wunsch eines Alten:

Ex-

[a] Dieser Herman von Weyden bringt mich auf den Zweifel, ob die kölnische Nuntiatur von dem Abfalle des Truchses datirt werden soll, wenn gleich der Pabst in seiner an den Herrn Bellisomi bei dessen Abreise nacher Köln gehaltenen Rede hierin mit dem Kurfürstlichen Hirtenbrief übereinstimmet. Der Nuntius Poggio, der nachher Kardinal geworden ist, lief bei dem ersten Lärme von der Gefahr, womit die Kirche zu Köln durch den Abfall des Erzbischofes Herman, 30 Jahre vor dem Abfalle des Truchses bedrohet war, herbei, und ließ einen gelehrten und eifrigen Theologen von Mainz kommen, der ihm helfen sollte die alte Religion unterstützen. Dem berühmten Joan Gropper, dem Peter Canisius und anderen katholischen Doctoren unterstützet durch die Gegenwart und den Schutz des Nuntius gelang es die lutherischen Wortdiener, die der Kurfürst hatte kommen lassen, zu beschämen und zu entfernen. Es kann jedoch seyn, daß uneracht man dem Nuntius die Erhaltung des katholischen Glaubens in dem Kurfürstenthum Köln zu verdanken hat, die Nuntiatur dennoch erst seit dem Abfalle des Truchses auf einen festen und dauerhaften Fuß gestellt worden ist.

Excidat illa dies aevo, nec postera credant Saecula. Nos certe taceamus, & obruta multa Nocte tegi noſtrae patiamur crimina gentis.

<small>Stat. in Theb</small>

Aber indem wir den Abgrund eröffnen, um die vergangenen Unglücke darin zu verbergen, wo werden wir den Bürg für die Zukunft finden? Was ſchon geweſen iſt, kann das nicht noch ſeyn? Und zu dieſen Zeiten einer fatalen Veränderlichkeit, wo ſich der Reiz der Neuerungen über alle Gegenſtände hergiebt; wo die Habſucht, der Eigennutz, der Ehrgeiz ſich nicht ſchämen die Sophiſterey und die Unwiſſenheit in Sold zu nehmen, um ſich die Pforten des Heiligthums zu eröffnen; wo die Kanonen, die Kirchengebräuche, die Liturgie, die Diſciplin, die Glaubenslehre ſelbſt ſich in einem unruhevollen Zuſtande der Unentſcheidung befindet: in dieſer erſchrecklichen den vorhergehenden Jahrhunderten unbekannten Kriſis, wo das ganze katholiſche Weſen einer allgemeinen unbeſtimmten Gefahr ſich ausgeſetzt ſieht, wo eine hochmüthige und mächtige Philoſophie die Gottloſigkeit im Triumphe führet, und ſich mit der Heuchley einer Sekte verbindet, die unter der Larve von Strenge und von Verbeſſerung mehr Trümmer aufhäufet als eine erklärte Bosheit, was ſoll man bey ſolchen Umſtänden nicht fürchten? Was ſoll man nicht vorſehen? Und ſollte es möglich ſeyn, daß ich zuviel geſagt hätte, da ich

ſag=

ſagte, daß, was ſchon geſchehen iſt, noch einmal geſchehen könne?

Wenn das deutſche Original des Hirtenbriefes Citationen enthält, die ſich in der franzöſiſchen Ueberſetzung nicht finden, ſo ſind ſie für das ganze Europa unnützlich, welches dieſen Hirtenbrief nur in den Zeitungen geleſen hat, wo die Citationen nicht ſtanden. Die bönniſchen Miniſter, die den Hirtenbrief durch Hülfe der Zeitungen umlaufen ließen, müſſen dieſe Citationen für unnüz oder für falſch und ſchief gehalten haben, weil ſie ſelbe haben ausgeſtrichen oder ausſtreichen laſſen. Sie ſind den kölniſchen Unterthanen ſelbſt unnütz, weil den Seelſorgern verboten wurde den Hirtenbrief kund zu machen, und ihre Pfarrkinder davon zu benachrichtigen [a]. Thatſache iſt es, daß dieſe nur obenhin am Ende der Seiten angezeigten Citationen

---

[a] Laſſen wir auch hier der Gelaſſenheit und Beſcheidenheit des Kurfürſten Gerechtigkeit wiederfahren. Ohne das Wahre und Falſche alles deſſen, was die Verfaſſer über dieſe Ihnen vollends unbekannte Materie geſchmieret haben, abſondern zu können (und wo iſt der Fürſt, der ſich einer ſolchen Prüfung unterziehen kann), merkte er, daß ſie die Sprache der Leidenſchaft darin führten, und fürchtete ſein Volk zu ärgern, oder es wider das Haupt der Kirche und ſeine Abgeordneten einzunehmen... Ich wußte dieſen Umſtand nicht, als ich ſagte, daß der Hirtenbrief von der Kanzel ſey abgeleſen worden. Da der Faſtenunterricht immer und überall ſo ab-
ge-

nen jenen vollkommen gleichen, die wir untersuchet haben; — jener wo man auf den 209ten Brief des heil. Augustinus zurückweiset, der nicht ein Wort von dem enthält, was man uns darin zeigen wollte; — Jener die den Prätertat eine Dispens ertheilen läßt, die er nie eingestehen durfte, und von der Ihn der König vorwarf, daß er sie ohne Macht dazu und wider die Kanonen ertheilet habe, und unerachtet deren, wie die gelehrten und einsichtsvollen Verfasser der *Histoire de l'Eglise Gallicane* sagen, Meroveus nicht allein von seiner angeblichen Frau geschieden, sondern auch geschoren, zum Priester geweihen und in ein Kloster ist eingeschränkt worden; — jener die uns auf den 110ten Brief des Theodoret zurückweiset, der uns über diese Materie nichts lehret, weil er so wenig von der Macht in den allgemeinen Gesetzen der Kirche zu dispensiren spricht, daß er im Gegentheile behauptet, das Gesetz keinen bigamus (einer der zwo Frauen gehabt hat) zu weihen existire in dieser Gegend nicht, sondern der entgegengesetzte Gebrauch sey daselbst eingeführt; — jener wo man überreden will, der heil. Athanas habe in zweyen allgemeinen Kirchengesetzen dispensiret, ob er gleich nichts that als in einem dringenden Falle, in

ei=

gelesen wird, so durfte ich diese Ausnahme nicht vermuthen. Mein Gegner wird in dieser Bemerkung meine Antwort auf seine fünfte Einwendung finden.

einer äußersten Noth erklären, daß das Gesetz nicht verbände (um sich dessen zu versichern darf man nur den 67ten Brief des in dem Hirtenbriefe angeführten Sinesius lesen); — jener wo man ohne den geringsten Schein von Ursache auf das 18. Kap. *de Reform.* der XXV. Sitzung des Trientischen Kirchenrathes zurückweißt, um zu beweisen, daß dieser Kirchenrath dem päbstlichen Stuhle die Ehedispensen nicht vorbehalten hat; da doch dieses Kapitel dem alten Zustande der Sachen nichts benimmt, und ihm die versammelten Väter, wie wir (wahrer Zustand, Seite 3. und 142.) gesagt haben, eine neue Bestätigung gegeben haben; — jener Seite 5, wo der Verfasser, indem er das *corpus juris canonici* citiret, selbst in seiner Art zu citiren eine Unwissenheit zeiget, so auch die in diesem Fache erfahrensten Männer irre machet; jener, welche die Untreue der Verfasser augenscheinlich darthut, da sie sich auf das 2te Kap. *de Reform.* der XIV. Sitzung des Trientischen Conciliums berufen, um zu beweisen, daß der Nuntius in dem Erzstifte Köln keine Gerichtsbarkeit ausüben darf, weil sich dem Concilium gemäß ein Bischof *in partibus* in kein anderes Bißthum einmischen soll: gleichsam als hätte Herr Pacca irgend einen Act von Nuntiatur in der Eigenschaft eines Erzbischofes von Damiette, oder in jeder andern Eigenschaft als jener eines Gesandten des päbstlichen

Stuh-

Stuhles ausgeübet! oder alswenn er der Kurfürst, zum Beispiel, weil er Herr zu Odenkirchen ist, kein Dekret ergehen laſſen könnte, was ſich auf ſein Kurfürstenthum bezöge! — jener wo man ſich mit einem Ton, der nur Unwiſſende hintergehen kann, auf die Eölniſchen Concilien ſtemmet, die nichts dergleichen ſagen, was man ſie ſagen heißt (a); — jener, wo man

zu

[a] Wer ſollte es glauben, daß in der angezeigten Stelle nur allein von ſolchen die Rede iſt, welche die Biſchöfe oder Pfarrer durch falſche Diſpenſen betriegen, die ſie vorgeben von Rom erhalten zu haben? Das Concilium befiehlt zu unterſuchen, ob dergleichen Diſpenſen ächt ſind (und dieß ſetzet die Rechtmäßig- und Nothwendigkeit derſelben zum voraus). Hier ſind ſeine Worte: *Ad impediendam fraudem, & malitiam eorum, qui vel aſſerunt & fingunt, ſe auctoritate apoſtolica, & legatorum ejus, obtinuiſſe certas diſpenſationes, quas non impetrarunt, aut qui nequitiam ſuam velant ſub prætextu diſpenſationum, quas ſubreptitie, & per allegationem falſarum cauſarum impetrarunt, aut illis abutuntur ad alios fines, &c. Etſi etiam cauſſæ juri innixæ bullis obtentis interſerantur, tales tamen petunt ſibi dari, atque impetrant earum examinatores & judices, ſummo pontifici, legatis, nuntiis, & diſpenſatoribus ignotos, qui neque cauſſas allegatas examinent, nec partibus legitime vocatis de earum veritate inquirant, ſed ſimpliciter eorum libidini patrocinentur; aut ſi etiam dantur judices incorrupti & probitatem amantes, iis bullas ſuas non exhibent cognoſcendas, & nihilominus ſecum diſpenſatum eſſe jactant, utunturque diſpenſationibus obtentis haud aliter, quam ſi cauſſas illas legitime verificaſſent.*

Die

zu Gunsten der antipäbstlichen Anmassungen in dem Schreiben des H. Pabstes Cölestinus an das Ephesische Concilium vollständige Beweise zu finden glaubet, da doch diejenigen, die es mit Aufmerksamkeit gelesen, von alle dem nichts darin gefunden haben, was man uns daraus vorschwätzen will, ꝛc. ꝛc. ꝛc. ꝛc.

So vielen exotischen, unbestimmten, falschen, nicht beweisenden, erdichteten Citationen, sind wir wohl berechtiget, die unwidersprechlichen und wahrhaft merkwürdigen Citationen entgegen zu setzen, die man sowohl im wahren Zustande, als auch in den Noten über den Hirtenbrief und über das Rescript des Reichshofrathes findet. Ein Concilium zu
Tours,

Diese Unordnungen zu vermitteln wurde allen denen, welche vom päbstlichen Stuhle, oder von dessen Nuntien, Dispensen oder Bullen erhielten, damit man sehen könnte, ob sie solche wirklich erhalten hätten, befohlen: *Ut tales ordinario exhibeant examinandas num rite impetraverint, ac recte impetratis utantur.* . . . Sieh da, was die Zusammenträger des Hirtenbriefes dem Ansehen des päbstlichen Stuhles und dem Nuntius entgegensetzen, nemlich das förmlichste Geständniß des Conciliums zu Köln, und die offenbare Huldigung, so es eben diesem Ansehen leistet! Ich überlasse es dem Publikum diese Art es zu hintergehen, und zugleich den guten Glauben eines gerechten und weisen Fürsten zu mißbrauchen, welcher, da es ihm unmöglich ist, alles durch sich zu thun, nothwendiger Weise im Falle ist, vieles durch andere zu verrichten, nach ihrem wahren Werthe zu beurtheilen.

Tours, ein Concilium zu Toulouse, ein Concilium zu Narbonne; die Acten der Trientischen Kirchenversammlung; die beständige und einmüthige Uebereinstimmung der Erzbischöfe; das deutliche, bestimmte und nachdrückliche Schreiben des Kurfürsten zu Trier; sein unlängst gethanes Anhalten um die Quinquennalfacultäten; das wirklich bestehende, der kölnischen Diöces zum Gesetze und zur Richtschnur dienende Ritual: alles dieses ist wohl eines unauflöslichen Chaos von Citationen werth, die jeden umsonst ermüden würden, der, weil er den Betrug nicht vermuthet, den guten Willen oder das Herz haben würde sie prüfen zu wollen. — So eben falle ich noch auf eine eklatante Geschichte, die Fleury, L. 57, n. 55 und 57 anführet. Es ist die Geschichte mit Robert dem Sohne Hugo Capetus, dessen Heirath mit seiner Base Bertha für null und nichtig erkläret wurde. Im Jahre 998 machte das Concilium zu Rom unter dem Vorsitz Gregors V und in Beyseyn des Kaisers Otto III folgende Vorschrift: Der König Robert soll seine Verwandtinn verlassen und bey Bannstrafe 7 Jahre lang Buße thun. Archembauld, Erzbischof zu Tours, der Ihnen den ehelichen Segen gegeben, und alle Bischöfe, die demselben beigewohnet hatten, wurden so lange von dem Genusse des H. Abendmals abgehalten, bis dahin sie kämen und dem päblichen Stuhle Genugthuung leisteten.

ten. Der König Robert behielt Bertha noch zwey oder drey Jahre, blieb aber im Banne und die Censur wurde genau beobachtet, bis er im Jahre 1001 dieser schändlichen Vereinigung entsagte. Der Präsident Henault erzählet diese Sache auf eben dieselbe Art. Will man eine Thatsache von noch ältern Zeiten, so beliebe man den von van Espen in dieser Materie nur gezogenen Christian Lupus nachzuschlagen; er führet eine Begebenheit an, die sich zur Zeit des H. Bonifacius Apostel der Deutschen zugetragen hat, der im Jahre 755 in Friesland gemartert worden. *Francus quidam*, sagt er, *Roma redux dispensationem sibi datam asseverans à Gregorio III, ac ejus uxore prætendens inire matrimonium, gravissime scandalizavit omnem Galliam, & a nostro Apostolo Bonifacio, credere id recusante, Consultus Zacharias Pontifex respondit: Absit ut prædecessor noster hoc ita credatur præcepisse.* Da haben wir ein Beispiel von viel ältern Zeiten als jene sind, die man die Zeiten der Unwissenheit zu nennen beliebet, und aus welchen unsere unwissenden Stutzer die Epoche der Herabwürdigung aller Kirchendisciplin machen wollen. Man sieht, daß es den Bischöfen jener entfernten Zeiten nicht einfiel das Recht zu haben, solche Dispensen zu ertheilen, und daß die Päbste selbst glaubten den Kirchensatzungen in diesem Stücke keinen Abbruch thun zu

müs-

müssen. — Eine andere wichtige und feierlich bestätigte Thatsache ist jene, so die Ehe zwischen Otto dem IV und der Beatrix, Philipps Herzogen von Schwaben Tochter, betrifft, wegen welcher das ganze Reich beim Pabste Innocenz III um Dispensation anhielt. Es wurde dieserhalb im Jahre 1209 ein Concilium zu Wirzburg gehalten, welchem, nebst einer großen Anzahl Bischöfe, auch die Erzbischöfe von Mainz, Trier, Köln und Salzburg beiwohnten. Man kann so gar dieses Concilium, in Betrachtung der vielen Fürsten, die sich da versammelt hatten, als einen allgemeinen Reichstag ansehen. Die Kardinäle Hugo, Bischof zu Ostia, und Leo, Bischof von Sabinien, beide Legaten des Pabstes standen dieser Versammlung vor. Lupus, den wir bereits angeführet haben, druckt sich über diese berühmte Sache folgender Maßen aus: *Ottonis IV & Philippi pro Germanico imperio horrenda Bella quis ignorat? Post Philippi cædem lucidum erat Ottonis jus: verum Philippi filia obviabat. Hinc omnibus pacificandis Ottonis cum ista filia conjugium convenire censuerunt imperii proceres & episcopi, quin & ipsi Sedis apostolicæ legati; sed & obstabat quintus consanguinitatis gradus. Hinc tandem ad totius imperialis cleri & populi preces dispensavit laudatus Pontifex* (a). Man findet die Akten dieses

[a] Van Espen und vor diesem Lupus bemerken, daß Innocenz

Conciliums in dem III Bande *Conciliorum Germaniæ*, Kölnischer Auflage 1760, S. 491; Das Schreiben, in welchem die Geistlichkeit und das Volk von Deutschland um die Dispensation anhielten, fehlet; das Concilium aber ward von dem päbstlichen Gesandten Hugo eröffnet, der sie an die Ursach ihrer Zusammenkunft erinnert und zugleich den Kaiser bevollmächtiget die mit Beatrix vorgehabte Ehe zu schließen. Da haben wir also im deutschen Reiche ein sehr feierliches Beispiel des ausschließenden päbstlichen Rechtes in dieser Materie; ein ganz deutliches Geständniß der gesammten Bischöfe. Denn, wenn die Bischöfe geglaubt hätten, *ex plenitudine auctoritatis apostolicæ* selbst die Macht zu haben, die so sehr verlangte Dispens zu ertheilen, so würden sie sich nicht zum römischen Stuhle gewendet haben... Laß uns die Bönnischen, Münsterschen, Coblenzer, Mainzer und Salzburger Leute zu Gunsten ihrer Neuerungen solche Thatsachen vorlegen, so werden wir in keiner Verlegenheit seyn, die Aechtheit ihrer Citationen zu untersuchen.

Doch wir wollen uns nicht ferner bei der Unverschämtheit zweer Filzkerl aufhalten, die wider den of-

cenz III. einer der ersten Päbste ist, die in diesem Artikel nachgelassen haben. Eine Anmerkung, die schon allein beweiset, wie weit die damaligen Bischöfe entfernet waren, sich diese Gewalt anzumaßen, und wie falsch es sey, wenn man sagt, daß sie selbe ausgeübt haben.

fenbarsten Willen des Durchlauchtigsten Erzbischofes die Früchten der Unwissenheit und des Trotzes, eine Menge unverdienter Schimpfwörter mit aller Art Verfälschungen auf eine so unanständige Weise vereiniget haben. Sie sind in ganz Münster bekannt und verachtet. Der Unwille des Fürsten erfolgte bald auf einen solchen Mißbrauch seines Zutrauens, und man kann versichern, daß nie ihre in Galle und Koth eingetauchte Feder mehr dienen wird Stücke zusammen zu tragen, die mit einem so ehrwürdigen Namen gezieret sind.

„Die Uebel, die uns von Seiten der
„Neuerer, oder der weltlichen Gerich-
„te zustoßen, sind es nicht, die uns am
„meisten betrüben: so lange sich die Ober-
„hirten durch einerlei Sprache, durch ei-
„nerlei Denkungs- und Verhaltungsart
„vereiniget halten; mag die Hölle nur to-
„ben, ihre Pforten werden nicht überwälti-
„gen, der Irrthum wird vernichtet wer-
„den und die Wahrheit triumphiren. Aber
„die Hiebe, die uns versetzet werden von
„unsern Mitbrüdern selbst, von de-
„nen, die Theil an der Sorgfalt über die
„Erbschaft des Herrn haben, die die Hin-
„ter-

„ terlage des Glaubens, das Lehramt der
„ Wahrheit, die Erhaltung der Kirchen-
„ zucht und der kirchlichen Hierarchie in ih-
„ ren Händen haben; dieß sind die Wunden,
„ die uns empfindlich seyn müssen, und die
„ unsern Schmerzen und unsere Bestür-
„ zung aufs äußerste treiben „. Discours de
M. de Rochechouart, évêque de Bayeux, à l'as-
semblée provinciale de Rouen, le 25 Février 1765.

Zwey-

Zweyter Anhang
zum
wahren Zustande ꝛc.

so enthält

1) Ein Breve des Pabstes an den Erzbischof und Kurfürsten zu Köln, nebst der Antwort dieses Fürsten.
2) Eine Musterung verschiedener Schriften über die Nuntiatursache.

'Audi fili disciplinam Patris tui, & ne dimittas legem matris tuæ: ut addatur gratia capiti tuo, & torques collo tuo.

Prov. I. 8.

De toto mundo unus Petrus eligitur, qui & universarum gentium vocationi, & omnibus Apostolis, cunctisque Ecclesiæ patribus præponatur; ut, quamvis in populo Dei multi sacerdotes sint, multique pastores, omnes tamen proprie regat Petrus, quos principaliter regit & Christus. S. Leo. Serm. 3. de Assumpt.

SUMMI PONTIFICIS
AD
ARCHIEPISCOPUM
COLONIENSEM LITTERÆ.

VENERABILI FRATRI MAXIMILIANO AR-
CHIEPISCOPO COLONIENSI, ET EPIS-
COPO MONASTERIENSI, S. R. I.
PRINCIPI ET ELECTORI.

Pius P. VI.

Ven. Frater, salutem. Retulit nobis Dilectus Filius Marchio Antici, tuorum negotiorum apud nos Administrator, querelas tuas de Ven. Fratre Bartholomæo, Archiepiscopo Damiatensi Apostolico ad tractum Rheni Nuntio, propterea quod Declarationem Encyclicam emiserit prid. Kal. Decembris, typis editam (cum grave nimis fuisset eandem tot exemplis perscribere), in qua agitur de Dispensationibus ab Impedimentis matrimonii. Eas querelas non tam in illum, quam in nos ipsos cadere perspicue agnoscimus; cum a nobis, ut illam Declarationem emitteret, habuerit in mandatis. Maximum inde animo mœrorem cepimus, cum te, Ven. Frater, in tales contra nos querelas prorumpere videremus. Facile tu ipse ex ejusdem Declarationis lectione intelligere potuisti, quæ nos causæ ad id suscipiendum consilium impulerint, quamque omnino necesse nobis fuerit pro nostra Ecclesiarum omnium sollicitudine, iis ad quos pertinet, constare facere, irritas esse matrimoniales Dispensationes, quas ad Nos pervenerat in quibusdam Diœcesibus a nonnullis Archiepiscopis concedi, in gradibus nequaquam expressis aut comprehensis in facultatibus a S. Sede Apostolica impetratis. Cum de maximi momenti re, de validitate scilicet Sacramenti Matrimonii ageretur, in quo illicitum est quidquam incerti adhibere, medio certo prætermisso, quod adhiberi potest, num dissimulare potuimus, quin eos omnes, quos oporteret, instructos monitosque redderemus de præscriptis per Nos facultatum dispensandi limitibus? Quos ultra si Dispensatio fieret, suffragatura esset nemini, neque validum futurum matrimonium, neque legitima soboles ex illo oritura. Sed ut clarius agnoscas per Nuntium Apostolicum & Declarationem a Nobis sibi mandatam, nihil injuriæ Episcopali tuæ Jurisdictioni irrogatum esse, repetemus hic tibi, aliaque adjungemus rationum momenta, quibus benevole paterneque exposueramus Venerabili Fratri Archiepiscopo Trevirensi, cum sub finem anni 1782 a Nobis petiisset facultatatem dispensandi ab omnibus impedimentis matrimonialibus pro subditis Austriacis in ejus Dioecesi existentibus; Nosque ipsi rescribentes probassemus ex allata tunc ab illo causa satisfieri ejus postulatis non posse.

Præmittimus sanctionem Concilii Tridentini (*Sess.* 24, *de Matrim. Can.* 40.): „ *Si quis di-*
„ *xerit Ecclesiam non potuisse constituere Impedi-*
„ *menta Matrimonium dirimentia, vel in eis con-*
„ *stituendis errasse, anathema sit.* „ Ex dogmatica hujusmodi lege, antiquissimis innixa documentis, aperte intelligitur, ad solum Romanum Pontificem, tanquam Ecclesiæ Caput, spectare, dispensationem a constitutis ab ipsa Ecclesia impedimentis, ut revera S. Gregorius Magnus dispensaverat in aliquibus Gradibus Anglorum Gentem tunc ad fidem conversam; quod patet ex ejus Epistola ad Felicem Messanensem, in *Regist.* lib. 12. epist. 31; & Innocentius III. relaxaverat Othoni IV. impedimentum in quarto consanguinitatis gradu; sub ea lege, ut duo amplissima Monasteria Otho fundaret, omneque per imperium largis eleemosynis & ferventibus orationibus istud Ecclesiæ disciplinæ vulnus compensaret. In eo sex sæculorum ab uno ad alterum Pontificem elapsorum intervallo, nullus

lus reperitur Episcopus, qui ausus fuerit aliquam in gradibus matrimonialibus Dispensationem concedere. Ipsum porro Concilium Coloniense, habitum anno 1536, decrevit Canone 46 ,, quod ad ,, gradus consanguinitatis, ac affinitatis attinet, ,, qui matrimonium contrahendum ac contractum ,, dirimunt, Decretum Concilii generalis observa- ,, bitur, excepto casu ubi Romanus Pontifex di- ,, spensatorio Diplomate Matrimonium secus con- ,, tractum approbandum jusserit ,,.

Et sane, evidentissime istud evincitur ex disputatione habita inter Patres Tridentinos, nimirum, utrum conveniens esset, ut potestas dispensandi saltem in quarto gradu Episcopis concederetur. Qua in disputatione vicit sententia Marci Antonii Bobba Episcopi Augustæ Prætoriæ, Legati Ducis Sabaudiæ, nimirum similem potestatem non esse Episcopis concedendam, ut relatum in *Actis* Paleotti testatur Pallavicinus in *Hist. Concil. Trid.* edit. Rom. 1664, Tom. 3. lib. 23, cap. 9, n. 17, pag. 767.

Post Concilium Tridentinum, legimus in pluribus Conciliis provincialibus, & præcipue in Concilio Turonensi, anni 1583, tit. 9, *de Matrim.* 6.
,, In

,, In quarto confanguinitatis & affinitatis nec non
,, cognationis fpiritualis prohibitis gradibus fupra
,, expreffis, Epifcopis difpenfare non licere decla-
,, ramus. Et in Concilio Tolofano, anni 1590,
,, cap. 8. *de Matrim*. n. 3. Quos cognationis gra-
,, dus impedit, licet jam legibus folutos, & di-
,, fpenfatos, nifi prius vifa fummi Pontificis Di-
,, fpenfatione, in matrimonii conjunctionem Paro-
,, chi non recipiant. ,, Itemque in Concil. Diam-
peritano, anni 1599, tit. *de Sacram. Matrim*. decret. 6, n. 189. ubi ftatuitur: ,, Quia tamen pot-
,, eft aliquando contingere, ut juftis de caufis ve-
,, lint contrahentes conjugium inire intra gradus
,, jure tantum pofitivo prohibitos, matrimonium
,, impedientes, fi id contingat, debent petere le-
,, gis ecclefiafticæ relaxationem, vel a fede apo-
,, ftolica, vel a præfule, qui a S. Sede ad id de-
,, legatam facultatem habuerit ,, (ut legitur apud
Manfium in fupplement. ad Collect. Labbé, edit.
Lucenf. 1752. tom. 6, col. 141). Confonant Ri-
tualia Ecclefiarum, & Canoniftarum, Theologo-
rumque catholice fentientium conclufiones. Ac
fane, cum Principes & Electores Germaniæ ad Pium
IV detulerint varia gravamina, inter quæ nume-
rabantur Difpenfationes S. Sedi refervatæ, idem
fummus Pontifex refpondit, illos ,, injuftiffima pe-
,, te-

„ tere, nam ubi Archiepiscopi potestatem habeant
„ dispensandi in his, quæ in hujus S. Sedis auc-
„ toritate constituta sunt, hoc est inferiores & sub-
„ diti in Lege superiorum suorum, nisi ubi eis
„ hoc expresse permittitur, omni juri, omnique
„ rationi contrarium esse, indubitatum est „ ut
legitur apud Rainaldum, *Continuat. Annal. Baronii*
edit. Lucens. anni 1756, tom. 15, ad ann. 1563,
n. 44, pag. 371 & Art. 11). Ac profecto, si jus
esset Episcopis relaxare legem impedimentorum
matrimonialium ab Ecclesiæ potestate constitutam,
& ubique in catholicis ditionibus receptam, tota
everteretur ecclesiæ disciplina, Caput subjiceretur
membris, ac proinde actum esset de Ecclesiastica
Hierarchia divinitus instituta, ut generaliter declaravit Nicolaus I, in Epist. ad Michaelem Imperatorem. Fidei enim dogma est; Episcoporum auctoritatem & jurisdictionem subjectam esse summi Pontificis auctoritati, ita ut subesse debeant Sedis apostolicæ statutis, ut patet de jurisdictionis primatu,
singulari Christi munere, Petro ejusque successoribus divinitus collato, quod quisque ex Catholicis fateri adstringitur; nosque accurate probavi-
mus nostris Litteris in forma Brevis, publicis typis evulgatis die 1ma elapsi mensis Decembris,
in damnatione libri Eybel, *Quid est Papa?* quem

re-

reprobavimus tanquam continentem propositiones schismaticas, erroneas, inducentes ad hæresim, & hæreticas, & alias ab Ecclesia damnatas. Ex quibus liquet primum ab apostolica sede exerceri cepisse dispensationum matrimonialium potestatem, & hunc usum penes illam solam perseverasse, atque ad eandem solam pertinuisse, prout totius Ecclesiæ consuetudine & consensu fuit agnitum, cum alios Episcopos eam sibi facultatem assumpsisse non constet, nisi cum S. Sedis expresso vel præsumpto privilegio tueri se posse confiderent.

Si nunc igitur in Diœcesi tua Coloniensi, pro qua hactenus Archiepiscopi tui prædecessores a Sede facultatem impetrabant dispensandi in gradibus expressis in formula, si nunc, inquimus, dispensari inciperet, a te Ven. Frater jure proprio; quid aliud ageretur, nisi ut S. Sedes suo spoliaretur jure, quod ab antiquissimo tempore sola semper exercuit, cujusque exercendi tenuit non interruptam, sed constantem receptamque in Ecclesia possessionem? qui certe tam inveteratus possessionis titulus, etiamsi alia deessent in suo Primatu constituta fundamenta, valere per se ipse plurimum apud omnes deberet.

Neque hic contra objici ullum Imperatoris Edictum potest, cum ejusdem extet Nobiscum sa-

tis

sis jam pervulgatum Concordatum. Ex eodem patet, inter utrumque noſtrûm conveniſſe, ut ex diſpenſandi ab Impedimentis facultates, quæ antea a ſede apoſtolica concedebantur ſuarum ditionum Epiſcopis, extenderentur impoſterum etiam ad divitum matrimonia, ita tamen, ut in præfixos arctiorum graduum limites non transcurrerent. Ibidem igitur agnoſcitur, ad ſummos Pontifices duntaxat pertinens, ſeu privativa ipſorum juriſdictio in impedimentorum matrimonialium diſpenſationibus; quoniam eadem uti conceditur Epiſcopis ex Pontificis delegatione, ipſique Pontifici adhuc reſervatur uſus concedendarum in arctioribus gradibus diſpenſationum. Ex quo perſpici poteſt, Cæſaream Majeſtatem in ea Nobiſcum conventione potius recedere voluiſſe a præcedente edicto, in quo Epiſcopis mandaverat; ut ſuo jure diſpenſationes facerent, quam ſubjectos ſibi populos ad conſcientiæ anguſtias inducere, ac etiam aperire diſſolvendorum matrimoniorum viam; cum exorto inter conjuges diſſidio, facile eorum alteruter cauſam diſſolvendi matrimonii arriperet, ex eo quod irrita ac nulla fuiſſet Epiſcoporum diſpenſatio. Unde quanta rerum perturbatio ac pene clades in Eccleſia Catholica & in Republica orietur?

His

His omnibus præmissis, ut ad illam Declarationem redeamus, ad nos unice spectare videbamus, ne ille error inter fideles induceretur. Quoniam si per nostrum silentium tantam, tamque gravem rem in incerto reliquissemus, nobis ipsis erroris perturbationisque inde exituræ causa imputaretur.

Cum igitur huic gravissimo muneri nostro deesse nequiverimus, cavendum tamen judicavimus, ne in tali exequenda re, ipse agendi modus in ullam posset reprehensionem incurrere. Itaque nihil in ea declaratione nisi moderate, ac simpliciter, quodque ad eam rem tantummodo faceret, perscribere voluimus, expresse nominari neminem, ipsam nullibi in publicis locis affigi, sed per manus caute diffundi, illud unice spectantes, ne nostra lateret instructio. Nemo enim inficiari potest, apertam aliquam esse debere supremo Pastori, docendi suas oves, monendique viam. quæ si obstruatur, privetur ipse imposito sibi a Christo Domino pascendi munere.

Sed nihil apud te nec rationes nostras, nec hanc etiam profuisse cautionem videmus. Statim tuo edicto severe mandasti, ut ad quos pervenis-

set

set ea Declaratio, illico unde profecta esset, remitteretur, ut ita Pastoris vox oppressa atque intercepta remaneret. At insuper tibi displicuisse ostendis ipsum Venerabilem Fratrem Archiepiscopum Damiatensem, a quo edita Declaratio est, quod se Apostolicum ad tractum Rheni, Nostrumque & S. Sedis Nuntium appellet. Et cur se non talem appellet, quem Nos ipsi nostro jure eo insignivimus munere, atque isthuc misimus, ut eodem in tua cæterisque Diœcesibus, quemadmodum alii omnes prædecessores sui fungeretur? Talem esse eum agnovit, honorificeque recepit maxima istorum Episcoporum ac Principum pars pro sua ad tractum Rheni ditione. Tu vero neque agnoscere, neque recipere voluisti, etsi nostras pontificias commendationis afferret ad te litteras, omniaque tibi se paratum præstare officia declararet. Quin etiam extraneum appellasti, ac si ad eum tuæ Diœcesis negotia nullo modo pertinere debeant; quasi nos ipsi extranei in Ecclesia Diœcesique tua simus, qui memorato jure Primatus a Christo per B. Petrum nobis traditi, eundem isthic constituimus, qui nostras vices gereret, ac apostolicam, prout ipsi commisimus, exerceret authoritatem. Eam certe mittendi suos Apocrysiarios, Legatos, Nuntios ad aliorum Episcoporum Diœceses potestatem, semper jam

ab

ab antiquissimis temporibus exercuerunt prædecessores nostri; quam nempe cum suo Primatus jure ne-
xam esse, sine ulla dubitatione agnoverant. Ex ipsa id satis intelligi potest Innocentio III, cum scribe-
ret Decano S. Hilarii & S. Petri, & S. Hilarii Sub-
decanis Pictaviensibus, Epistolam, quæ est 12ma
inter collectas a Baluzio tom. 2, lib. 16. unde oria-
tur jus Romano Pontifici mittendi Legatos in varias
orbis christiani regiones, quibus ipse præsens esse
non posset, ad suas ibidem vices obeundas. Hoc
ipsum etiam jus jam multis ante sæculis exercuerat
S. Leo Magnus, ut ejus comprobat Epistola ad Episcopos Metropolitanos per Illyricum constitutos, quæ
est 5ta, tom. 2. oper. edit. Tyrnav. 1767 pag. 34.
„ Et quia per omnes Ecclesias cura nostra distendi-
„ tur, exigente hoc a nobis Domino, qui aposto-
„ licæ dignitatis Apostolo Petro primatum, Fidei
„ suæ remuneratione commisit, universalem Eccle-
„ siam in fundamenti ipsius soliditate constituens,
„ necessitatem sollicitudinis, quam habemus, cum
„ his, qui nobis collegii charitate juncti sunt, so-
„ ciamus, Vicem itaque nostram Fratri & Coepis-
„ copo nostro Anastasio, secuti eorum exemplum
„ quorum nobis recordatio est veneranda, commi-
„ simus; & ut sit in speculis, ne quid illicitum a
„ quoquam præsumatur, injunximus; cui in his
„ quæ

,, quæ ad ecclesiasticam pertinent disciplinam, ut
,, Dilectio vestra pareat, admonemus; non enim
,, tam illi obtemperabitur, quam nobis, qui hoc
,, illi pro nostra sollicitudine per illas provincias co-
,, gnoscimur commisisse. ,, Idem S. Leo aliam misit de *latere suo* legationem ad Faustum, Marcianum, & reliquos Archimandritas Constantinopolitanos, propter causam fidei, quam Euthyches perturbare tentavit, ut videre est Epist. 28, tom. 8. cit. edit. pag. 155. . Alia item a S. Gregorio Magno missa est ad Anglos legatio; alia a S. Gregorio II. ad Germanos in persona S. Bonifacii, confirmata deinceps a S. Zacharia, ab eodemque exercita per continuos sex & triginta annos, usque ad Pontificatum Stephani II, qui eam Bonifacio renovavit, ut eruitur ex Epistola 91 S. Bonifacii inter Collectas a Nicolao Serrario, edit. Mogunt. 1605. Aliæ pariter legationes a S. Nicolao I, qui misit Episcopum Arsenium in Gallias & Germaniæ partes, & Donatum Leonem, atque Marinum Constantinopolim; a Leone VII ad Episcopos per Galliam, Germaniam, Bavariam, Alemanniam commorantes, a Paschali II ad provincias Bituricensem, Burdigalensem, Auscitanam, Turonensem & Britanniam, quas legationes confirmavit Callixtus II. Atque illa præsertim legatio animadverti debet Adriani IV ad Hillinum Trevi-

virenſem Archiepiſcopum: *Ut per univerſum Teutonicum regnum vices ſuas gereret, ibique legationis officio Apoſtolicæ ſedis authóritate fungeretur.* Ob quam legationem irritatus Arnoldus Moguntinus, eidem poſtea acquievit, & *nomine Pontificis*, Moguntiæ *Hillinus cum magna gratulatione fuit introductus.* (Epiſt. Adriani, tom. 1, Hiſt. Trevir. Diplom. pag. 580, cum not. in calce Epiſcopi Myriophitan. Collectoris). Ac ita jus apoſtolicæ ſedis, non interrupta Nuntiorum ſerie, ad hæc uſque tempora illæſum ſervatum eſt. Ipſæ enim legationes & Nuntiaturæ Pontificiæ exiſtimatæ ſemper ſunt adeo neceſſariæ ad retinendam inferiorum ſedium cum prima ſede conjunctionem, ut quo tempore neglectæ fuerunt, eo ipſo diſciplinæ eccleſiaſticæ perturbatio oriretur. Id teſtatur Honorius III, Epiſt. ad Rogerium, Archiepiſcopum Piſanum (apud Ughellium, *Ital. Sac.* tom. 3, poſtrema edit. Venet. col. 382) „ Corſicana vero tam prolixitate ſpatiorum „ quam negligentia Paſtorum, dominorum inſolen„ tia & *deſuetudine* legatorum Sedis Apoſtolicæ, a „ ſubjectione & obedientia Romanæ Eccleſiæ deſter„ buerat, & diſſolutioni ac diſſipationi dedita, ec„ cleſiaſtici ordinis pene deſeruerat diſciplinam „.

Cum

Cum tibi tuisque Collegis Archiepiscopis Electoribus perspecta esse deberent tam clara Apostolicæ Sedis jura, tamque necessaria membrorum cum suo Capite unionis conservatio, nihilo tamen minus publicum fecistis edictum uno omnium consensu, quo ut jam superius diximus, parochis mandastis, ut ad Nuntium Coloniensem illam transmitterent instructionem. Omnes certe imitati esse videmini Episcopum illum Pictaviensem, de quo in supra memorata Epistola 12ma Innocentius III gravissime conquestus est, quod publice prædicaret, velle *esse se se in Episcopatu suo Episcopum atque Papam*. Ideoque suis commisit delegatis, ut severiora implerent mandata, postpositis gratia odio & timore, ut *de negligentia*, inquit, *redargui non possitis, sed potius de diligentia commendari*. Sanctus etiam Leo Magnus pari voce invectus fuerat contra eos Episcopos, qui sacros Canones infringerent, Epist. 3. ad Episcopos per Campaniam, Picenum, Tusciam & universas provincias constitutos, cap. 50. cit. edit. ,, Hoc itaque admonitio nostra denuntiat,
,, quod siquis Fratrum contra hæc constituta venire
,, tentaverit, & prohibita ausus fuerit admittere,
,, a suo se noverit officio submovendum, nec com-
,, munionis nostræ esse consortem, qui socius esse
,, noluit disciplinæ ,,.

At

At fortaffe obftare dices Cæfaris mandatum, quod in ejus Epiftola Encyclica continetur die 12 Octobris 1785 data. Sed primum Cæfar cum ad eum deferrentur querelæ, in S. Sedis poteftate non effe Nuntios mittere, refpondit, non folum unum fed tres etiam Nuntios poffe conftituere. Sed cum deinde ab aliquibus ad eundem expugnandum infifteretur, emifit ille quidem, quæ adducitur, Encyclicam, fed eam ipfam iis temperavit verbis, ut poteftatem, quam S. Sedes hactenus per fuos exercuit Nuntios, præter jus lædi noluiffe videretur. Atque ut prætereamus, fi ea Circularis vim legis haberet, quantopere adverfaretur canonicis fanctionibus, per quas Pontificii Nuntii agnofci & recipi debent, nedum ab Archiepifcopis & Epifcopis, fed ab omnibus etiam Catholicis; fatis quidem conftat non illam effe confiderandam ut legem, fed ut fimplicem meræ infinuationis Epiftolam a Cæfare per nonnullorum importunitatem extortam, neque in ea partes agi legislatoris fed Advocati, ut illæfa fcilicet ab Archiepifcopis conferventur primæva jura, quæ per erroneas querelas ablata ipfis effe dicebantur mediis illicitis, & juri Ecclefiæ repugnantibus. Declaravit porro fe non jubere, fed exhortari, cum diceret: *Infimul te provocamus, ut jura tua Metropolitica, Suffraganeorum tuorum, ac exemptorum Epif-*

Epifcoporum confilio contra quasvis læfiones illibatæ tuearis. Quis ex his aliisque verbis non videat falvam effe Archiepifcoporum & Epifcoporum libertatem, quæ per exhortationem non tollitur, neque Archiepifcopis quidquam amplius authoritatis in fuos fuffraganeos delatum, cum ex eorum confilio fua illi jura tueri moneantur? Quomodo porro de ipfo Cæfare cogitari poteft, eum fancire voluiffe pro univerfo Imperio legem contra Nuntiorum jurisdictionem, cum idem optime agnofcat, in materiis ecclefiafticis regi Imperium ex Ecclefiæ legibus; ac in aliis materiis non aliter fanciri leges, quam a Comitiis; feu ab integro Germaniæ Corpore; atque Comitia quidquam detrahere non poffe a fupremo fuorum Principum in eorum ditionibus jure, per quod ipfa corporis Conftitutio non lædatur. Sed de his aliisque huc pertinentibus prolixius egimus in noftra ad Venerab. Fratrem Ludovicum Jofephum Epifcopum Frifingenfem Epiftola, die 12 Octobris anni præteriti data, ac deinde typis Monachienfibus & latine & Germanice edita.

Quod reliquum eft, Ven. Frater, poft fuperius expofitas fanctiffimorum doctiffimorumque prædeceflorum noftrorum rationes, quibus illi fuæ Sedis jura fervanda ac vindicanda effe judicarunt, Nos nunc

nunc tecum non alium quam noſtrum morem ſequuti, hortationes precesque ad te noſtras convertimus, ut recordari velis, qua te fide ſacris legibus, Eccleſiæ, Apoſtolicæ Sedi, Nobisque obſtrinxeris. Te igitur quantum poſſumus in Domino obſecramus Ven. Frater, ne his miſerrimis Eccleſiæ temporibus nobis nova infligantur vulnera, a te ſcilibet, a quo minime expectandum erat, quæ tanto altius confodient cor noſtrum, quanto antea certiora nobis tecum unionis vincula atque Eccleſiæ præſidia exſtitura ſperabamus. Ea certa eſt noſtra de regio animo tuo fiducia, ut rationes has, precesque nequaquam ſis rejecturus. Quod ſi adhuc urgere perges, Noſtrisque ac Sanctæ hujus Sedis damnis inſiſtere, maximam quidem afferres Nobis doloris acceſſionem; ſed is quantuscumque fuerit, efficere profecto non poterit, ut animum noſtrum ab eo deducat propoſito, ne ſcilicet unquam a transmiſſo in nos Primatus jure decedamus.

Demum hiſce litteris finem imponemus verbis prædeceſſoris noſtri S. Nicolai I, qui in ſua ad Rudolphum Archiepiſcopum Bituricenſem Epiſtola (quæ eſt decima tertia in Appendice aliarum collect. a Labbe, tom. 9. Concil. edit. Venet 1729) ſic fatur. ,, Veſtra Reverentia nos non exiſtimet, quia Noſtra

„ ſtra dicimus, in hoc quicquam præter veritatem
„ dicere; cum Dei potius quam noſtra ſint Beati
„ Petri meritis Romanæ Sedi collata. Et arbitra-
„ mur, quod nos hic aſſerimus, etiam vos nulla-
„ tenus ignorare, & quod in præſenti pagina ſcri-
„ bimus, vos affatim in archivis veſtris recondita
„ poſſidere,,. Tibique, Venerabilis Fráter, a Deo
Optimo Maximo conſilii ſpiritum enixe implorantes
Apoſtolicam Benedictionem, cœleſtium donorum
auſpicem, in noſtræ etiam paternæ charitatis pignus
amantiſſime impertimur. Datum Romæ apud S.
Petrum, ſub Annulo Piſcatoris, die 20 Januarii
1787, Pontificatus noſtri anno duodecimo.

Pabſt=

Päbstliches Breve
an
den Erzbischof und Kurfürsten von Köln.

Unserm ehrwürdigen Bruder Maximilian Erzbischofe zu Köln, Bischofe zu Münster, des heil. römischen Reiches Kurfürsten und Fürsten.

Pabst Pius VI.

Ehrwürd. Bruder, unsern Gruß zuvor. Dein Geschäftsträger beim apostolischen Stuhle, unser geliebte Sohn der Nuntius von Antici, hat uns die Klagen vorgelegt, die du über unsern ehrwürd. Bruder Bartholomäus, Erzbischof von Damiette und apostolischen Nuntius am Rhein, führest aus der Ursache, weil er eine Erklärung, die Dispensationen in Ehehindernissen betreffend, durch den Weg des Druckes (kenntlich um der mühsamen Arbeit überhoben zu seyn, so viele Exemplarien zu schreiben) vermittelst eines Kreisschreibens unterm 30ten Novemb. habe bekannt machen lassen. Daß diese Klagen nicht so viel unsern Nuntius als uns selbst treffen, ist offenbar genug, indem er sothanes Kreisschreiben nicht aus sich, sondern unserm Befehle zufolge hat ergehen lassen. (a) Du kannst
also

(a) Wie reimet sich diese förmliche Erklärung des Pabstes mit dessen angeblichem Mißvergnügen, so die Zeitungsschreiber und Broschüristen so kühn und dreiste in die
Welt

also leicht ermessen, ehrw. Bruder, wie schmerzhaft und empfindlich es uns seyn mußte zu vernehmen, daß du wider uns in solche Klagen ausbrichst, besonders, da du bei Durchlesung der unserm Nuntius auf unsern Geheiß ausgestellter Erklärung deutlich genug die Beweggründe ersehen konntest, welche uns bewogen haben, eine solche Entschließung zu fassen, und daß unsere oberhirtliche Sorgfalt, die sich über alle Kirchen der katholischen Welt erstrecket, es uns zur Pflicht machte, allen denjenigen, welche es anging, die Nichtigkeit jener Ehedispensen (a) erkennen zu geben, welche einige Bischöfe in ihren Diöcesen, wie wir zuverläßig sind benachrichtiget worden, und zwar in jenen Graden ertheileten, die in ihren vom apostolischen Stuhle

Welt hineinschrieben.... Wie könnte wohl der Pabst einen Schritt mißbilligen, den er selbst vorgeschrieben hatte, und den er nothwendig vorschreiben mußte. Fürwahr, wenn die Gültigkeit der h. h. Sakramente und die Heiligkeit der ehelichen Verbindung gleichgültige Dinge für das Haupt der katholischen Kirche seyn sollen: so sehe ich nicht, worauf der Statthalter Jesu Christi sein Augenmerk richten soll.

[a] Eine Nichtigkeit, die, wie wir im wahren Zustande bewiesen, durch das beständige Geständniß dieser selbigen Erzbischöfe ist anerkennt worden; Geständniß, welches sie in der That von sich gegeben, indem sie sich immer nach Rom wendeten; Geständniß, daß sie förmlich erkläret und in ihren Ritualen, besonders in jenem zu Köln verzeichnet haben, wie in der Antwort auf das an den Verfasser dieses Werks erlassene Schreiben so eben ist

Stuhle erhaltenen Vollmachten gar nicht abgedrucket, noch darin enthalten sind. Denn da es um eine Sache von der größten Wichtigkeit, nemlich um die Gültigkeit des heil. Sakramentes der Ehe, zu thun war, wobei nie das Unsichere Statt haben kann noch darf, solange das Sichere noch möglich ist: so erhellet sattsam, daß wir nicht umhin konnten, allen denen, die es wissen mußten, hinlänglichen Unterricht zukommen zu lassen, wie weit sich die den Erzbischöfen vom apostolischen Stuhle verliehene Dispensationsvollmacht erstrecke, also zwar, daß, bei Ueberschreitung der darin bestimmten Schranken, die Ehe ungültig wäre, und die Kinder einer solchen Ehe nie für rechtmäßige eheliche Kinder könnten anerkannt werden. [a] Um aber noch

ist gesehen worden. Ich werde anderwärts Gelegenheit haben von den übrigen Ritualen der deutschen Kirche zu reden.

[a] Man kann es nicht genug wiederholen. Nicht allein die Würde des Sakramentes, so einer Verunehrung blosgestellet wird, kömmt hier zu betrachten, sondern auch, wie der heil. Vater sich ausdrücket, die eheliche Verbindung, die Wichtigkeit und der Einfluß dieser Verbindung auf die Sitten und auf das Interesse der Gesellschaft überhaupt genommen, unabhänglich von der Würde des Sakramentes. Denn auch in solchem Betracht ist die Ehe kein fremder Gegenstand für die oberhirtliche Sorgfalt des allgemeinen Vaters der Gläubigen, obwohl dieselbe unter diesem Gesichtspunkte auch ein Gegenstand der weltlichen Macht ist. —

Die

noch klärer zu zeigen, daß unser Nuntius, und die von ihm unserm Befehle zufolge gemachte Erklärung gar keinen Eingriff in deine bischöfliche Gerichtsbarkeit gemacht habe, wollen wir hier, nebst noch andern Gründen, wiederholen, was wir bereits unserm ehrwürd. Bruder dem Erzbischofe zu Trier so gütig als väterlich geantwortet haben, da er gegen das Ende des Jahres 1782 von uns die Erlaubniß begehrete, mit den österreichischen Unterthanen, die seiner geistlichen Gerichtsbarkeit unterworfen sind, in allen jenen Ehehindernissen, so durch die Gesetze der Kirche eingeführet sind, dispensiren zu können; [a] wir aber ihm die Un-

möglich-

---

* Die Verordnung des Kurfürsten von Pfalz-Bayern haben wir am Ende des ersten Anhanges gesehen, S. 207. Jene des Königs von Preußen wird hie unten folgen. — Ein sehr nachdrückliches Schreiben eines andern Fürsten, der sich die Beobachtung der Kirchengesetze nicht minder als das Wohl seiner Unterthanen läßt angelegen seyn, sieh im wahr. Zust. S. 140.

[a] Der Kurfürst war damals eben so sehr überzeugt, als der Pabst, daß er solche Dispensationen nicht ertheilen könnte. Er drücket sich darüber in dem nämlichen Briefe klar genug aus, noch stärker aber und klärer in einem andern an den Kardinal Erzbischof von Mecheln, wie auch noch in einem andern an S. K. H. Herzog Albert von Sachsen. Sieh wahr. Zust. S. 128, 129. In seinem Briefe an den Pabst begehret der Kurfürst die heimliche Erlaubniß dispensiren zu können, das heißt, ohne wie bis hiehin nöthig zu haben, von der erhaltenen Vollmacht in der Dispensationsformel Erwähnung zu machen. Die Antwort des Pabstes ist merk-

wür-

möglichkeit bewiesen haben, die uns hinderte, seinem Begehren zu willfahren. Und zwar von dem Kanon der allgemeinen Kirchenversammlung von Trient (24te Sitz. von der Ehe 40ten Kan.) „wenn einer saget, daß die Kirche keine Macht gehabt habe, Ehe-

„hin-

würdig. Wenn wir dir die Erlaubniß so, wie du begehrest, ertheilten, daß du nämlich dich derselben, ohne davon Erwähnung zu machen, gebrauchen dörftest: so würde ein jeder aus der von dir alsdann ausgefertigten Dispensationsformel den Schluß machen, du habest dich nach dem Edikte gefüget und in Kraft dessen dir die Macht zu dispensiren angemaßet. Dieses anzügliche Beispiel aber würde der irrigen Lehre der falschen Politiker, die du selbst gemäß deiner Gottesfurcht verwirfst und verfluchest, ein sehr großes Gewicht geben. Zudem so ist ja in dem ganzen Edikte kein einziges Wort enthalten, woraus die Schuldigkeit, solche Dispensationen ertheilen zu müssen, könnte hergeleitet werden. Es fällt also alle Gefahr der Verwirrung fort, wenn solche Dispensationen denen, die darum anstehen, verweigert werden; denn das Begehren machet ja kein Recht zum Erhalten, besonders da in vielen vorhergehenden Jahrhunderten dergleichen Dispensationen in der Kirche niemals gebräuchlich gewesen sind. Letzlich ist deine Würde so erhaben, deine Tugenden und der Ruf deines Namens so glänzend, daß viele ihre Augen auf dich richten, und, durch dein vortrefliches Beispiel gestärket,

der-

„hinbernisse einzuführen, und daß sie durch Einfüh-
„rung derselben geirret habe, der sey verfluchet „„
anzufangen: so erhellet augenscheinlich aus diesem dog-
matischen Gesetze, so sich auf die ältesten Urkunden
gründet, daß das Recht in den von der Kirche festgesetzten Ehehindernissen zu dispensiren nur allein dem
Pabste als dem Haupte der Kirche zustehe. [a] Diesem

dergleichen Neuerungen verabscheuen werden, wenn sie sehen, daß du dich mit denselben nicht abgiebst. Dieses päbstliche Breve steht
ganz in der Sammlung der niederländischen
Reclamationen 6ten Band 22 Seite.

[a] Die geistliche Sachen von Mainz, welche mit
den Gesetzen und Rechten der Kirche einen offenbaren
Krieg führen, und noch im vorigen Jahre wider das
Abstinenzgeboth sich heischer und magrer geschrien haben, lachen über die Folge, die der Pabst aus dem
angeführten Kanon ableitet. Indessen ist diese Folge
doch ganz natürlich und richtig. Machet die allgemeine Kirche ein Gesetz: so kann kein einzelner Bischof
darinn dispensiren. Nun muß aber doch einer seyn,
der solche Macht habe. Und dieser Einer kann kein
ander seyn, als der Pabst, welchem die Obhut und
Wache über die Kanonen anvertrauet ist. Die Kirche
erkennet auch förmlich dem Pabste das ausschließliche
Recht zu, in Ehehindernissen, welche die Ehe ungültig
machen, dispensiren zu können. Alle Väter des großen
Kirchenrathes von Trient waren im Grunde dieser natürlichen Meinung. Die Sache wird ganz einleuchtend
aus den Acten des Paleotti, aus einer Menge bewähr-
ter Schriftsteller und Kanonisten und aus mehreren anderen Beweisthümern, die wir im wahr. Zust. angeführet haben. — Kömmt nun allem diesem noch das
förm-

sem Rechte zufolge hat Gregor der Große mit den neubekehrten Engländern in einigen Graden dispensiret, wie aus dem Sendschreiben dieses Pabstes an Felix von Meßina zu ersehen ist. Brief-Reg. 12 B. 31 br. Imgleichen übte Innocenz III dieses Recht beim vierten Grade der Blutsfreundschaft zwischen Beatrix und Otto IV aus, mit dem Bedinge gleichwohl, daß Otto zwey Klöster stiften, und durch eifriges Gebet und reichliches Allmosen diese der Kirchendisciplin geschlagene Wunde einiger Maßen gut machen sollte. In diesem Zwischenraume von sechs Jahrhunderten, die von Gregor dem Großen bis auf Innocenz III verlaufen sind, findet man keine Spur, daß ein Bischof sich habe einfallen lassen, in Graden der Anverwandtschaft zu dispensiren. Sogar wurde auf der Kirchenversammlung zu Köln im Jahre 1536 Kan. 46 gebothen, „ daß man bei den Graden der Blutsfreundschaft sowohl als der Sippschaft, welche die Ehe, sie sey bereits vollzogen oder solle noch vollzogen werden, ungültig machen, das Dekret der allgemeinen Kirchenversammlung beobachten sollte, den alleinigen Fall ausgenommen, wo der römische Pabst für gut fin-

förmliche, und bis auf diese letztern Jahre beständige und immerwährende Geständniß von Deutschlandes Metropoliten selbst hinzu: so muß auch der mindeste Schatten eines Zweifels verschwinden.

„ finden würde, eine wider das Gesetz vollzogene Ehe
„ durch ein Dispensationsbreve gut zu heißen."

Dieses Geboth wird vollkommen gerechtfertiget durch die Frage, welche unter den Vätern der Kirchenversammlung von Trient aufgeworfen wurde, ob es nicht schicklich und dienlich wäre, daß den Bischöfen die Macht, wenigstens im vierten Grade zu dispensiren, eingeräumet würde; da dann, nach reifer Ueberlegung und Abwägung der Gründe für und wider, die versammleten Väter der Meinung des Marcus Antonius Bobba, Bischofes zu Aosta und Herzoglich-Savoyschen Gesandten, welcher dafür hielte, daß den Bischöfen solche Macht nicht müßte verliehen werden, beigepflichtet haben, wie Pallavicin aus den Acten des Paleotti bezeuget in der Geschichte des Concil. von Trient röm. Aufl. 1664. 3ten Band. 23 B. 9 Kap. n. 17. S. 767.

Nach dem Concilium von Trient ersieht man das nämliche aus mehreren Pronvincial=Concilien, namentlich aus jenem von Tours im Jahre 1583, 9ten Tit. von der Ehe, wo es heißt: „Wir erklären,
„ daß die Bischöfe im vierten Grade der Blutsfreund=
„ schaft und Sippschaft und in den verbothenen Gra=
„ den der geistlichen Verwandtschaft nicht dispensiren
„ können." Das Concilium von Toulouse vom Jah=
re

re 1590 8ten Kap. von der Ehe n. 3. machet die Verordnung, „daß kein Pfarrer diejenige zur Ehe „einsegnen solle, welche zu nahe verwandt sind, ohn= „erachtet mit denselbigen sey dispensiret worden; es „sey dann, daß sie die Dispensation vom Pabste er= „halten hätten, und der Pfarrer das Dispensations= „breve vorher eingesehen habe„. Auf dem Conci= lium zu Diamper [a], so im Jahre 1599 ist gehalten worden, wurde tit. vom heil. Sakr. der Ehe Dekr. 6. n. 189. folgende Verordnung gemacht: „Da sich aber „der Fall ereignen kann, daß einige aus wichtigen „Ursachen in jenen Graden, die nur allein durch das „positive Recht verbothen sind, sich ehelich verbinden „wollen: so muß in diesem Falle die Dispensation ent= „weder beim apostolischen Stuhle oder bei einem Bi= „schofe.

[a]. Dieses Concilium ist besonders merkwürdig wegen der Bekehrung der Nestorianer, die ihre Irrthümer ab= schwuren, sich mit der katholischen Kirche wieder verei= nigten, und die Gesetze der Kirche und den Pabst als das sichtbare Oberhaupt der Kirche anerkannten. Diam= per ist eine Stadt an der malabarischen Küste. Alexius von Menezes Erzbischof von Goa hatte den Vorsitz. Wie auffallend wird es für den denkenden Leser, wenn er sieht, daß die Wahrheit, wovon hier die Rede ist, auch der andern uns entgegengesetzten Hälfte des Erdballes eben so hell einleucht, und daß Indiens Bischöfe und Priester unsere irrgeführten Prälaten, und die zur Vertheidigung ihrer Irrthümer satt getränkten Mitmönche beschämen und zu Schande machen.

R

„ schöfe, der zu diesem Ende eine delegirte Vollmacht
„ vom apostolischen Stuhle erhalten hat, nachgesuchet
„ werden. „ So liest man in den Anhängen des
Mansius zu der Sammlung des Labbe, Lucca, 1752.
6 Band. Mit den Verordnungen dieser Concilien kommen
überein die Kirchenritualen, wie auch die Meinungen
katholischer Kanonisten und Theologen. Und so hat
auch Pius IV denen Kurfürsten und Fürsten des deutschen Reiches, welche verschiedene Beschwerden, worüber dann auch die dem apostolischen Stuhle vorbehal-
tene Dispensationen mitbegriffen waren, bei ihm an-
brachten, zur Antwort gegeben: „ ihr Gesuch wäre
„ höchst unbillig, denn, wenn die Erzbischöfe und Bi-
„ schöfe in solchen Dingen, die von diesem apostolischen
„ Stuhle angeordnet und festgesetzet sind, eigenmäch-
„ tig dispensiren könnten: so würde dieß eben so viel
„ seyn, als wenn die Unterobern und Unterthanen in
„ den Gesetzen ihrer Obern, ohne dazu eine ganz be-
„ sondere und ausdrückliche Erlaubniß erhalten zu ha-
„ ben, dispensiren wollten, welches wider alle Rechte
„ und wider die Vernunft selbst sey. (bei Rainald
Fortf. der Jahrb. des Baron. Lucca 1756. 15.
Band aufs Jahr 1563. n. 44. S. 371. Art. 11.)
In der That, wenn die Bischöfe das Recht hätten,
in einem allgemeinen in allen katholischen Ländern ein-
hellig anerkannten und üblichen Kirchengesetze, die

Ehe-

Ehehinderniſſe betreffend, eigenmächtig dispenſiren zu können: ſo würde das kirchliche Diſciplingebäude untergraben, das Haupt den Gliedern untergeordnet, und endlich die ganze Hierarchie, welche, wie Pabſt Niklas I in einem Sendſchreiben an den Kaiſer Michael überhaupt erkläret hat, göttlichen Herkommens iſt, über einen Haufen geworfen werden. Denn es iſt und bleibt eine Glaubenslehre, daß das Anſehen und die geiſtliche Gerichtsbarkeit der Biſchöfe dem Anſehen und der Gerichtsbarkeit des römiſchen Pabſtes untergeordnet ſey, und daß die Biſchöfe den Verordnungen des apoſtoliſchen Stuhles in Kraft des Primats, ſo der göttliche Stifter der Kirche dem heil. Peter und deſſen Nachfolgern aus beſonderer Gnade verliehen hat, gehorchen müſſen. Eine Wahrheit, die ein jeder Katholik erkennen und bekennen muß, und die Wir in unſerm Sendſchreiben in Form eines Breve vom 1ten des jüngſt verfloſſenen Decembers mit aller Genauigkeit dargethan haben, durch welches Breve wir das Buch des Eybel, Was iſt der Pabſt? verdammet haben, als ein Buch, welches ſchismatiſche, irrige und nebſt andern Sätzen, die von der Kirche ſchon längſt verworfen ſind, auch ſolche enthält, die den Weg zur Ketzerey bahnen. [a] Alles dieſes füh-

[a] Das Breve mit der Ueberſetzung und Anmerkungen ſieh im wahr. Zuſt. S. 43. und in der Sammlung der niederl. Reclamat. 3. Band. S. 5.

führet uns sofort auf den Ursprung der Dispensation in Ehehinderniſſen zurück, und zeiget uns, daß ſolche Diſpenſationen zuerſt von dieſem heiligen Stuhle ſind ertheilet worden, und daß die ganze chriſtliche Kirche bei dem beſtändigen Gebrauche, den die Päbſte mit Ausübung ihres Rechtes gemacht haben, deutlich genug anerkannt habe, daß dieſes den Päbſten ausſchließlich zuſtehe, indem gar keine Spur zu finden, daß andere Biſchöfe ſich ein ſolches Recht zugeeignet hätten, als nur in ſolchen Fällen, wo ſie glaubten, entweder durch eine von dieſem heil. Stuhle ausdrücklich erhaltene oder durch eine präſumirte Erlaubniß dazu berechtiget zu ſeyn.

Wenn du nun in deinem kölniſchen Erzſtifte, für welches die Erzbiſchöfe deine Vorgänger die Erlaubniß in den in der Formel beſtimmten Graden diſpenſiren zu können von dem apoſtoliſchen Stuhle bis hiehin begehret haben, auf einmal anfiengſt, eigenmächtig zu diſpenſiren: was wäre dieß anders als den heil. Stuhl eines Rechtes berauben, ſo er immerhin von den älteſten Zeiten her ausſchließlich ausgeübet und in Ausübung deſſelben einen nie unterbrochenen ſondern beſtändigen und von der Kirche gutgeheißenen Beſitzſtand beibehalten hat; welcher Beſitzſtand, auch ohne den Grund aufzudecken, der im Primate liegt, für ſich allein in

Rück-

Rückſicht ſeines Alterthums und der Verjährung ſchon ein hinlänglicher und unſtrittiger Titel ſeyn müßte.

Vergeblich würde man uns hier ein kaiſerliches Edikt vorhalten, weil aller Welt das zwiſchen Uns und dem Kaiſer errichtete Konkordat bekannt iſt, woraus die beider Seits getroffene Vereinbarung erhellet, daß nämlich die vom apoſtoliſchen Stuhle den Biſchöfen ſeiner Erblande bis hiehin ertheilten Dispenſationsfacultäten für künftig auch auf die Ehen der Reichen [a] ſollen ausgedehnet werden, doch ſo, daß die vorgeſchriebenen Gränzen der nähern Grade nicht überſchritten würden. [b] Es wird demnach das ausſchließliche und den römiſchen Päbſten einzig und allein zuſtehen-

[a] Weiſe und vernünftige Unterſcheidung der Armen und Reichen in dieſer Materie; Unfug und Nichtigkeit der Spöttereien eines Jung und andrer, hierüber ſieh Not. über das Edikt S. 168.

[b] Der Pabſt redet hier von einer Art Conciliums zu Wien im Jahre 1782, oder von der Zuſammenkunft aller hungariſchen Biſchöfe, die in ſeiner Gegenwart iſt gehalten worden. Das Reſultat dieſer Verſammlung hat der Kaiſer angenommen, und den Kanzleien zur Richtſchnur zufertigen laſſen. Was bei dieſer Zuſammenkunft weiter vorgefallen, die Fragen der Biſchöfe und die Antworten des Pabſtes ſieh in der Sammlung der niederl. Reclam 6. B. S. 252. — Die Worte der darauf erfolgten Kaiſerl. Ordonnanz ſiehen im wahren Zuſtande. S. 22.

hende Recht in Ehehinderniſſen zu diſpenſiren anerkannt, indem man den Biſchöfen erlaubt, ſich des
nämlichen Rechtes in Kraft einer päbſtlichen Delega-
tion zu bedienen, dem Pabſte aber das Recht in nähern
Graden zu diſpenſiren vorbehalten wird. Woraus
gar leicht zu erſehen iſt, daß S. Kaiſ. Majeſtät vermöge dieſer Vereinbarung mit Uns lieber auf ſein vo-
riges Edikt, in welchem er den Biſchöfen befohlen hatte, aus eigenem Anſehen zu diſpenſiren, habe Verzicht thun, als ſeine Unterthanen unausbleiblichen Ge-
wiſſensunruhen ausſetzen, und ſelbſt den Weg zu häufigen Eheſcheidungen eröffnen wollen. Denn ſobald
Uneinigkeiten unter den Eheleuten entſtünden, würde
ſofort der eine oder der andere Theil die Nullität der
biſchöflichen Diſpenſen als eine hinlängliche Urſache zur
Eheſcheidung vorſchützen. O was für eine betrübte
Quelle von Unruhen und Elend für die katholiſche Kirche und für den Staat! [a] Nach dieſer vorausgeſetz-
ten

[a] Wer wird die Folgen herzählen können, die ſich aus
dieſer zwar ganz einfachen, aber unendlich wichtigen Anmerkung machen laſſen? O mit welchem fürchterlichen
Ausbruche werden ſie ſich einſtens entwickeln, wenn wir
ſehen werden, daß Frankreich, Spanien, Italien, Po-
len ꝛc. ꝛc. mit einem Worte alle katholiſche Nationen die
Kinder jener Ehen, die nach dem Emſer Siſtem ſind vollzogen worden, als Hurenkinder betrachten werden. Was
für Rechtshändel und was für ärgerliche und beunruhigen-
de Unterſuchungen wird eine ſolche Neuerung gebähren.
Wirk-

ten Erörterung nun wieder auf das Umlaufsschreiben unsers Nuntius zu kommen, so sahen Wir klar genug ein, wie es auf Uns hauptsächlich ankäme zu verhindern, daß ein so gefährlicher Irrthum sich nicht unter den Rechtgläubigen einschleiche, indem auf Uns die Schuld des Irrthums und der Verwirrung, so daraus entstehen würde, allemal zurückfiel, wenn Wir eine Sache von so großer Wichtigkeit im Zweifel gelassen hätten.

So sehr aber auch immer bei dieser Lage der Sachen es für Uns Pflicht und Schuldigkeit ward zu reden: so haben wir dennoch bei Erfüllung der Uns obliegenden Schuldigkeit sorgfältigst gesucht, alles das zu vermeiden, so mit einigem Grunde hätte können getadelt werden. Derohalben wir befohlen haben, in besagtes Umlaufsschreiben kein anstößiges Wort einfließen zu lassen, sondern nur allein die Sache selbst in ihrer einfachen und natürlichen Gestalt vorzutragen, keinen namentlich zu nennen, das Schreiben nirgend an öffentliche Plätze anschlagen, sondern mit aller Behutsamkeit von Hand in Hand gehen zu lassen, alles in der alleinigen Absicht, damit einem jeden, der es wissen mußte, unser Unterricht bekannt würde. [a] Denn

Wirklich haben diese schreckliche Folgen solchen Eindruck auf den Kurfürsten zu Trier gemacht, daß er die Erneuerung

Denn es wird doch wohl keiner läugnen können, daß dem obersten Hirten allemal ein Weg müsse offen bleiben, wodurch seine Stimme zu den Ohren seiner Schafe kommen könne, also zwar daß diesen Weg versperren nichts anders sey, als das Hirtenamt selbst antasten, welches Jesus Christus ihm, mit dem Befehle seine Schafe zu weiden, übergeben hat.

Indessen müssen wir wahrnehmen, daß weder die angeführten Gründe noch die gebrauchte Behutsamkeit

ben

rung der fünfjährigen Facultäten für das Stift Augsburg wieder zu Rom begehret hat, um wenigstens seine Augsburger wider solche fürchterliche Folgen sicher zu stellen. Auch hat der Kurfürst zu Mainz schon aus Liebe zu seinen Unterthanen den nämlichen Weg eingeschlagen... Hier einen Blick und eine Bitte an die alleitende Vorsehung... Damit die Strahlen dieses aufgehenden Lichtes sich noch mehr verbreiten, guter Rath und Klugheit den Unsinn verscheuchen, und unsre sonst so ehrwürdige und ansehnliche, aber leider durch pedantische Unwissenheit vier kleiner schismatischen Kleriker aus der Weinstube von Ems irrgeführte Prälaten ihre Augen endlich völlig der Wahrheit öffnen. —— Schreiben eines Reichsfürsten, sieh wahr. Just. S. 140.

[a] Hier ist anzumerken, daß kein Exemplar, jene ausgenommen, so die Pfarrer haben sehen lassen, ins Offene gekommen sey. Der Nuntius hat weder an einer weitern Bekanntmachung noch an einer öffentlichen Anheftung den geringsten Gedanken gehabt. Um der ungeheuren Arbeit, so viele Exemplarien abzuschreiben, als Pfarrer in den dreyen Erzstiften sind, zu entgehen, wurde der Weg des Druckes nothwendig.

ben minbesten Eindruck auf dich gemacht haben. Denn du hast sogleich durch dein Edikt allen Pfarrern, denen das Schreiben zu Händen kommen würde, ernstlich anbefohlen, es sofort dahin, woher es gekommen, zurück zu schicken [a], damit auf diese Art die Stimme des Hirten gehemmet und unterdrücket würde. Ueber das bezeigest Du noch dein Misfallen über unsern ehrw. Bruder, Erzbischof von Damiette, daß er sich unsern und des apostolischen Stuhles, Nuntius nenne. Allein warum sollte er sich nicht so nennen dörfen, da er doch von Uns gemäß dem Uns unstrittig zustehenden Rechte mit diesem Amte bekleidet und abgeschicket worden, um die Pflichten dieses Amtes in deinem Stifte sowohl als auch in allen übrigen am Rheinstrome nach dem Beispiele seiner Vorgänger auszuüben? In dieser Eigenschaft haben ihn die meisten Bischöfe und Fürsten am Rheinstrome anerkannt, und mit Ehrbezeugungen empfangen. Du aber, nicht zufrie-

[a] Gewaltsame Entschließungen lassen fast immer das Gepräge eines verdrießlichen Beispiels zurück. Kurze Zeit hernach befahl der Kurfürst von Pfalz-Bayern der gesammten Geistlichkeit und besonders allen Pfarrern seiner Staaten, die Verordnungen der Metropoliten zurückzuschicken. Sieh die Antwort auf das Schreiben, 1ter Anhang, S. 203. Um die nämliche Zeit haben die Domherren von Köln die Einsetzungsgeschichte der sogenannten neuen Universität zurückgeschicket, die ihnen auf höhern Befehl war zugestellet worden.

frieden damit, ihn nicht allein in dieser Eigenschaft nicht anzuerkennen und anzunehmen, unerachtet er erklärte, daß er Empfehlungsschreiben von Uns an dich mitbrächte, und dir seine Dienste anboth, giengest noch weiter, und nanntest ihn sogar einen Fremden, gleich als wenn die Angelegenheiten deines Stiftes ihn keines Weges angiengen, und Wir selbst für dein Stift und deine Kirche fremd wären, die wir in Folge des Primats, so Christus unser Herr dem h. Peter und durch den h. Peter uns übertragen hat, ihn allda angestellet hatten, um unsre Angelegenheiten zu besorgen und folglich die apostolische Gewalt, so wir ihm anvertrauet hatten, auszuüben.

Es ist wohl außer allem Zweifel, daß die Päbste unsre Vorgänger von den urältesten Zeiten her immerhin von dem Rechte ihre Apokrysiarien, Legaten und Nuntien in die Stifte andrer Bischöfe abzusenden Gebrauch gemacht haben, als von einem Rechte, welches mit dem Primate unablöslich verbunden zu seyn sie nicht den mindesten Zweifel hegeten. [a]   Man lese

nur

---

[a] Entscheidende Anmerkung des berühmten Kanonisten Schmidt sich wahr. Zu st. S. 25. und 118. — Vernünftige und einleuchtende Folgerung des Verfassers der Statistik der deutschen Kirche. Ebend, ——— Kurzum: kein Katholik kann daran zweifeln, daß der Pabst das Recht habe, Nuntien, Legaten, Apokrysiarien

nur das Schreiben des Pabstes Innocenz III an den Dechant des heil. Hilarius und des heil. Petrus, und an die Unterdechanten des heil. Hilarius zu Poitiers, (12tes Schr. in der Sammlung des Balußius 2ten Band. 16 B.) von dem Ursprunge des Rechtes des römischen Pabstes, Legaten in verschiedene Länder der christlichen Welt abzuschicken, um dorten, wo er selbst nicht kann zugegen seyn, seine Stelle zu vertreten. Eben dieses Recht hatte schon mehrere Jahrhunderte vorher der heil. Pabst Leo der Große ausgeübet. „„Weil, sind dessen eigene Worte in seinem Schreiben an die Metropoliten Illyriens, 5tes Schr. im 2ten Bande seiner Werke herausg. zu Tyrnau 1767. S. 34.

„Weil rien oder wie mans immer nennen will, abzusenden, wenn es das Wohl der allgemeinen Kirche oder die Umstände besonderer Kirchen erfordern. Wahr ist es, daß man einige Artikel, so in die Gerichtsbarkeit der Officialatsgerichte einschlagen und durch Gewohnheiten wie auch durch die Disciplin verschiedener Kirchen bestimmt und festgesetzet sind, von der Eigenschaft und dem wesentlichen Amte eines Nuntius wohl unterscheiden müße: allein eben so wahr ist es auch, daß die Päbste und ihre Nuntien das Recht haben, die ihnen durch Koncordate zugesicherten Vorzüge durch alle jene Rechtsmittel zu behaupten, welche ein überall anerkannter Besitzstand gewähret. — Gesetzmäßiges Daseyn der Nuntiaturen im Reiche ebendas S. 30. — Wir werden auf diesen Gegenstand zurückkommen, und das Geständniß eines Schriftstellers anführen, auf den kein Verdacht fallen kann, daß er die Gerechtsame des Pabstes zu weit ausdehne.

,, Weil unsre Sorgfalt sich durch alle Kirchen verbrei=
„ ten muß, wie es der Herr verordnet hat, da er
„ dem heil. Apostel Peter den Primat der apostoli=
„ schen Würde zur Belohnung seines Glaubens ver=
„ liehen, und auf diese Grundfeste die allgemeine Kir=
„ che gebauet hat: so theilen wir die schwere Bürde
„ unsrer Sorgfalt mit denjenigen, welche die bischöf=
„ liche Würde durch die Bande der nämlichen Liebe
„ mit uns verbindet. Aus dieser Ursache haben wir
„ nach dem Beispiele derjenigen, derer Andenken uns
„ schätzbar ist, unsrem Bruder dem Bischofe Anasta=
„ sius den Auftrag gegeben, in unsrem Namen un=
„ aufhörlich zu wachen, damit nichts Unerlaubtes von
„ jemanden unternommen werde. Daher wir deine
„ Liebden ermahnen, ihm in jenen Dingen, so die
„ Kirchendisciplin betreffen, zu gehorchen, indem ein
„ solcher Gehorsam nicht sowohl ihm als uns wird ge=
„ leistet werden, die wir erklären, ihn in diesen Pro=
„ vinzen als einen, der unsre Person vertritt, aufge=
„ stellet zu haben. „ Ebenderselbige heil. Leo schickte
einen andern Legaten a latere zu dem Faustus, Mar=
cianus und andern Archimandriten von Constantinopel
in der bekannten Glaubenssache, da Eutyches anfieng,
seinen Irrthum auszustreuen, wie aus dem 28ten
Briefe im 8ten Bande der näml. Aufl. S. 155 erhel=
let. Der heil. Pabst Gregor der Große sektigte einen

Le=

Legaten nach England ab, und der heil. Pabst Gregor. II trug die Legation von Deutschland dem heil. Bonifacius auf, die der heil. Pabst Zacharias bestätigte und welche der heil. Bonifacius ganze sechs und dreyßig Jahre hindurch bis auf das Pabstthum Stephans II, der ihn aufs neue zu seinem Legaten ernannte, verwaltet hat, wie uns der 91te Brief des heil. Bonifacius, in der Sammlung des Niklas Serrarius Mainzer Aufl. 1605, belehret. Der heil. Pabst Niklas I bestellte den Bischof Arsenius als seinen Legaten für Gallien und einen Theil von Deutschland, den Donatus, Leo und Marinus schickte er nach Constantinopel. Leo VII stellte seine Legaten auf bei den Bischöfen von Frankreich, Germanien, Bayern und Allemannien. [a] Die Provinzen Bouges, Bordeaux, Auch, Tours

[a] Die Gränzen des alten Germanien waren nach Westen der Rhein und das Meer: nach Osten Pannonien, wozu Unterösterreich und ein Theil von Oberösterreich gehörte: nach Süden Norikum und Vindelicien wozu fast ganz Bayern, das Bißthum Passau ꝛc. gehörte. Die vereinigten Niederlande machten auch einen Theil von Germanien aus, Trier, Mainz und Köln waren Theile von Gallien, wie auch die Rauraker, das ist, die Gegend des Canton Basel. Durch Alemannien wurde anfangs nur Schwaben, wo jetzt das Würtenbergische ist, die Unterpfalz verstanden Seit dem siebenten Jahrhundert ist der Name Alemannien dem ganzen itzigen Deutschlande beigelegt, und dem Lande Algöw (von Almangöw) einer Landschaft in Schwaben, insbesondere geblieben.

Tours und Bretagne sahen die Legaten Paschals II, welche Legationen vom Pabste Kalixtus dem II sind bestätiget worden. Unter allen Legationen aber verdienet besonders angemerkt zu werden jene Adrians IV in der Person des Hillin Erzbischofes zu Trier „damit „er durch das ganze deutsche Reich sein (des Pabstes) Stellverweser sey, und das Amt „eines Legaten im Namen des apostoli- „schen Stuhles verwalte. Arnold von Mainz, so sehr er auch anfangs wider diese Legation aufgebracht zu seyn schien, gab sich doch endlich zufrieden; und Hillin wurde im Namen des Pabstes mit großer Ehrbezeugung in Mainz eingeführet, wie aus dem Schreiben des Pabstes Adrian, im 1ten Bande der diplom. Gesch. von Trier mit Anm. des Bischofes von Myrioph. Verfass. dieser Sammlung zu ersehen ist. Und so ist das Recht des apostolischen Stuhles durch eine ununterbrochene Reihe der Nuntien bis auf diese unsre Zeiten aufrecht erhalten worden. Ja man hat immerhin die päbstliche Legationen und Nuntiaturen als ein so nothwendiges Mittel, die Verbindung der Bischöfe mit dem apostolischen Stuhle zu unterhalten, angesehen, daß, sobald die Legationen unterlassen wurden, auch sofort eine Zerrüttung in der Kirchendisciplin sich äußerte. Dieß bezeuget das Sendschreiben des Pabstes Hono-
rius

rius III an Roger Erzbischof zu Pisa (bei Ughelli Italia sacra 3ten Band der letzten Aufl. zu Venedig Seite 382.) „Corsica war sowohl wegen der Weitschich„tigkeit seiner Lage, als auch durch Nachläßigkeit der „Hirten, Uebermuth der Herren, und wegen des Ab„ganges apostolischer Legaten in der Anhänglich„keit und dem Gehorsame gegen die römische Kirche „erkaltet. Der Unordnung und Zerstreuung überlas„sen, hatte es die Kirchenzucht des geistlichen Stan„des beynahe ganz außer Acht gelassen.

Ob nun zwar diese so offenbaren Rechte des apostolischen Stuhles und die Nothwendigkeit, die Einigkeit der Glieder mit ihrem Haupte zu unterhalten, dir und deinen Collegen den Erzbischöfen und Kurfürsten bekannt seyn mußten: so habet ihr nichts destoweniger ein unter euch verabredetes Edikt ergehen lassen, wodurch ihr, wie Wir oben schon gesagt haben, allen Pfarrern befahlet, das erwähnte Umlaufsschreiben an unsern Nuntius zu Köln zurückzuschicken. (a) Ein Schritt, der viel ähnliches hat mit jenem des Bischofes von Poitiers, über welchen Innocenz III in oben angeführtem 12ten Briefe sich so sehr deshalben beklagte, weil dieser offen ausverkündigte, er wolle in seinem
Stifte

[a] Sieh die drey Edikte mit Anmerkungen darüber im wahr. Zust. S. 26.

Stifte Bischof und Pabst seyn. Derohalben der Pabst seinen Abgeordneten befahl, seine schärfesten Befehle mit Hintansetzung aller menschlichen Gunst, ohne Haß und ohne Furcht zu vollziehen, „damit ihr, sind dessen eigene Worte, euch nicht durch eure Nachläßigkeit strafbar machet, sondern euch vielmehr durch euren Eifer empfehlet.„ Der heil. Pabst Leo der Große, beseelet durch gleichen Eifer wider jene Bischöfe, so sich wider die geheiligten Satzungen vergriffen, drücket sich im 3ten Briefe an die Bischöfe von Campanien, der ankonitanischen Markt, von Toskana und der übrigen Provinzen überhaupt [a] im 5ten Kap. der gemeldeten Aufl. folgender Maßen aus: „ Wir machen durch gegenwärtige Erklärung „ kund und zu wissen, daß derjenige von unsern Brü=
„ dern

[a] Es ist noch so gar lange nicht, daß die Höflinge eines Erzbischofes und Reichsfürsten sich darüber beschweret haben, daß der Pabst und seine Nuntien mit den Bischöfen von Deutschland, so wie mit den kleinen Bischöfen von Italien sprächen. Was für einen Unterschied kann wohl der Pabst unter Bischofen machen? Soll Reichthum und zeitliche Gewalt hier entscheiden?... Soll sich dann das Haupt der Kirche bei weitschichtiger Verwaltung des großen Kirchenregiments nach dergleichen irrdischen Gegenständen richten? Man giebt sich alle Mühe, die Vorzüge des Pabstes über die Bischöfe zu zernichten, und zu gleicher Zeit wünscht man, unter den Bischöfen einen Unterschied einzuführen, der wider die Eigenschaft des Episkopats sowohl als wider den Geist des Christenthums streitet.

„ dern, der sich unterfängt, wider diese unsre Vor-
„ schrift zu handeln, und sich untersteht unser Ver-
„ both zu überschreiten, gewärtiget seyn solle, seines
„ Amtes entsetzet [a], und, weil er nicht mit uns die
„ nämliche Disciplin hat befolgen wollen, von unsrer
„ Gemeinschaft ausgeschlossen zu werden.

Du wirst vielleicht den Einwurf machen, du habest in Folge des kaiserlichen Befehles, so in dem
Schreiben des Kaisers vom 12ten Octob. 1785 enthalten ist, nicht anders können zu Werke gehen. Allein
du wirst dich auch zu erinnern wissen, daß der Kaiser
auf die bei ihm angebrachten Beschwerden wider die
Macht des heil. Stuhles Nuntien abzuschicken geant-
wor-

[a] Die Modekanonisten werden zweifelsohne über eine
solche Drohung die Augen gewaltig aufsperren. Indessen hat doch auch unser aufgeklärtes Jahrhundert in dem Innern von Frankreich, wo man den
päbstlichen Dekreten fürwahr nicht mehr Kraft einräu-
met, als man schuldig ist, ein Beispiel davon in der
Person des Bischofes von Senez gesehen, der wegen
seiner Widersetzlichkeit wider die Bulle Unigenitus auf
dem Concilium zu Ambrün seines Amtes feierlichst ist
entsetzet worden. Freilich wird man sagen, daß diese Absetzung durch den ordentlichen Weg des Rechtes und durch
das Urtheil der versammleten Bischöfe geschehen sey.
Ganz recht. Allein warum und aus was für einer Grund-
ursache geschah die Absetzung? Nicht wahr, weil der
Bischof ein päbstliches Dekret verworfen hatte. Der
heil. Leo sagt nicht, daß ein widerspänstiger Bischof seines Amtes soll entsetzet werden ohne vorläufi-
ges Gericht und Urtel.

wortet habe: es stünbe in der Willkühr des apostolischen Stuhles, nicht nur einen sondern auch drei Nuntien zu schicken. Da man aber nachher so stark in ihn drang: hat er zwar das Kreisschreiben, welches angeführet wird, ergehen lassen, doch aber auch dasselbe mit solchen Ausdrücken gemäßiget, daß es nicht das Ansehen hätte, als wollte er die Macht, so der heil. Stuhl bis hiehin durch seine Nuntien ausgeübet hat, wider Recht und Billigkeit kränken. Zudem, zu geschweigen, wie sehr dieses Schreiben, wenn es die Kraft eines Gesetzes haben sollte, den kanonischen Satzungen zuwider wäre, nach welchen nicht allein die Erzbischöfe und Bischöfe, sondern auch alle Katholiken verbunden sind, die päbstlichen Nuntien anzuerkennen und aufzunehmen; [a] so ist schon offenbar, daß es nicht als ein Gesetz sondern nur als ein einfaches Insinuationsschreiben könne betrachtet werden, und daß der Kaiser darin nicht die Sprache eines Gesetzgebers sondern eines Schutzherrn rede, damit nämlich die Erzbischöfe ihre ursprünglichen Rechte unverletzt beibehalten, von denen man durch unwahrhafte und irrige Klagen vorgiebt,

[a] Entscheidende Anmerkung über das kaiserliche Ansehen in dieser Materie sieh im 1sten Anhange, Not. über den Hirtenbr. S. 169, Not. über das Rescript, S. 185, wie auch eine Stelle aus Selchow. ebend.

giebt, alswenn sie ihnen durch unerlaubte und dem Kirchenrechte zuwiderlaufende Mittel entzogen wären. Ueber das hat er deutlich genug erkläret, daß er nicht befehle sondern nur ermahne, da er sagte: so rufen wir dieselbe zugleich auf, alle ihre Metropoliten- und Diözesanrechte sowohl für sich als auch durch Verständigung ihrer Suffraganen und der bestehenden exemten Bischöfe wider alle Anfälle aufrecht zu erhalten. Wer sieht nicht aus diesen und andern dergleichen Worten, daß die Erzbischöfe und Bischöfe völlige Freiheit behalten, als welche durch Ermahnungen gewiß nicht benommen wird, und daß das Ansehen der Erzbischöfe über ihre Suffraganen gar keinen Zuwachs dadurch erhalten habe, indem sie aufgefodert werden ihre Rechte durch Verständigung der Suffraganen zu schützen. Und wie kann man sich doch wohl von dem Kaiser die Vorstellung machen, daß er ein Gesetz fürs ganze römische Reich wider die Gerichtsbarkeit der Nuntien habe geben wollen, da er selbst gar wohl weiß, daß in geistlichen Gegenständen das Reich selbst sich nach den Kirchengesetzen richte, in andern Materien aber keine andere Gesetze die gehörige Kraft erhalten, als nur allein diejenigen, die entweder auf dem Reichstage oder doch von dem sämmtlichen deutschen Staatskörper gemacht werden, und daß selbst der Reichstag nichts zum Nachtheile der landesherrlichen Rechte der Reichsfürsten, in sofern selbige die Reichsgrundverfassung nicht verletzen, abschließen könne. Dieß und was sonst in einiger Verbindung damit stehet, haben wir weitläuftiger entwickelt in unserm Sendschreiben vom 12ten Octob. des vorigen Jahres an unsern ehrw. Bruder Ludewig Joseph Bischof zu Freysingen, welches demnächst zu München in lateinischer und deutscher Sprache im Drucke erschienen ist (a).

Uebrigens, ehrw. Bruder, nachdem wir weiter oben die Art und Weise vorgetragen haben, welche unsere Vorgänger, die wegen ihrer großen Heiligkeit und Gelehrtheit eine allgemeine Verehrung verdieneten, für die schicklichsten angesehen haben, die Rechte des

apo-

[a] Das Breve mit Noten sich im wahr. Zust. S. 116. —— Das ruhige Daseyn der Nuntiaturen zu München und zu Köln von diesem Zeitpunkte an, die verschiedenen Edikte des Königes in Preußen, des Kurfürsten von der Pfalz und anderer Fürsten und Bischöfe, um diese Nuntiaturen zu handhaben und ihnen alle Freiheit zu versichern, und daß der Herr Coadjutor von Mainz sich noch ganz neuerlich mit dem Informations-Proceß an den Nuntius zu Köln gewendet hat, endlich das Stillschweigen des Kaisers bei allen diesen Vorfällen, und das Betragen, so er von der Zeit an, da ihm das Ermahnungsschreiben ist abgedrungen worden, gegen die Nuntien beobachtet ꝛc. ꝛc. Alles dieß zusammengenommen bestätiget vollkommen die Gründe, die der Pabst hier dem Kurfürsten vorlegt.

apostolischen Stuhles zu schützen und zu erhalten: so wollen wir mit dir nicht anders als nach unsrer Gewohnheit verfahren; nämlich dich väterlich ermahnen und bitten, du wollest doch zu Gemüthe führen, mit welchem feierlichen Eide Du dich den geheiligten Satzungen der Kirche, dem apostolischen Stuhle und Uns verpflichtet habest. Derowegen beschwören Wir Dich, so viel Wir nur können, in dem Herrn, laß doch ab, Uns bei diesen ohnehin so bedrängten Zeiten der Kirche noch neue Wunden zu schlagen, Du vornemlich, als von welchem Wir es am wenigsten erwartet hatten. Wessenthalben dein Betragen unser Herz desto tiefer durchbohren mußte, je zuverläßiger wir Schutz für die Kirche und eine engere Verbindung mit Uns von Dir gehoffet hatten. Wir haben zu deiner Großmuth das Zutrauen, daß die angeführten Gründe und unser Bitten allen erwünschten Eindruck auf dein königliches Herz machen werden. Fährst Du aber fort Uns noch weiter zu betrüben, Unsere Rechte und die Rechte des apostolischen Stuhles zu bestreiten: so wird zwar unsere Betrübniß dadurch recht sehr vermehret werden; allein, so empfindlich auch immer die Kränkung und so groß der Schmerz seyn wird: so werden Wir doch nie von dem festgefaßten Entschlusse abweichen, so wenig itzt als jemals auf die Rechte des Primats, so auf Uns übertragen ist, Verzicht zu thun.

S 3   Wir

Wir wollen dieses Schreiben mit den Worten unsres Vorgängers des heil. Pabstes Niklas I beschließen, welche in dessen Sendschreiben an Rudolph Erzbischof zu Bourges (13tes Schr. in dem Anh. zu der Samml. des Labbe, 9ten Band der Concil. Aufl. zu Venedig 1729) also lauten: „Ew. Ehrwürden müs„sen nicht glauben, daß wir, wenn die Frage von uns„sern Rechten ist, etwas wider die Wahrheit reden; „denn diese Rechte sind vielmehr Rechte Gottes als „die unsrigen, welche durch die Verdienste des heil. „Peter dem römischen Stuhle sind verliehen worden. „Wir halten auch dafür, daß euch das, was wir „hier behaupten, keines Weges unbekannt sey und „daß sich die Beweisthümer von allem dem, was wir „auf gegenwärtiges Blatt niederschreiben, in euren „Archiven aufbewahret vorfinden„ (a).

Wir bitten den allmächtigen und gütigen Gott, daß er den Geist und die Gabe des guten Raths über Dich, ehrw. Bruder, ausschütte, zu welchem Ende Wir Dir den apostolischen Segen als eine Vorbedeutung der himmlischen Gaben, und als das Pfand unsrer

---

[a] Freilich wohl, nicht allein in den Archiven, sondern auch in allen Denkmälern, und in allen öffentlichen Schriften; in dem Ritual, in allen theologischen und kanonischen Abhandlungen, die im Erzstifte Köln gedruckt sind... bis auf die Ankunft des P. Hedderich.

ter väterlichen Liebe ertheilen. Gegeben zu Rom bey St. Peter unterm Fischersring am 20ten Jenner im Jahre 1787 Unsers Pabstthums im zwölften.

LIT-

LITTERÆ

REVERENDISSIMI ET SERENISSIMI AR-
CHIEPISCOPI ET ELECTORIS COLO-
NIENSIS, AD SUMMUM PON-
TIFICEM,

DD. Bonnæ, 2da Aprilis 1787.

Quas Sanctitas Vestra sub die 20ma Jan. ad me dare Literas dignabatur, summa qua decet, reverentia accepi. Ex illis non sine magno animi dolore ea, quæ ab Archiepiscopo Damiatensi in Archidiœcesi mea nuper acta, & a me ad Sanctitatem vestram delata sunt, omni ex parte a te, Ssme Pater comprobata intellexi. Hoc ab æqua Sanctitatis vestræ agendi ratione eo minus exspectabam, quo evidentiora & graviora sunt vulnera, quæ per litteras ab Archiepiscopo Damiatensi Parochis meis insinuatas, universo ordini Hierarchico, Disciplinæ ecclesiasticæ, Jurisdictioni meæ Archi- & Episcopali, nec non juri meo territoriali infligebantur. Tanta potius mea erga te, Ssme Pater, tamque filialis semper fuit reverentia ac devotio, ut ægro nonnisi animo ea, quæ a Nuntio suo acta fuere, Te sciente ac approbante facta fuisse, mihi persuaserim. Præclaræ etenim animi tui dotes, & notus omnibus veritatis ac justitiæ amor,

cujus

cujus luculenta toties argumenta dedisti, obstitit semper, quo minus crederem animum ad omne genus boni proclivem eo adduci potuisse, ut nulla mecum deliberatione habita, non exploratis prius meis rationibus, nec prævio paterno, si opus fuisset, monito, ad remedium convolares omnibus retro sæculis in Ecclesia inauditum. Si prius communicare mecum Sanctitati vestræ placuisset, filiali certe fiducia tot tantasque rationes exposuissem, quæ Sanctitatis vestræ animum immotum non reliquissent. Verum ejusmodi via, quamquam Ss. Canonibus omnino congrua, præclusa mihi fuit; nec præter iteratas querelas ad Sanctitatem vestram delatas, aliud superfuit medium, quo læsa Episcopalis authoritas, ac perturbata tot familiarum pax & tranquillitas restituerentur, quam ut Cæsareæ Majestatis qua supremi Ecclesiæ Advocati præsidium enixius implorarem. Quid ab eodem in hac causa resolutum fuerit, adjunctum Senatus Imperii Aulici conclusum docet. Ast ingenue fateor, non sine maximo mœrore id factum fuisse, quod adversus communem fidelium Patrem, quem summo semper amore ac summa pietate veneror, ad ejusmodi media mihi recurrendum fuerit. Verum te ipsum, Ssme Pater, latere nequit, quo pacis studio conservandæ, omnimodœ cum summa Sede

con-

concordiæ intentus semper fuerim, & quantas per Legatum meum Romæ residentem fecerim propositiones Ss. Canonibus in omnibus conformes: sed sinistro fato evenisse doleo, quod Sanctitatis vestræ animum alienis jam præoccupatum consiliis, ac precibus meis flecti nescium invenerim. Tantum enim absuit, ut, quod exspectabam, conatus meos secundares, quin potius creverit gravaminum materia, multiplicata fuere in Germania Ecclesiastica Tribunalia, constituti inferioris ordinis Clerici, qui suis invigilárent Episcopis; & ipsa Episcoporum potestas & facultas apud ipsos inferiores animarum Pastores in dubium ab Archiepiscopo Damiatensi vocata; ac hi, ne Præsulis sui mandatis obtemperarent, disertis verbis publice typis mandatis moniti fuere. Si officio Archi-Episcopali hucusque pro viribus a me satisfactum, nihilque intermissum fuit, quod rectum Ecclesiarum mihi commissarum regimen expescebat, urgentes illas caussas subintrare non video, quibus Sanctitati vestræ vi Primatus a Deo instituti jus competit, pro conservanda Religionis unitate & puritate, extraordinarios mittendi Legatos ad Ecclesias, ubi Religionis necessitas id postulaverit; si hoc, ut confido, non existit, multo minus me obligatum censeo, ut Nuntio jurisdictione & facultatibus instructo, in

gra-

grave poteſtatis meæ ordinariæ præjudicium, locum cedam, quem Chriſtus, ut ibi vigilem, ut ibi laborem, mihi commiſit. Hanc ob rem Sanctitas veſtra æquum agnoſcere dignabitur deſiderium, quo ab Archiepiſcopo Damiatenſi in Archidiœceſin meam ingredienti exigendum eſſe duxi, ne ullum ibi juriſdictionis actum in conformitate Reſcripti Cæſarei de dato 12ma Octobris, anni 1785, in Imperio emanati, exerceret: & cum id ſcriptis ſpondere nollet, illum in qualitate Nuntii vi muneris mei Archiepiſcopalis, & jure territoriali acceptare non potui. Quam gravia potius damna juribus illis inferre machinabatur, actus ille probavit, quo jus diſpenſandi eſſentialem illam Epiſcopalis auctoritatis partem, in dubium revocare eique contradicere auſus eſt. Cum tamen Sanctitati veſtræ plusquam notum ſit, a Jeſu Chriſto Religionis noſtræ authore poteſtatem ligandi & ſolvendi, quam D. Petro promiſit & tradidit, reliquis etiam Apoſtolis integram communicatam fuiſſe; adeo, ut jus illud ſolvendi & diſpenſandi inter eſſentialia Epiſcoporum jura divinitus data contineatur, in omnes Apoſtolorum ſucceſſores tranſeat, iisque indivulſe cohæreat, neque ulla ratione imminui, multo minus alienari poſſit. Ex hiſtoria quoque Eccleſiæ Tibi palam eſt, ac perſpicuum,

Ssme

Ssme Pater, nullo Conciliorum oecumenicorum Canone Sanctitati vestrae soli, Archi- & Episcopis reliquis exclusis, jus dispensandi in impedimentis matrimonii privative reservatum esse. Haec omnia tam manifesta sunt, ut dubium nullum supersit, quominus ea, quae hucusque a nobis acta sunt, sis approbaturus, si modo rem penitus examinare digneris. Non enim personarum illarum multitudo, quae sub pio praetextu variis artibus sibi victum parant, sed mutua charitas, mutua fiducia sacram tuentur in Ecclesia hierarchiam; non multiplicatae instantiae, & aucti in Ecclesiasticis judiciis sumptus administrandae inserviunt justitiae; sed solers cura ac sollicitudo, ne judices ordinarii muneri suo desint; non privilegiorum auctus numerus, sed filialis inferiorum erga Praesides fiducia, ac immediata erga eosdem subjectio, ministros Religionis, ut officio sancte satisfaciant, impellet. Hisce invigila, Beatissime Pater, hisce intende, ac universam Ecclesiam doce, quod praeclarae animi tui dotes adimplendis illis Te parem reddunt, quae tot viri sanctitatis gloria insignes tot frustra saeculis desiderarunt; probes, evanuisse illa tempora, quae querelis locum dedere, probes, Ecclesiae praeesse Pastorem, qui, suggestionibus privatorum non attentis, nil aliud prae oculis habet, quam bo-

num

num totius Ecclefiæ ac falutem animarum. Ecclefia tranquillitatem diu defideratam in gratis perpetuo Tibi referet, Tuique memoriam pia femper mente, ac devoto cultu recolet. A me vero nulla unquam intermittetur occafio, qua profundiffimam meam Sanctitati veftræ devotionem conteftari, ac demonftrare póffim, me jurium Sanctitati veftræ ceu Capiti fupremo Ecclefiæ competentium non derogatorem fed propugnatorem effe acerrimum atque fub hoc continuo obfequendi ftudio a Sanctitate veftra Benedictionem Apoftolicam rogo.

Antwortschreiben

des Hochwürdigsten und Durchlauchtigsten Erzbischofes und Kurfürsten zu Köln an den Pabst. Bonn 2ten April 1787.

Ich habe das Schreiben, welches Ew. Heiligkeit unterm 20ten Jenner an mich zu erlassen geruhet haben, mit aller schuldigen Ehrfurcht empfangen und daraus nicht ohne innerlichen Schmerz ersehen, daß Ew. Heiligkeit das neuliche Betragen des Erzbischofes von Damiette in meinem Erzstifte, worüber ich meine Beschwerden bei Ew. Heiligkeit angebracht hatte, nach seinem ganzen Umfange gutheißen [a]. Ich hatte dieß um so weniger von der billigen Denkungsart Ew. Heiligkeit erwartet, je augenscheinlicher die traurigen Wirkungen sind [b], welche die von dem Erzbischofe

---

[a] Wir haben gesehen, daß der heil. Vater den Schritt des Nuntius nicht allein gutgeheißen, sondern auch ausdrücklich befohlen habe, und das aus der Ursache, weil er nicht umhin konnte, so zu handeln, ohne sich einer strafbaren Gleichgültigkeit gegen solche Dinge schuldig zu machen, die dem Haupte der Kirche und dem Hirte der Hirten unendlich schätzbar seyn müssen. Er befand sich wirklich in dem Falle, mit dem heil. Apostel Paul sagen zu können: *Si evangelizavero, necessitas mihi incumbit. Væ mihi est, si non evangelizavero.* I. Cor. 9.

[a] Wenn S. Kurf. Durchl. nur allein mit der Ihnen eigenen Gottesfurcht zu Rathe giengen, und nach derselben

von Damiette meinen Pfarrern zugestellte Erklärung unter allen Gliedern der Hierarchie, in der Kirchendisci-

ben die Wirkungen betrachteten, welche die Erklärung des Nuntius verursachet hat: so würden Sie gewiß weit entfernet davon seyn, diese Wirkungen schädlich und traurig zu finden. Denn fürs erste sind die Dekrete der Concilien, jene der Erzbischöfe und Vorgänger S. Kurf. Durchl. und der Gebrauch der allgemeinen Kirche gerechtfertiget; die Gültigkeit der Ehen ist in Sicherheit gesetzet wenigstens außer den Gränzen des Erzstiftes, und in dem Erzstifte selbst sind die Pfarrer an ihre Pflichten erinnert worden. Deutschlandes Bischöfe wurden wider alle die widrigen Eindrücke vorbereitet, die ein solches Beispiel auf sie hätte machen können, welches noch weiter würde um sich gegriffen und in allen Ländern des Reiches die Heiligkeit des Sakramentes, die Gesetzmäßigkeit der ehelichen Verbindung und die Rechtmäßigkeit der Kinder in Gefahr gesetzet haben, woraus dann unzählige Unruhen und Streitigkeiten entstanden wären. Denn was auch immer für eine Theologie Deutschland über diesen Gegenstand angenommen hätte: so würden doch andere Nationen, die sich an das Concilium von Trient und an die allgemeine Lehre der Katholiken halten, solche Ehen als blutschänderische Ehen und die Kinder als unehlige Kinder angesehen haben. Diese und dergleichen fürchterliche Folgen haben den König in Preußen, den Kurfürsten von der Pfalz und andere Fürsten bewogen, die Ordnung und Ruhe in einer so wichtigen Materie zu handhaben. Der Kurfürst zu Trier hat um die Erneuerung der fünfjährigen Facultäten für sein Stift Augsburg angesuchet, und einige Monate darauf ist der Kurfürst von Mainz diesem Beispiele gefolget. (Die übrigen Bischöfe hatten noch nicht aufgehöret selbige zu begehren.) Leztlich da die von dem Nuntius ausgestellte Erklärung nichts anders zum Gegenstande hat, als was in den dreien Erzstiften, mit deutlichem und ausdrücklichem Willen der

Erz-

bisciplin, in meiner erzbischöflichen und bischöflichen Gerichtbarkeit, wie auch in meinen landesherrlichen Rechten [a] verursachte. Vielmehr ist meine kindliche

Ehr=

Erzbischöfe und Kurfürsten, immerhin im Gebrauche gewesen war: so konnte dieselbe keine schädliche und traurige Wirkungen verursachen, wenigstens keine, die sich von einem jüngern Datum herschreiben.

[a] Was für schädliche und traurige Wirkungen haben wohl in den landesherrlichen Rechten des Königes von Frankreich die Concilien von Toulouse, Tours, Narbonne, Paris ec. dadurch verursachet, daß allda erkläret wurde, die Bischöfe hätten keine Macht, in Ehehindernissen, so die Ehe ungültig machen, zu dispensiren? Was für Schaden haben an ihren landesherrlichen Rechten die Vorgänger S. K. Durchl. gelitten, welche durch Begehrung der fünfjährigen Facultäten den nämlichen Satz beständig behauptet haben? Haben wohl die Väter der tridentinischen Kirchenversammlung einen Eingriff in die landesherrliche Rechte der Könige und Fürsten durch die Entscheidung gemacht, wodurch den Bischöfen eine solche Macht zu dispensiren förmlich ist verweigert worden? Und welchen Abgang an ihren landesherrlichen Rechten haben dann endlich wohl die Bischöfe in allen katholischen Ländern als Fürsten gespüret, wenn sie als Bischöfe in dem Dispensationsgeschäfte sich nach Rom wendeten?... Sollten S. Kurf. Durchl. wohl sagen wollen, daß man den Ursprung der Ehehindernisse, so die Ehe ungültig machen aus dem zeitlichen und weltlichen Ansehen herholen?... Nein, so was ist nicht zu vermuthen, indem S. Kurf. Durchl. zu viel Einsicht haben, und zu gut katholisch sind, als daß Sie die irrige Lehre eines schismatischen de Dominis und eines Heterodoxen Launoy sich sollten eigen machen, über welche irrige Lehre der große Kirchenrath zu Trient den Fluch gesprochen hat.

[a] Man

Ehrfurcht und Liebe zu dir, heiligst. Vater allezeit so groß gewesen [a], daß ich mir hätte Gewalt anthun müssen, wenn ich mich hätte überreden wollen, daß
die

[a] Man kann nicht läugnen, daß S. K. Durchl. Proben der Ehrfurcht gegen den allgemeinen Vater der Gläubigen gegeben haben, ehe Sie von dem Erzstifte Köln Besitz nahmen. Allein von diesem Zeitpunkte an haben sich die Sachen sehr geändert, wiewohl diese Aenderung, wie schon ist gesagt worden, mehr für eine Wirkung fremder Eingebungen als persönlicher Gesinnungen anzusehen ist. —— Ohne auf irgend eine Art beleidiget zu seyn, reiseten S. K. Durchl. nach Wien in der Absicht, Ihrem Durchlauchtigsten Bruder das Kaiserl. Schreiben wider die Nuntien vom 12ten Octob. 1785 abzudringen. In dem ganzen Erzstifte wurde verbothen, gar keine Sache mehr bei den Gerichten zu Rom zu betreiben, wodurch ein Recht angegriffen wurde, welches von den ersten Jahrhunderten der Kirche her dem apostolischen Stuhle ist eigen gewesen, und von allen Kirchen in Deutschland durch die Konkordate der deutschen Nation ist bestätiget worden. Um den Bischof und die Klerisey von Lüttig von ihrer engen Verbindung mit dem Pabste abwendig zu machen, blieb kein Mittel unversuchet. Prætereundo Dominum Papam & ejus Ministros wurden in die Klöster und exemte Abteien Commissarien abgeschicket, um denselben ihre vom apostolischen Stuhle erhaltenen Privilegien zu nehmen. S. K. Durchl. haben sich auf eine nicht gar zu höfliche Art (und wider die klaren Worte ihres Eides) geweigert, den apostolischen Nuntius anzunehmen. Sie haben sich das Recht angemaßet, in Graden der Blutfreundschaft und Sippschaft, welche durch die Kanonen der Kirche verbothen sind, zu dispensiren, ein Recht, wovon alle Ihre Vorgänger beständig bekennet haben, daß sie es nicht hätten, und von welchen Dispensationen die vollkomme-

Antwort auf das Schreiben, S. 195.

Scripl: S. 179. Note über das Rescript S. 182.

T ne

die Schritte deines Nuntius mit deinem Vorwissen und Gutheißen geschehen wären. Denn deine vortreflichen Gemüthsgaben und deine allen bekannte Lie-

Antwort auf das schreiben, S. 195.

ne Nullität das kölnische Ritual und alle Ritualen von Deutschland feierlichst erkennen. Sie haben die Punktationen des Emser Congresses unterzeichnet. Sie haben ein bis auf diese Stunde in Deutschland ungesehenes Beispiel gegeben, da Sie eine Universität ohne Einwilligung und Gutheißen des Pabstes gestiftet haben, unerachtet das Domkapitel Vorstellungen dawider machte, in welchen erwiesen wurde, daß dieses Recht des apostolischen Stuhles von allen katholischen Kanonisten, und selbst von dem berühmten Protestant Böhmer anerkannt sey. Sie haben nicht allein zugelassen sondern auch gutgeheißen, ja sogar durch ihre Gegenwart die Anreden befördert, welche bey Gelegenheit dieser Feierlichkeit sind gehalten worden, Anreden, deren ganzer Innhalt nur übertriebene Heftigkeit der Ausdrücke wider das Haupt der Kirche und wahrhaft fanatische Ausfälle wider den heil. Stuhl zu Rom ausmachten, dergestalt, daß ein ansehnlicher Herr, der dabei zugegen war, Tages darauf dem Nuntius von Köln sagte: Alles überhaupt im Ganzen genommen sey eine feierliche Kriegeserklärung wider den h. Stuhl gewesen. Sie haben erlaubt, daß der ganze Hergang dieser Feierlichkeit, nebst der Rede eines verwegenen Mönchs, ist gedruckt worden, wenn doch einige Blätter voll Grobheiten wider den Pabst und wider die großen Vorgänger S. K. Durchl. eine Rede zu nennen sind ꝛc. ꝛc. Es würde hart halten, alles dieß mit den Gesinnungen der Filialis devotio zu reimen, wenn man nicht wüßte, daß die Fürsten sehr oft zu solchen Handlungen verleitet werden, denen die Empfindungen ihres Herzens widersprechen. —— Auch alles das, so sich mit dem päbstlichen Nuntius Pacca, schon vor der Epoche des Umlaufsschrei-

Liebe zur Wahrheit und Gerechtigkeit, wovon du mehrmals augenscheinliche Proben gegeben hast, hinderten mich zu glauben, daß man ein zu allem Guten ge-

schreibens zugetragen hat, machet dem äußerlichen Anscheine nach davon zu urtheilen, mit der Filialis devotio einen gewaltigen Abstich: allein, noch einmal, öffentliche Handlungen sind nicht allezeit die Sprache der wahren Gesinnungen der Fürsten. Denn man weiß, daß S. K. Durchl. bei mehr dann einer Gelegenheit die Schritte und Vorschläge jener Leute mißbilliget haben, welche eine niederträchtige Schmeichelei zu gewaltsamen und unüberlegten Handlungen hinreißt... Da der päbstliche Nuntius Bellisomi um seine Abschieds-Audienz ansuchte, wurde ihm ausdrücklich untersagt, den Hochwürdigsten Herrn Pacca, dessen Ankunft man täglich entgegensah, mitzubringen. Man gab auf den Gränzen Befehle aus, um, sobald er das kölnische Gebiet würde betreten haben, so fort bei Hofe Nachricht davon zu erhalten. Der Klerisey zu Köln wurde der Befehl zugefertiget, ihn nicht anzunehmen, und das in solchen Fällen übliche Ceremoniel einzustellen. Die Klerisei gehorchte. Darauf wendeten sich die bonnischen Minister an den Magistrat von Köln, und setzten demselben so heftig zu, daß der Hochwürdigste Herr Pacca drei Tage in seinem Hofe verblieb, ohne abzusehen, was für einen Ausgang diese Begebenheit gewinnen würde: als endlich der Magistrat ihn anerkannte. Allein alle Bemühungen, die der Nuntius sich gab, um Audienz beim Kurfürsten zu erhalten, waren fruchtlos. Er wurde beständig abgewiesen, und zwar auf eine etwas harte und unglimpfliche Art. Jedermann weiß, wie er in dem Fastenedikte ist behandelt worden, weil er die Pfarrer an die Beobachtung des kölnischen Rituals erinnert hatte. Die Ehrentitel Aufrührer, Unwissender, Miethling, ein Mann, der vom Geiste der Fin-

geneigtes Herz dahin hätte verleiten können, daß du ohne einige mit mir vorhero gepflogene Berathschlagung, ohne erst meine Gründe zu untersuchen, und

ob-

Finsternisse besessen ist ꝛc. wurden ihm in vollem Maße zugemessen. Demnächst arbeitete man darauf los, wie man zuwegebringen könnte, daß er als ein Verletzer der deutschen Gesetze aus dem ganzen Reiche verbannet würde. In dem Schreiben an den Pabst wird er geschildert als einer, der, so zu sagen, mit bewaffneter Hand ins Land eingebrochen ist, um alles unter und über sich zu kehren: Quam gravia damna inferre machinabatur, actus ille probavit &c. —— Einige Zeit hernach suchten S. K. Durchl. bei dem Pabste um die Erlaubniß an, ein reiches Kloster im Stifte Osnabrück aufheben zu dörfen, um öffentliche Lehrschulen, wie es heißt, zu stiften. Der heil. Vater gab die Erlaubniß, und schickte das Breve darüber, samt einem ganz liebvollen und väterlichen Schreiben an den Kurfürsten, dem Nuntius zu. Der Nuntius schrieb, gemäß dem Befehle des Pabstes, bei Ueberschickung des Breve und des päbstlichen Schreibens einen sehr höflichen, und ehrfurchtsvollen Brief an S. K. Durchl., Höchstwelche sich damals zu Münster aufhielten. Was geschah? Man nahm das Breve und das päbstliche Schreiben, man eilte von der erhaltenen Erlaubniß, das Kloster aufzuheben, Gebrauch zu machen; aber der Brief des Nuntius wurde an denselben wieder zurückgeschicket, und mit folgenden Zeilen, die einige Zeit darauf in einer gedruckten Broschüre zu lesen waren, begleitet: Da unserm Hochwürdigsten und Durchlauchtigsten Erzbischofe und Kurfürsten von einem sich zu Köln befindenden Nuntius nichts bekannt ist, als ein gedrucktes injuriöses Blatt: so haben Höchstdieselbe befohlen, den hie beygelegten Brief zurückzuschicken,

ohne vorläufige väterliche Ermahnung, [a] wenn selbige nothwendig gewesen wäre, deine Zuflucht zu einem Mittel nähmest, wovon alle vorherige Jahrhunderte kein Beispiel in der Kirche gesehen haben. Wenn es Ew. Heiligkeit gefallen hätte, mir zum voraus von ihren Gesinnungen einige Nachricht zukommen zu lassen: so würde ich gewiß mit kindlichem Zutrauen so viele und so wichtige Gründe angeführet haben, die Ew. Hei-

ten, und lassen dabei erklären, daß Höchstdieselbe von ihm in der Eigenschaft eines apostolischen Nuntius keine Briefe annehmen könnten. Gegeben zu Münster in Westphalen den 20ten Decemb. 1786. Aus der geheimen Kanzlei des Hochwürdigsten und Durchlaucht. Erzbischofes und Kurfürsten zu Köln. ―― Alles dieß scheint unglaublich, und ist doch leider allzuwahr.

[a] Wozu eine weitere väterliche Ermahnung? Der Pabst schicket seinen Nuntius, um mit S. K. Durchl. sich über einen wichtigen Gegenstand zu unterreden. Man weigert sich den Nuntius anzunehmen, man will mit ihm weder sprechen noch ihn anhören. Was konnte nun wohl der Pabst von einer väterlichen Ermahnung hoffen. Man urtheile darüber nach der Wirkung, die das päbstliche Schreiben gebracht hat, welches fürwahr für eine väterliche Ermahnung wohl gelten konnte? Und welche war dann diese Wirkung? Klagen, Beschwerden, Vorwürfe, so wie dieselben hier haufenweise vorkommen. Ist aber wohl irgend eine Aenderung zu Gunsten der Kanonen, der hh. Sakramente und der allgemeinen Kirchengesetze geschehen? Ach nichts weniger...

Heiligkeit völlig überzeuget hätten [a]. Allein dieser Weg, so gleichförmig er auch mit den hh. Kanonen war, ist mir abgeschnitten worden. Nachdem ich also meine Beschwerden bei Ew. Heiligkeit mehrmals angebracht hatte; so war mir kein anderes Mittel übrig, das verletzte bischöfliche Ansehen zu retten, und den gestörten Frieden und die Ruhe unter so vielen Familien wieder herzustellen, als daß ich S. Kaiſ. Majeſtät als oberſten Schutz- und Schirmherrn der Kirche um Schutz und Beiſtand inſtändigſt anrief [b]. Das
hie-

[a] Da dieſe Gründe zweifelsohne annoch beſtehen: ſo könnten ja S. K. Durchl. nach höchſtem Gutbefinden, ſelbige wo nicht dem h. Stuhle, doch wenigſtens dem Publikum vorlegen, um die gegenſeitigen Gründe zu widerlegen .. Doch laßt uns vielmehr hoffen, daß das gute Herz S. K. Durchl., ſeine Wahrheits- und Gerechtigkeitsliebe, ſeine Neigung zu den wahren Rechten der Religion, zur Ordnung und zu der in der Kirche eingeführten Diſciplin ꝛc. ſie endlich zu der Erkenntniß bringen werden, daß die gegenſeitigen Gründe die alleinigen guten und wahren ſind und folglich auf einmal den Diſputen ein Ende gemacht werde, welche nur das Gewiſſen der Pfarrer und Unterthanen in Angſt und Unruh ſetzen.

[b] Wenn man nicht ſcheuen müßte, einem Fürſten, der ſich ſelbſt überlaſſen das beſte Herz und die ſchönſte Denkungsart hat, etwas unangenehmes zu ſagen: ſo könnte man hier billig fragen, ob dieſe Beſchwerde nicht von ſolcher Art ſey, die ſich zurückſchieben, oder nach der Schulſprache retorquiren ließ, und faſt mit den
näm-

hiebei liegende Rescript des kaiserlichen Hofraths enthält die Entschließung, die Se. Kaiſ. Majestät in dieſer Sache gefasset haben [a]. Wobei ich aufrichtig geſtehen muß, daß ich mit größtem Leidweſen wider den allgemeinen Vater der Gläubigen, gegen welchen ich

die

nämlichen Worten dem Pabste könnte in den Mund gelegt werden. Denn der heil. Vater könnte auch sagen:
„ Wenn es Ew. Durchlaucht gefallen hätte, mir zum
„ voraus von ihren Vorhaben Nachricht zu geben: so
„ würde ich gewiß so viele und so wichtige Gründe an-
„ geführet haben, die Sie völlig überzeuget hätten. Al-
„ lein dieser Weg, so gleichförmig er auch mit den hh.
„ Kanonen war, ist mir dadurch abgeschnitten
„ worden, daß Sie sich geweigert haben, meinen Nun-
„ tius anzunehmen, und denselben anzuhören. Nach-
„ dem er also mehrmals vergebens versucht hatte, Au-
„ dienz zu erhalten: so war mir kein anderes Mittel
„ übrig, die allgemeinen Kirchengesetze wider die ge-
„ schehene Verletzungen zu retten, und die Gültigkeit
„ der Ehen, wovon der Friede und die Ruhe der Fa-
„ milien abhängt, in Sicherheit zu stellen, als daß ich
„ mich an die untergeordneten Hirten, die Pfarrer, wendete.

[a] Dieses Rescript, wodurch das Kreisschreiben des Nuntius unterdrückt wird, kann weder den bischöflichen Dispensationen, wie schon ist erwiesen worden, die gehörige Wirkung geben, noch auch den Frieden und die Ruhe der Familien wieder herstellen, wenigstens nicht der christlichen Familien, welche überzeugt sind, daß die Sakramente und die Heiligkeit der ehelichen Verbindung nicht in das Fach der weltlichen Macht gehören. *Cum Imperator*, sind die Worte eines Schriftstellers, der auf der Universität zu Bonn als Klassiker

die größte Liebe hege, und den ich mit kindlicher Ehrfurcht jederzeit verehre, ein solches Mittel ergriffen habe [a]. Allein dir konnte nicht unbewußt seyn, heiligster

ster gilt, *omnis jurisdictionis ecclesiasticæ omnino fit expers, eam cum tribunalibus imperii communicare non potuit; cum nemo plus juris in alterum transferre queat, quam ipse habeat.* J. H. Selchow, Elem. Juris publ. Germ. Tom. I, pag. 275. — Der große Bossuet (Gesch. der Veränd. B. 20. n. 18.) macht den Bischöfen von England, die sich nach den Absichten Heinrichs VIII gefügt hatten, den lebhaften Vorwurf, „daß sie nicht Muth genug gehabt hätten, nach „dem Beispiele aller vorhergehenden Jahrhunderte zu „zeigen, daß ihre Dekrete für sich selbst und durch das „geheiligte Ansehen, welches Jesus Christus mit ihrer „Würde verbunden hat, gültig wären, und von der „königlichen Macht nur völlige Unterwerfung und eine „äußerliche Beschützung erwarteten.„ Was würde dieser große Mann von solchen Prälaten gesagt haben, die sich hätten beifallen lassen, die Dekrete der geistlichen Macht durch die Bescheide eines weltlichen Gerichtshofes zu zernichten?

[a] Hier kömmt ein kleiner Fehler in der Zeitberechnung vor. S. K. Durchl. versichern, daß Sie sich nicht früher an S. K. Majestät gewendet haben, als da Sie vergebens gesucht hatten, bei Sr. Heiligkeit Gehör zu finden. Das Cirkulare des Nuntius erschien am 14ten December. S. K. Durchl. werden es schon am 16ten zu Münster erhalten haben. Höchstdieselbe haben nach Wien geschrieben am 17ten, um wegen dieser vorgeblichen Beleidigung Genugthuung zu fordern. Konnten nun wohl S. K. Durchl. in einem einzigen Tage nach Rom geschrieben haben, um bei Sr. Heiligkeit Gehör zu finden, und auch an dem nämlichen Tage schon Antwort von Rom erhalten haben, woraus sie ersahen, daß der Pabst Ihnen kein Gehör geben wollte?

ster Vater, wie sehr ich immer aus Liebe zum Frieden auf die Beibehaltung der vollkommensten Einigkeit mit dem heil. Stuhle bedacht gewesen bin, und wie viele Vorschläge, die mit den hh. Kanonen überall einstimmig waren [a], ich durch meinen Agenten zu Rom habe machen lassen. Es hatten aber leider die Rathschläge der Widriggesinnten das Gemüth deiner Heiligkeit schon so sehr eingenommen, daß mein Bitten keinen Eindruck auf dasselbe machte. Denn ich fand mich nicht allein in der Hoffnung, meine Bemühungen von dir begünstiget zu sehen, betrogen, sondern es wurde auch immer noch mehr und mehr Stoff zu Beschwerden gegeben. Die geistlichen Gerichtshöfe [b] wurden in

Deutsch-

[a] Der Hauptvorschlag, welcher die Ehedispensen zum Gegenstande hatte, war gewiß nicht mit den heil. Kanonen einstimmig, ein anderer, der das Recht des Pabstes, Nuntien abzuschicken, betrifft, war es eben wenig, wie wir schon gesehen haben, und noch weiter sehen werden.

[b] S. K. Durchl. verstehen hier zweifelsohne die von der Nuntiatur zu München für die Herzogthümer Jülich und Berg angestellten Abgeordneten. Was ist aber im Grunde S. K. Durchl. daran gelegen, ob diese zwo Provinzen von der Nuntiatur zu Köln, wie vorhin, oder von der Nuntiatur zu München abhangen. Von einer andern Veränderung im Erzstifte Köln weiß man eben so wenig als von dem, daß immer mehr und mehr Stoff zu Beschwerden gegeben worden. So viel ist gewiß, daß S. K. Durchl. alle jene Rechte noch ungestört genießen, welche Höchstderselben Vorgänger

ge-

Deutschland vervielfältiget und Geistliche von der niedern Klasse angestellet, um auf ihre Bischöfe ein wachsames Auge zu haben, ja so gar sind die Macht und Vorzüge der Bischöfe von dem Erzbischofe von Damiette bei den Pfarrern in Zweifel gezogen worden, welche noch über das durch öffentliche im Drucke erschienene Erinnerungen ermahnet wurden, den Befehlen ihres Erzbischofes nicht zu gehorchen [a]. Wenn ich nun die erzbischöflichen und bischöflichen Pflichten bis hiehin nach Möglichkeit erfüllet, und nichts unterlassen habe, was eine wohlgeordnete Regierung der mir anvertrauten Kirchen von mir erforderte: so kann ich nicht absehen, wie jene dringenden Ursachen hier Statt haben können, aus welchen Ew. Heiligkeit vermöge des von Gott eingesetzten Primats das Recht zustehet, ausserordentliche Legaten zur Erhaltung der Einheit und Reinigkeit der Lehre in jene Kirchen abzuschicken, wo die Glaubensangelegenheiten solche Verfügungen nothwendig machen

gehabt haben. Vielmehr haben S. K. Durchl. ihr Ansehen merklich erweitert, und erweitern es noch alle Tage auf Kösten der ältesten und ungezweifelten Rechte des obersten Kirchenhauptes.

[a] Ich finde hievon nichts in dem Umlaufsschreiben des Nuntius, worin nur die Dispensationen angeführet werden, um welche die drei Erzbischöfe beständig zu Rom angesucht haben, weil Sie solches selbst für nothwendig hielten. Sieh das Umlaufsschr. des Nuntius zu latein und deutsch wahr. Zust. S. 6.

chen [a]. Da aber diese Nothwendigkeit, wie ich hoffe, in meinen Kirchen nicht ist: so können Ew. Heiligkeit mich um desto weniger für verpflichtet erkennen,

ei-

[a] Könnte man nicht an S. K. Durchl., Höchstwelche sich allezeit nach dem klaren Buchstabe der Kanonen richten wollen, die Frage stellen, durch welchen Kanon das Recht des Pabstes, Legaten abzuschicken, nur auf den alleinigen Fall der Nothwendigkeit eingeschränket sey? Zudem, wem steht es zu, über diesen Fall der Nothwendigkeit zu urtheilen? Dem Untern oder Obern? Wenn man einen Hermann von Weiden und einen Gebhard Truchses gefraget hätte, ob es nothwendig wäre, einen Nuntius in ihre Diözesen zu schicken: so würde gewiß die Antwort ein lautes Nein gewesen seyn. Indessen haben wir doch der Ankunft apostolischer Nuntien das jetzige Daseyn der katholischen Religion in dem kölnischen Lande und das Glück zu danken, daß wir jetzt als unsern Erzbischof und Hirten einen katholischen Prinzen verehren, der mit allen tauglichen Eigenschaften, sein erhabenes Amt gut zu verwalten, begabet ist. Wenn nun auch die Gegenwart eines Nuntius just itzt bei den jetzigen Umständen nicht so nothwendig wäre, da die erhabenen Tugenden S. K Durchl. uns Bürge sind, daß wir so leicht keine Spaltung oder Irrthümer in Glaubenssachen zu fürchten haben: so ist es doch allemal wider die Regeln einer wohlgeordneten Politik, wenn man eine Einsetzung, wovon man die besten Wirkungen schon gesehen hat, darum abschaffet, weil die gegenwärtige Lage der Umstände eine solche Einsetzung nicht unumgänglich nothwendig machet. Wie viele Aemter müßte man einziehen und wie vielen Staatsbedienten den Abschied geben, wenn man nur auf das sehen wollte, was just jetzt in diesem Augenblicke nothwendig ist. Sobald eine Sache zu verschiedenen Zeiten viel Gutes gestiftet, und unheilbare Uebel abgewendet

hat:

einem Nuntius, der mit einer Gerichtsbarkeit und mit Vollmachten versehen ist, zum größten Nachtheile der bischöflichen Macht meine Stelle abzutreten, die Christus der Herr mir anvertrauet hat, um allda zu wachen und allda zu arbeiten. Aus dieser Ursache werden Ew. Heiligkeit nichts Unbilliges darin aufdecken, daß ich für nothwendig hielt, von dem Erzbischofe von Damiette bei seinem Eintritte in mein Erzstift zu verlangen,

hat: so kann man nicht Achtung genug für das Daseyn einer solchen Sache hegen. —— Wir haben oben gesehen, daß das Recht, Legaten und Nuntien in die ganze christliche Welt abzuschicken, ein wesentliches Recht des päbstlichen Primats sey. Diesem wollen wir hinzufügen das Geständniß eines Schriftstellers, der den dreien Erzbischöfen auf keine Art verdächtig seyn kann.
„Die Kirche ist nicht Einig, wenn ihre Glieder in
„den Glaubenslehren nicht einstimmig sind, oder durch
„Spaltungen getrennet werden. Da aber der Primas
„nicht allenthalben seyn kann: so könnte er seinem Amte, die Einigkeit zu unterhalten, nicht genug thun,
„wenn ihm nicht von allen Orten her, wo Vorfälle
„und Begebenheiten sich äußern, so das Heil der all-
„gemeinen Kirche betreffen, die Nachricht davon ab-
„geschicket würde. Woraus dann folget, erstens
„daß der Primas das Recht habe, die Nachrichten
„von solchen Vorfällen und Begebenheiten zu fordern
„und anzunehmen, ein Recht, so das ganze Alterthum
„anerkannt hat. Aus der nämlichen Ursache eignet
„sich zweitens der Primas ganz billig das Recht zu,
„Legaten und Stellverweser seiner Macht in den Pro-
„vinzen aufzustellen. Freilich, wenn alle Bischöfe
„ihre Pflicht so genau erfülleten, und in Vorfällen,
„so den Zustand der allgemeinen Kirche betreffen, sich

so

gen, er sollte erklären: daß er keinen Akt der Gerichtsbarkeit, dem kaiserlichen Rescripte vom 12ten Octob. 1785 zufolge, in meinem Erzstifte ausüben wollte, und daß ich ihn, da er sich hiezu nicht schriftlich anheischig machen wollte, in der Eigenschaft eines Nuntius

„ so betrügen, wie sie müßten: so könnte zwar die Aus-
„ übung dieses Rechtes wohl aufhören: allein auch die
„ Bischöfe selbst sind und bleiben M e n s ch e n. Damit
„ also der Primas bestmöglichst verhüten könne, daß die
„ Einheit keinen Schaden leide: so kann man erwähntes
„ Recht aus der Zahl der wesentlichen Rech-
„ te gar nicht ausschließen. „ Pehem Vorles.
über das Kirchenrecht I. Th. §. 268, 269. —— Der
nämliche Auctor drückt sich anderswo folgender Maßen
aus .(§. 444.). „ Die insbesondere angeordnete Lega-
„ ten werden entweder in jene Provinzen geschicket, die
„ dem Pabste, als Landesherrn betrachtet, unterwor-
„ fen sind, um selbige als oberste Statthalter zu re-
„ gieren; oder sie werden mit einer geistlichen Gerichts-
„ barkeit angestellet, welche dann entweder eine d e l e-
„ g i r t e, nämlich eine auf eine gewisse Zeit und auf
„ gewisse Umstände eingeschränkte, oder eine b e st ä n-
„ d i g e (jurisdictio ordinaria) ist, wenn ihnen näm-
„ lich die geistliche Obsorge über gewisse Provinzen mit
„ einer ständigen Legation aufgetragen wird. Die geist-
„ lichen Gerichtshöfe, die mit einer solchen b e st ä n-
„ d i g e n Jurisdiction versehen sind, um selbige
„ in den bestimmten Provinzen auszuüben, werden
„ Nuntiaturen genennet, so wie dieselbige zu Wien
„ in Deutschland, zu Köln am Rheine und zu Luzern
„ in der Schweiz im Gebrauche sind. „ Alles dieß ist
„ gedruckt zu Wien bei Anton Gaßler in dem nämli-
„ chen Jahre 1785, in welchen die Erzbischöfe nun die
„ Verbannung der Nuntien angesuchet haben.

[a] Wenn

tius als Erzbischof und Landesherr nicht annehmen konnte [a], denn was für bedenkliche Eingriffe er in meine Rechte zu machen vorhatte, hat er deutlich genug

[a] Wenn S. K. Durchl. diese Bedinguiß auf der Wagschale der Gerechtigkeit abwägen wollten: so würden Sie finden, daß selbige von gar keinem Gewichte sey, nicht allein deswegen, weil ein Edikt einer weltlichen Macht die Gerichtsbarkeit eines Nuntius nicht aufheben kann, und das kaiserliche Rescript ohnehin, wie wir gesehen haben, dieselbe nicht aufhob; auch nicht allein darum, weil ein Nuntius keine Verzicht auf ein Recht thun kann, welches andre Fürsten, deren Gebiet einen Theil der kölnischen Diözes ausmachet, durchaus handhaben wollten; letzlich auch nicht aus der alleinigen Ursache, weil die Forderung gar zu auffallend ist, daß ein Erzbischof auf einmal, nur auf eine schlechterdinges hin gemachte Erklärung seines Willens, einen päbstlichen Nuntius zwingen will, sich eines Rechtes zu begeben, welches die achtungsvolleste Titel, der rechtmäßigste Besitzstand, die Konkordate, die unverbrüchlich zu haltende Satzungen des deutschen Reiches und der deutschen Kirche ihm zusichern; sondern auch darum, weil bei allen Arten von Verträgen und Unterhandlungen die Forderung allemal widersinnig ist, daß der Hauptpunkt der Streitigkeit als ein Präliminarartikel vorausgesetzet werde. Wenn die Gesandten des Königes von Preußen und des Kurfürsten von Sachsen auf dem Friedenscongresse zu Teschen die kaiserlichen Bevollmächtigten nicht anders hätten anerkennen wollen, als mit dem Bedinge, daß sie vorläufig Namens ihres Herrn des Kaisers auf alle Ansprüche an Bayern Verzicht thäten, was würde wohl Europa von einem so ausserordentlichen Betragen bei einer Friedensunterhandlung gesagt haben? Wenn Se Kais. Majestät sich in keine Friedensunterhandlungen mit den Holländern hätten einlassen wollen, es sey denn, daß die Hollän-

nug dadurch bewiesen, daß er sich unterfangen hat, die Macht zu dispensiren, eine dem bischöflichen Charakter wesentlich anklebende Macht, zu bezweifeln [a] und zu bestreiten, unerachtet Ew. Heiligkeit selbst nur gar zu gut wissen, daß der Stifter unsrer heiligen Religion die Macht zu binden und zu lösen, die dem h. Peter ist versprochen, und gegeben worden, auch seinen übrigen Aposteln ganz und unbeschränkt mitgetheilet habe, also zwar daß diese Macht zu lösen und zu dispen-

länder zuvor ihm alle ihre Rechte auf Mastricht und die Schelde abträten: so würde gewiß die ganze Welt durch eine solche Art zu handlen billig seyn in Erstaunen gesetzet worden. Alle Mächte schicken ihre Bevollmächtigten um auf eine freundschaftliche Weise den Streitigkeiten ein Ende zu machen. Um dieß aber glücklich zu Stande zu bringen, ist nothwendig, daß die Gesandten zusammenkommen, sich sprechen, den Hauptstreitpunkt vor Augen legen und die wechselseitigen Rechte der Partheien untersuchen.

[a] Kann man wohl sagen, daß der Nuntius diese Macht bezweifelt habe, da doch lange vor der Ankunft des Nuntius das erzstiftskölnische Ritual, welches so viele Erzbischöfe so viele Jahre hindurch bestätigt und beobachtet haben, an acht verschiedenen Stellen förmlich erkläret, daß diese Macht nicht existire. (1ter Anhang zum wahr. Zust S. 189. Das münsterische Ritual, wie wir unten sehen werden, bezeuget eben dieß mit den klaresten Worten. S. K. Durchl. haben ja selbst in ihrem Fastenedikte 1787 bekennet, daß Höchstdieselbe bis hiehin nur in Kraft der fünfjährigen Facultäten dispensiret hätten. 1ter Anh. S. 167.

[a] Man

dispensiren unter die wesentlichen Rechte der Bischöfe, die göttlichen Herkommens sind, gehöre, auf alle Nachfolger der Apostel übergehe, und denselben unzertrennlich anklebe, auch auf keine Art geschwächet, vielweniger entwendet werden könne [a]. Es ist auch aus der Kirchengeschichte offenbar, und dir, heil. Vater, nicht verborgen, daß durch keinen einzigen Kanon der allgemeinen Kirchenversammlungen Ew. Heiligkeit allein,

[a] Man reime dieß, wenn man kann, mit dem Urtheile der allgemeinen Kirchenversammlung von Trient. *Magnopere vero ad Christiani populi disciplinam pertinere sanctissimis Patribus visum est, ut atrociora quædam & graviora crimina non a quibusvis, sed a summis duntaxat Sacerdotibus absolverentur. Unde merito Pontifices maximi pro suprema potestate sibi in Ecclesia universa tradita, causas aliquas criminum graviores suo potuerunt peculiari judicio reservare.* Trid. Sess. 14. c. 7. de Pœnit. — Wenn die Bischöfe in der Ausübung ihres Amtes den Kanonen der allgemeinen Kirchenversammlungen, den Gesetzen der allgemeinen Kirche und der Gewohnheit, so die Kraft eines Gesetzes hat, nicht unterworfen sind: was für eine betrübte Verschiedenheit wird eine solche Unabhängigkeit in der Kirche Gottes nach sich ziehen, welche auf eine bewunderungswürdige Weise in der Disciplin, in den Gebräuchen, und in den Ceremonien (wenigstens in dem wichtigsten Theile) eben so einförmig als in den Glaubenslehren ist, welche durch die vollkommenste Einigkeit sich von allen jenen Sekten so ausstechend unterscheidet, die das Christenthum zertheilen, gleichwie sie selbst unter sich zertheilet sind. — Wie viel Gewicht alles das habe, was hier von der bischöflichen Macht, von ihrer unmittelbaren Ab=

lein, mit Ausschließung der übrigen Erz= und Bischö=
fe das Recht in Ehehindernissen zu dispensiren, aus=
schließ=

Ableitung von Jesus Christus, von der Nachfolge der
Apostel gesagt wird, wird ein jeder gar leicht beurtheilen, der die 91, 96, 97, 140 Seite des wahr. Zust.
und 153, ꝛc. des 1ten Anhangs lesen wird. Diesem wollen wir folgende Stelle aus der Abhandlung
Vrais Princ. de la Constit. de l'Eglise cathol. p. 25.
hinzusetzen. „Die Neuerer wiederholen unaufhörlich,
„daß die Bischöfe als wahre Nachfolger der Apostel
„in alle Rechte derselben eingetreten, und folglich die
„von den Päbsten gemachten oder ihnen zugestandenen
„Reservationen lauter Eingriffe in die bischöflichen
„Rechte wären, wider welche keine Verjährung gelten
„könne. Dieser Satz ist schismatisch, weil den Bi-
„schöfen das Recht eingeräumt wird, alle Kirchen der
„Welt ohne Unterschied, nach dem Beispiele der Apo-
„stel, zu regieren, und ihnen Glaubenslehren und Dis-
„ciplinargesetze vorzuschreiben. Er ist vermessen und
„ärgerlich, weil die von so vielen Jahrhunderten her
„in der Kirche übliche Disciplin als sakrilegisch beur-
„theilet wird. Letzlich widerspricht er schnur gerade
„dem Kirchenrathe von Trient. Man kann also nichts
„anders behaupten, als daß die Bischöfe Nachfolger
„der Apostel sind, so viel die allgemeine und unbe-
„stimmte Macht zu regieren betrifft, welche sie durch
„ihre heil. Weihe empfangen, so wie die Priester durch
„ihre h. Weihe die allgemeine und unbestimmte Macht
„zu predigen und von Sünden loszusprechen empfan-
„gen; daß aber die eine Macht sowohl als die andere
„so lange gebunden und ohne Wirkung bleibe, bis die-
„selbige ihre gehörige Thätigkeit von einem höhern An-
„sehen erhält, welches den Bischöfen und den Prie-
„stern einen Theil der Heerde, um selbige zu weiden,
„und das Maß der Macht bestimmet, welche sie aus-
„üben sollen. Diese zwote Sendung, die sich von An-

U „wird-

schließlich vorbehalten sey [a]. Alles dieß, heil. Vater, ist so einleuchtend, daß mir gar kein Zweifel übrig bleibt, du werdest mein bisheriges Betragen völlig gutheißen, wenn du nur geruhen wirst, die Sache gründlich zu untersuchen. Denn nicht die Vielheit solcher Leu-

„ ordnung der Kirche herschreibt, kann demnach auf
„ gewisse Oerter und auf gewisse Umstände eingeschrän-
„ ket werden, gleichwie dieselbe in der That durch Ge-
„ setze und Gewohnheiten so ist eingeschränkt worden.
„ Woraus dann der Schluß sich ergiebt, daß alle Un-
„ ternehmungen der Bischöfe, die außer diesen Schran-
„ ken vorgenommen werden, z. B. die Dispensationen
„ in Ehehindernissen, die Einsetzung neuer Bischöfe
„ ohne Sendung des Pabstes, und ein jeder Act der
„ Gerichtsbarkeit, den solche ohne gehörige Sendung
„ eingesetzte Bischöfe ausübten, nichtig und aus Ab-
„ gang der erforderlichen Macht eben so ungültig wä-
„ ren, als die von einem Priester ertheilten Lospre-
„ chungen, der ohne Erlaubniß und Gutheißen seines
„ Bischofes Beicht hörte; daß man ihnen keinen Ge-
„ horsam schuldig sey, daß sie sich selbst den Fluch auf-
„ laden, der wider eingedrungene Kirchendiener ausge-
„ sprochen ist, daß alle diejenigen, die sich ihnen zuge-
„ sellen, sich der Spaltung und des nämlichen Fluches
„ schuldig machen, wovon sie keiner lossprechen, noch
„ den Mangel einer Macht ersetzen kann, welche, da
„ sie von Jesus Christus unmittelbar herkömmt, keinem
„ andern zustehen kann, als nur allein demjenigen, wel-
„ chem Jesus Christus das Recht gegeben hat, dieselbi-
„ ge in seinem Namen auszuüben.

[a] Die allgemeine Kirchendisciplin, welche nach dem Geständnisse des Febronius selbst dieses Recht dem Pabste ausschließlich zueignet, kann gewiß für einen Kanon einer allgemeinen Kirchenversammlung gelten. Der große

Leute, die unter einem andächtigen Vorwande durch verschiedene Kunstgriffe ihr Brod suchen [a], sondern die wechselseitige Liebe und das wechselseitige Zutrauen müssen

ſe Kirchenrath zu Trient hat förmlich verweigert, dieſes Recht den Biſchöfen einzuräumen, unerachtet der Pabſt dieſe Einräumung gern geſehen hätte, wie die Akten des Conciliums bezeugen. Kann man wohl dieſem Urtheile des allgemeinen Kirchenrathes die Kraft und das Anſehen eines Kanons abſprechen? Ein förmlicher Kanon würde nicht ſo viel beweiſen, weil alsdann (wenigſtens könnte es einem ſo ſcheinen) ein Zweifel oder eine vorläufige Streitigkeit darüber vorausgeſetzet würde, dahingegen die förmliche Verweigerung, die Macht zu diſpenſiren den Biſchöfen beizulegen, ein ſtarker Beweiß einer allgemeinen und einhelligen Ueberzeugung iſt, daß dieſes Recht keinen andern als dem Pabſte zukomme.

[a] Sieh, da erſcheinen abermals der Begriff vom Miethlinge, und jene niederträchtigen Ausdrücke, die in dem Munde eines großen Fürſten ſo ſehr unanſtändig klingen. —— Sind dann die geiſtlichen Beamten der Erzbiſchöfe weniger Miethlinge als die Nuntien der Päbſte? oder ſind dieſe in den Kunſtgriffen erfahrner und begieriger als jene? Wer kann das glauben, da man täglich Leute vor Augen hat, die aus dem Kothe herausgehoben, wie die Schmetterlinge herumflattern und glänzen, weil ſie wider den Pabſt ihre Zunge und Feder gemisbrauchet, Grobheiten wider den heil. Stuhl zu Rom geſchrieben, und die verſchreiteſten Schriftſteller abgeſchrieben haben, weil ſie den Geiſt der Unabhängigkeit gepredigt, alle Kenntniſſe der Diſciplin verdorben, und alle Quellen von Schmeichelei und Niederträchtigkeiten erſchöpfet haben, unter dem Vorwande die biſchöfliche Macht zu erhöhen, in der That ſelbſt aber zu verunſtalten?... Es ſind Krüge, ſagte mir vor einiger Zeit ein geiſtreicher Mann, und da

Note über den Hirtenbrief, S. 167. 169.

müssen die Hierarchie in der Kirche aufrecht erhalten. Nicht die vervielfältigten Instanzen und die daher vermehrten Unköſten bei den geiſtlichen Gerichten helfen der Gerechtigkeit auf, ſondern ein wachſames Auge auf die ordentlichen und beſtändigen Richter, ob und wie dieſelben ihre Pflichten erfüllen. Nicht die angehäufte Anzahl der Privilegien, ſondern ein kindliches Zutrauen der Untergeordneten und derſelben unmittelbare Unterwerfung gegen ihre Biſchöfe wird die Diener der Religion zu einer genauen Beobachtung ihrer Schuldigkeiten antreiben [a]. Auf dieſe Gegenſtände,

bei-

da er ſah, daß mich dieſer Ausdruck befremdete, ja ja, erwiederte er, es ſind Krüge, ſie neigen und bücken ſich, um ſich anzufüllen.

[a] Der Kirchenrath von Trient, ſo viele andere Concilien, die wir angeführet haben, und die überall übliche Diſciplin, welche den Willen der allgemeinen Kirche ſattſam zu erkennen giebt, haben fürwahr über dieſe Gegenſtände nichts ſo blindlingshin beſtimmet. Wenn ſie nicht gewollt haben, daß die Diſpenſationen in Ehehinderniſſen den Rechten der Biſchöfe einverleibet würden: ſo iſt zu vermuthen, daß ſie dazu gute Urſachen gehabt haben. (Wir werden Gelegenheit haben, einige davon zu entwickeln). Es iſt billig, daß ein jeder Biſchof insbeſondere den nämlichen Gedanken von den Dekreten der allgemeinen Kirche hege, welche die wahre Oberinn der Biſchöfe nicht minder als aller übrigen Rechtgläubigen iſt, daß er ſeine eigenen Einſichten und Verſtand den Einſichten und dem Urtheile dieſes großen Parlaments der Chriſten (wie der vortrefliche Morus ſagte, nicht vorziehe, und daß er an der Spitze ei-

nes

Heiligster Vater, wende deine Sorgfalt, diesen widme deine Aufmerksamkeit und laß die ganze Kirche sehen, daß deine vortreflichen Eigenschaften das zu Stande bringen können, was in so vielen Jahrhunderten den Gegenstand der Wünsche so vieler durch Heiligkeit des Lebens berühmter Männer gewesen ist. Belehre die ganze Welt, daß jene finstern Zeiten verschwunden sind, die zu den Beschwerden den Grund gelegt haben, und daß auf dem heil. Stuhle jetzt ein Pabst sitze, dessen Ohren und Herz fremden Rathschlägen und Eingebungen verschlossen sind, der nur allein auf das Wohl der ganzen Kirche und auf das Heil der Seelen sein Augenmerk richtet. Alsdann wird dir die Kirche ewig dafür verbunden seyn, daß du ihr die so lange gewünschte Ruhe geschenket hast [a] und wird dein An-

nes jeglichen seiner Dekrete glaube den höchstwichtigen Vorspruch zu lesen: Visum est Spiritui S. & nobis. Es hat dem heil. Geiste und uns gutgedünket. Apostelgesch. XV. 28.

[a] Genoßen nicht die Kirchen von Deutschland und die kölnische insbesondere eine vollkommene Ruhe zu der Zeit, da S. K. Durchl. die Regierung übernahmen? Was fehlte wohl in der guten Regierung dieser Kirche? Worüber beklagten sich wohl die gutgesinnten Katholiken in diesem Lande?... Sind wohl die hernach entstandene Streitigkeiten, die Art und Weise, womit die päbstlichen Nuntien bei so vielen Gelegenheiten behandelt wurden, die Finsterniß, so über die Lehre von den hh. Sakramenten und über die Gültigkeit der Ehen ist

denken mit Ehrfurcht und Dankbarkeit immer verehren. Ich aber werde keine Gelegenheit vorbeigehen lassen, meine tiefeste Ehrerbietigkeit gegen Ew. Heiligkeit zu bezeugen und dir, heiligster Vater, zu beweisen, daß ich weit davon entfernet sey, die deiner Heiligkeit als obersten Kirchenhaupte gebührenden Rechte zu bestreiten, sondern du wirst vielmehr in mir den eifrigsten Beschützer und Beförderer derselben sehen. Mit diesen ehrfurchtvollen Gesinnungen und mit dem Verlangen, Ew. Heiligkeit zu gefallen, begehre ich den apostolischen Segen.

verbreitet worden, Schriften voll Galle und Unsinnes, welche fanatische Mönche und bösartige Priester wider das Haupt der Kirche und seine Legaten unaufhörlich in die Welt schicken, das Aergerniß, so aus allen diesen Unanständigkeiten vor den Augen des ganzen katholischen Europa und noch mehr vor den Augen des protestantischen Europa erfolget ꝛc. ꝛc. ist alles dieß mehr zu schätzen, als die gute Einigkeit, die vorhin zwischen dem päbstlichen Nuntius und den Erzbischöfen herrschte?...

Turbati sunt, & moti sunt sicut ebrius: & omnis sapientia eorum devorata est. Pſ. 106, v. 26.

Muſterung
einiger Schriften in Betreff der Nuntien.

Wenn der Durchlauchtigſte Erzbiſchof nicht ſo genau den Sinn der Gründe und der Vorſtellungen des Pabſtes erreichet hat, und wenn ſchon Höchſtderſelben Antwort hie und da Züge von Bitterkeit und Unmuthe blicken läßt: ſo iſt dennoch dieſelbe noch lobenswürdig, wenn man ſie mit jener vergleichet, welche die Leute der geiſtlichen Sachen (Periobiſten von Mainz) ſich unterfangen haben zu machen, Leute, die wegen ihrer ſteifen und bösartigen Unwiſſenheit ſo verſchrieen ſind, daß ſelbſt der Name ihres Werkes ſchon zu einer Art von *Quodlibet* geworden iſt, welches antonomaſtiſch ſo viel als vielfräßige und eckelhafte Schriftſteller bedeutet [a]. Sie lachen über den Pabſt

[a] Jedermann weiß ihre Bemühungen wider den Stockfiſch zu Beförderung der Mainzer Schunken und anderer Gegenſtände einer fleiſchgierigen Vielfräßigkeit; ihre Berechnungen über die Düngung und Fettung; alles dieß in der Abſicht, das freitägige Abſtinenzgebot abzu-

Pabst und dessen Schreiben, sie scherzen und thun fein und artig (Scherze der geistlichen Sachen!!!). Auf einmal gerathen sie in Harnisch, und rufen zehnmal nach einander aus: Das ist falsch, durchaus falsch. Ja so antwortet man dem Pabste in der Schreibart der geistlichen Sachen. Franz I schickte Herolde zu Karl V, die ihm sagen mußten: Du hast es in deinen Hals gelogen. Das königliche Beispiel hat, wie man sieht, Reize für die Exmönche von Mainz. Allein Wuth und Zoten auf die Seite gesetzet, finden sich diese Leute bei den unwiderstehlichen Beweisen, die man ihnen entgegengesetzt hat, nicht ein wenig verlegen? Sie verlegen! Plauderei, Unwissenheit, böser Glaube sind diese je verlegen gewesen? Und wodurch sollte der ehrwürdige Vater Jung wohl in Verlegenheit gebracht werden können? Dieser Riese, gegen welchen, wie er selbst in seinem Journale oder doch seine Mitgesellen schaf-

Pſ. 80.

schaffen (sieh Journ. Hist. & Litt. 1. Août 1786, S. 544 und folg.). Man glaube aber nicht, daß sie, weil Ihnen das Maul gestopfet wurde, klüger geworden sind. Nichts kann solcher Art Leute von dem Wege, den sie einmal angetreten haben, abwendig machen. Gewissen Thieren des Nils ähnlich, welche die Härte der Gelenke aller Biegsamkeit beraubet, gehen sie steif und gerade auf die Zote los, von der sie voll sind, und welche die einzige Triebfeder ist, wodurch sie in Bewegung gesetzet werden. *Ibunt in adinventionibus suis.*

[a]

ſagen, die mächtigſten Gegner nur Zwerge und unreife Kinder ſind [a]. Führet man Concilien an, welche entſchieden haben, daß die Macht zu diſpenſiren dem Pabſte vorbehalten ſey. Je nun! Das Concilium zu Tours, wo es heißt: *Episcopis dispensare non licere arbitramur*, iſt zu Rom verfälſchet worden [b]. — Das zu Toulouſe iſt in dieſer Materie ſchlechterdings null und nichtig, denn es wurde unter dem Kardinal von Joyeuſe gehalten [c]. —

In

[a] *Clariſſimum jungium noſtrum, quocum vos computati nani imo embryones in eruditione omnigena, eaque prompta & expedita eſtis.* Ein Theolog von Paderborn hat durch eine kraftvolle Schrift dieſen Pral-Hans zu Paaren getrieben. Ein Profeſſor zu Heidelberg (Hr. Rübel) hat ihn noch ſchärfer geſtriegelt. Der gute Jung hielt ſich hiebei, ſo wie bei anderen Gelegenheiten, mäuſeſtill; zum Wahrzeichen des Sprichwortes: Auf einen Stolzen darf man nur brav zuſchlagen, er wird ſich der Schläge nicht rühmen. Hie und da wird er noch wohl unverſehens um ſich ſchappen oder ausſchlagen, aber in ein ordentliches Gefecht wird er ſich nicht mehr einlaſſen. *Jour. Hiſt. & lit. du I Avril 1787 S. 493.*

[b] Das nämliche Concilium ſagt: Wenn die Biſchöfe diſpenſiren, ſo thun ſie es *in ſuarum animarum diſpendium... Hæc conjunctio matrimonium cenſeri non debet...* Es nennet die Kinder, die aus ſolchen Ehen gebohren werden, *ſpurios*, &c. Es muß alſo auch alles dieß zu Rom ſeyn hinzugefügt worden, und das zwar ohne die mindeſte Widerſprechung der Biſchöfe, welche die Akten des Conciliums ſo, wie ſie jetzt ſind, in Frankreich haben drucken laſſen.

[c] Und alle Biſchöfe ſchwiegen bei dem Anblicke eines Kanons,

In jenem zu Diamper haben die Jesuiten den Erzbischof bei der Nase geführet [a]. — Das kölnische sagt, man müsse die päbstliche Dispensen untersuchen; folglich erkennet es nicht, daß dem Pabste das Recht zu dispensiren ausschließlich zustehe (b). — Die Dispensation, so dem Kaiser Otto von Innocenz III ge-

ge=

nons, den der Präsident wider ihre Meinung und ihre Ueberzeugung allein verfertiget haben mochte?... In Wahrheit die goldene Legende erzählt nicht so viele Wunder als die Legende des ehrwürdigen Vaters Jung.

[a] Die Jesuiten hatten sich damals in Indien sehr ausgebreitet. Sie können also wohl gute Dienste bei dieser Gelegenheit geleistet haben. Allein der Verfasser der Geschichte dieses Conciliums ist kein Jesuit sondern ein Augustiner, welcher den Erzbischof, das Concilium und dessen gute Wirkungen nicht genug rühmen kann. Das Werk besteht aus einem Bande in 4., und der Titel ist: *Joannis-Facundi Raulin, Cæsaraugustani, Ordinis Eremitarum S. Augustini Ex-Generalis, Historia Ecclesiæ Malabricæ, cum Diamperitana Synodo apud Indos Nestorianos, S. Thomæ Christianos nuncupatos, coacta ab Alexio de Menezes Augustinensi, anno Dni 1599. Nunc primum e Lusitano in Latinum versa; cui accedunt cum Liturgia Malabrica, tum Dissertationes variæ: omnia perpetuis animadversionibus illustrata. Romæ 1745, ex typographia Hieronymi Meinardi. Superiorum permissu.* Das Werk ist Benedict XIV gewidmet.

[b] Das Concilium sagt, das Dekret der allgemeinen Kirchenversammlung solle beobachtet werden, man solle, wenn der Pabst dispensiret, zusehen, ob die angeführten Ursachen wahr sind, ꝛc. Nur eine unverschämte Hartnäckigkeit mag über die Folge dieses Textes chikaniren.

geben wurde, beweiset nichts, weil Innocenz glaubte, Könige machen zu können (a). — Die, so der heil. Gregor den bekehrten Engländern ertheilet hat, beweiset eben wenig aus der Ursache, weil das Concilium zu Orleans jene nicht von einander schied, die vor der Taufe, wornach sie verlangten, sich in der Unwissenheit der Kirchengesetze verheirathet hatten [b], ꝛc. ꝛc. Mit solchen Antworten

[a] Vortrefliche Logik! Kein Mensch auf der Welt wird mehr die Wahrheit sagen, weil keiner ohne einigen Irrthum ist.

[a] Ohne sich hier bei einem äußerst auffallenden Irrthume, der unter den Ehen, die von Ungläubigen schon sind vollzogen worden, und unter Ehen, die von Christen noch sollen vollzogen werden, keinen Unterschied machet, länger aufzuhalten, so könnte man die geistlichen Sachen fragen, warum dann der heil. Augustin, Bischof und Apostel von England, sich nicht getraute, solche Dispensation zu ertheilen? Befand sich vielleicht ein Jesuit auf der Insel, der den Heiligen bei der Nase führte? ... Und hätte nicht der heil. Gregor dem heil. Augustin antworten müssen, es wäre unnütz, wegen solcher Dispensation sich beim heil. Stuhle zu melden, indem ein jeder Bischof dieses Recht wesentlich habe? ... Doch der heil. Gregor war Pabst, und nach der Denkungsart der geistlichen Sachen kann keiner Pabst, heilig, ein Kirchenlehrer und zugleich ein offenherziger und braver Mann seyn. —— Man könnte noch im Vorbeigehen anmerken, daß die geistlichen Sachen den Artikel nicht allein nicht gelesen, sondern auch nicht einmal sich die Mühe genommen haben, denselben nachzuschlagen; denn sonst würden sie gefunden haben, daß die

ten wird die ganze Kirchengeschichte, die ganze Concilienſammlung der Väter Labbe und Coſſart, ſo wie jene des Vaters Harduin, und noch viele andere zu Waſſer werden, ohne daß das mindeſte kleine Wort dagegen zu ſagen ſey [a]. Allein die lichtvollen Entdeckungen, die der E. V. Jung in der Geſchichte des Prätextat, des Poppo, des Hildebert ꝛc. machen wird, werden dieſen Verluſt reichlich genug erſetzen. Er wird uns belehren, daß der erſte in einem Grabe der

Bluts

die Stelle unrichtig angezeiget ſey. (es muß ſeyn 12 B. 31 Br. anſtatt 14 B. 17 Br.) Und dann hätten ſie es gewiß als eine wichtige Entdeckung angeführt. — Was für Vertrauen verdienen nun wohl ſolche Leute, die ſo blindlings was daher plaudern, ohne einmal recht zu wiſſen, wovon die Rede ſey, und ohne ſich einmal darnach zu erkündigen?

[a] Wir wollen es jedoch verſuchen, ob wir dem E. V. Jung nicht eine reine Genugthuung geben können durch Anführung eines Conciliums, welches nun ganz gewiß keine römiſche Verfälſchungen gelitten hat, und worin derjenige, der den Vorſitz hatte, weder ein Kardinal geweſen noch auch von ſpitzfindigen Jeſuiten iſt hintergangen worden. Ich meyne das Concilium zu Paris, das im Jahre 1408, während der großen abendländiſchen Spaltung, gehalten wurde, in welchem die Väter dieſes Nationalconciliums, da ſie eine Verordnung für die ganze franzöſiſche Kirche machten, die, ſo lange der wahre Pabſt nicht würde bekannt ſeyn, ſollte befolget werden; es nicht wagten, entſcheidend zu erklären, daß ein Provinzialconcilium (und von dieſem iſt noch weit auf einen einzelnen Biſchof) die Macht habe, in dieſem Zuſtande der Spaltung und Ungewißheit

Blatfreundschaft dispensiret habe [a]; er wird aber kein Wort davon sagen, daß ihm der König den Vorwurf machte, er habe die Kanonen verletzet, und daß der angeblich Verheirathete geschoren und in ein Kloster ist eingesperret worden [b]. Er wird die von Poppo ertheilte Dispens anführen, wird sich aber wohl hüten, uns zu erzählen, daß von einer schon längst vollzogenen Heirath die Rede war, und doch Poppo so wenig von dem Rechte eines Bischofes in den all-

ge=

wißheit des wahren Hauptes der Kirche, auch sogar mit einem Könige, wenn schon der größte Nutzen für den Staat daraus entspränge, zu dispensiren. Man lese die Sitzung vom 22ten Octob. 1408. unter dem Titel: *Avisamenta super modo regiminis Ecclesiæ Gallicanæ* DURANTE NEUTRALITATE... *Si autem magna Reipublicæ utilitas exegerit, forte cum aliquo rege aut principe dispensandum super hoc, concilium provinciale valeat dispensare... Videtur satis tolerabile* HOC TEMPORE DURANTE, *quod concilium provinciale cum magnis nobilibus valeat dispensare.* Was würden die Väter dieses Conciliums wohl gesagt haben, wenn irgend ein Bischof sich hätte die Macht anmaßen wollen, aus eigenem Ansehen zu dispensiren, und das zwar zu einer Zeit, da der rechtmäßige Pabst allgemein anerkannt ist ſiehe das Concilium von Narbonne nebst andern Authoritäten, wahr. Zust. S. 141. 1ter Anhang S. 162, 222.

[a] Er wollte sagen Sippschaft, oder er wußte vielmehr selbst nicht, was daran war, er hat eine Zote gelesen, und hat eine Zote wiedergeholt.

[b] 1ter Anhang, S. 160, 219.

[a]

gemeinen Kirchengesetzen zu dispensiren überzeugt war, daß er sich in der äußersten Verlegenheit fand, daß er überlegte und andere um Rath fragte, bis er endlich, um ein greuliches Aergerniß zu vermeiden, nicht wider die Absicht der Kirche zu handeln glaubte, wenn er in diesem Falle die Epikie brauchte [a]. Er wird uns versichern, daß Hildebert in seinem 34ten Briefe erwähne,

[a] *Legali nostra nequidquam freti autoritate* (und dieß soll ein Bischof seyn, der von seinem Rechte dispensiren zu können überzeugt ist?)... *Piligrinum Coloniensem miræ sanctitatis virum cum Baidone Moguntinensi convenimus, confratres nostros quidem & archipræsules, Rambertum etiam Virdunensem, alios similiter Episcopos venerabiles, plurima de sacræ fidei conferendo religione, hac, ut necesse duximus, aliquantisper immorati sumus quæstione, utrum cuiquam jura connubii ad ejusmodi contiguam licerent quam sine lege suam pridem desponsatam haberet.* Hist, Trev, Diplom. tom. 1, p. 367. Die Worte des Poppo widerlegen genugsam die Anmerkung, so der Verfasser dieser Geschichte dieser Dispensationen machet. Man sieht ohnehin aus dem in seinem Febronius aufgestellten Systeme, wie sehr er darüber aus ist, die Geschichte wider die in der Kirche hergebrachte Ordnung zu verdrehen. Uebrigens, ob er schon von dem Zustande der alten Disciplin irrige Begriffe hat: so gestehet er doch, daß heut zu Tage der Papst allein die Macht zu dispensiren habe, und das zwar kraft der überall eingeführten Disciplin: *Moderna Disciplina summo Pontifici reservata est dispensatio.* Ein den Willen der allgemeinen Kirche ausdrückendes Thatgesetz, dem kein einzelner Bischof Abbruch thun kann. — Er hätte sich auch merken müssen, daß

wähne, daß die Bischöfe der Provinz von Tours [a] einer Tochter des Gauthier von Mayenne die schriftliche Erlaubniß gegeben haben, den Grafen von Morton, der mit ihr in einem verbotenen Grade verwandt war, zu heirathen; wird aber nicht sagen, daß Hildebert

daß die Rede gar nicht von einer Ehe war, die noch sollte geschlossen werden: sondern von einer vor langer Zeit schon bestehenden und durch den Besitzstand, den guten Glauben und die öffenliche Meinung gewissermassen bestätigten Ehe; ein häcklicher Fall, wo die Unschicklichkeiten einer strengen Anwendung des Gesetzes machen, daß man zu milden und günstigen Auslegungen, die man der Absicht des Gesetzgebers für gemäß hält, seine Zuflucht nimmt. Was die auf diese Art geschlossenen Ehen betrifft, sieh das Werk Benedikts XIV, *de Synodo Diœcesana*, B. 9, K. 2, n. 1. *Neque res est*, sagt dieser Pabst, *de impedimento quod irritum reddidit matrimonium jam publice contractum: ultro enim concedimus Episcopo illud relaxandi facultatem;* und etwas mehr unten, n. 3: *Quidquid sit de ea extraordinaria potestate, quæ ex præsumpta summi Pontificis voluntate in aliquo eventu, urgentissimæ videlicet necessitatis & inpedimenti occulti, competat Episcopis, tantum differimus de ordinaria potestate dispensandi in quibusdam impedimentis dirimentibus publicis.*

[a] In dem Mandement heißt es ein Bischof aus der Provinz Tours, und laut des Briefes sind es Bischöfe einer andern Provinz, indem Hildebert, der zur Provinz von Tours gehörte, sagt *vos Comprovincialesque vestros*, und daß er an den Erzbischof
von

bert, nachdem er gesagt hat, daß ihm Gauthier die=
sen Vorfall auf eine Art, die eine sehr große Verle=
genheit verrieth (submurmurans) erzählet habe, so=
gleich hinzufüget, er glaube nicht, daß diese Erzählung
wahr sey, und hielte die Bischöfe für gar zuweise, ei=
ne solche Dispensation zu geben, und daß er für seine
Person fest entschlossen sey, selbige nicht zu geben, *mihi autem nec extorqueri assensus nec persuaderi potuit prudentiam vestram in eorum simplicitatem descendisse*; Beim Schlusse des Briefes ermahnet er alle
Seelsorger, in deren Pfarre die angeblich Verehlich=
ten kommen würden, diese Verbindung so lange zu be=
streiten, bis dieselbe getrennet sey... Denket man
über solche Verfälschungen und Betrügereien ein wenig
zurück, so hat man Mühe zu begreifen, wie Schrift=
steller, die noch ein Hälmchen Ehre im Leibe haben,
sich die unerlaubte Freiheit nehmen können, den guten
Glauben und die Geduld des Publikums so unverant=
wort=

von Rouen schrieb. — Es ist offenbar, daß weder die
zween Zusammenträger des Mandement noch ihr Schutz=
redner von Mainz den Brief des Hildebert, ja nicht
einmal den Titel davon gelesen haben, welcher also lau=
tet: *Epistolæ 34. argumentum. Episcopum quemdam certiorem facit, se prorsus dissentire, nedum consentire matrimonio filiæ Gauterii de Meduana, cum Comite Mortonio. Et cujus in parochiam nupta demigraverit, ejus esse usque ad dissidium illis nuptiis resistere...* Was für ein Eindruck muß auf
ei=

wörtlich zu misbrauchen; man muß jedoch zur Entschuldigung der geistlichen Sachen sagen, daß diese guten Leute dabei kein Arg haben. Sie wiederholen nur schlechterdings und maschinenmäßig die angeblichen Beweise, womit der kölnische Hirtenbrief großthut, ohne daß sie sich es auch nur ahnden laßen, daß selbst diese Beweise aus dem Werke des Mönchen Pereira entlehnet sind [a], welchem nach dem Tode des Königs Joseph auf Befehl der Königinn ein düsteres Gefängniß, worin er völlige Zeit hatte, über seine Ausschweifungen nachzudenken, zur Wohnung

einen von der Sache unterrichteten und ehrliebenden Mann der Ton der Dreistigkeit, des Trotzes und der Verachtung dieser Papierschmierer machen, wenn er mit der Unachtsamkeit, der Unwissenheit, und der Ungeschicklichkeit, die sich bei jeder Zeile zeigen, verglichen wird. Ein alter Dichter und Philosoph würde irgend ein heimliches Verbrechen vermuthet haben, die Schuld einer so sonderbaren Stimmung des Gehirns zu seyn. *An minxerit in patrios cineres, an triste bidental moverit incestus.* Hor. Art. poët.

[a] Es ist unglaublich, wie weit dieser durch verschiedene schwärmerische Abhandlungen bekannte Mann die Unvernunftschlüsse getrieben habe, um die Portugiesischen Bischöfe zu einer Spaltung zu vermögen. Er stellet den Satz auf, man müsse der weltlichen Macht selbst in ungerechten Sachen gehorchen, weil die H. H. Athanasius, Chrysostomus, Basilius &c. den ungerechten Decreten, wodurch sie verbannet wurden, Folge geleistet haben. Elender Trugschluß, worüber auch ein Logiker von einem Tage die Achseln zucken würde!... Und das ist nichts

nung ist angewiesen worden, weil er auf Befehl des Marquis von Pombal eine theologische Rapsodie geschrieben hatte, in der Absicht eine betrübte Spaltung in der Kirche Gottes anzuzetteln. Allein hiermit sind wir noch lange nicht am Ende der Aufklärungen des E. V. Jung, wie er uns selbst ausdrücklich erinnert. Er hält das übrige des Mandement im Hinterhalte für einen andern Artikel der geistlichen Sachen, und indem er bem Kopisten des Pereira Schritt für Schritt nachgehet, so wird er uns sicher in der nächsten Monatschrift durch das Ansehen eines
Theo-

nichts destoweniger der Mann, den man ins Deutsche übersetzet hat, um einen klassischen Author daraus zu machen, der Mann, welcher in der neuen Ausgabe der Kanonisten, wovon zu Mainz der Entwurf ist gemacht worden, auf die Seite eines Thomassin gesetzt werden soll. Sieh Journ. hist. & litt., 15 Decembr. 1782, S. 555. — 15 Mars 1787, S. 423. — Dict. Hist. Art. ANTOINE PEREIRA, welcher zu finden am Ende des Artikels Pereira von Castro. Uebrigens ist noch zu bemerken, daß der Verfasser in dem Titel selbst seines Werkes eine Bedingung setzet, welche alle Anforderungen der Metropoliten zu Nichte machet: *ubi Apostolica Sedes adiri non possit*. Ein Fall, der in Rücksicht der Metropoliten sicher nicht vorhanden ist.

[a] Man

Theodoret [a], eines heil. Augustins [b], eines heil. Bernhards [c], ꝛc. beschämen. Allein ich für meine Person habe keine Lust, dem Riesen auf seinem noch übrigen Wege zu folgen. Die Partie ist allzu unglücklich. Zudem ist das Licht, welches ich aus dem ersten Artikel seiner Censur geschöpfet habe, so häufig, daß ich lange Zeit daran genug haben werde. Ich zweifle auch nicht, der Pabst wird seiner Seits eiligst davon zu benutzen suchen, ohne auf diesen Zuwachs von Tubeskischen Lektionen zu warten.

[a] Man läßt ihn dispensiren in einem Gesetze, welches seiner Meinung nach nie in seiner Provinz ist angenommen oder beobachtet worden, das heißt, in einem Gesetze, welches nicht existiret. Um das Lächerliche dieser Dispensation recht einzusehen, merke man, daß dieses Gesetz (niemanden zu weihen, der zwey Weiber gehabt hat) gerade und ausschließlich die Bischöfe betrifft. Ein lustiges Gesetz, welches gerade für diejenigen gemacht worden wäre, die darin dispensiren könnten! sich das vortrefliche Werk des Ludwig von Mesnil, de Doct. & Discipl. Eccles., Tom. 3, L. 24, §. 21.

[b] Der 209te Brief des heil. Augustin, wohin man uns zurückweiset, um allda eine Dispensation zu sehen, die in einem allgemeinen Kirchengesetze sey gegeben worden, enthält kein einziges Wort, so sich auf diesen Gegenstand beziehe.

[c] Um den Bischöfen das Recht in den allgemeinen Kirchengesetzen dispensiren zu können, muß der heil. Bernhard auftreten: und in der Stelle, die man anführet, handelt er einzig und allein von den Regeln und Satzungen der Ordensgeistlichen. Lib. de Præcep. & Disp. cap. 2. Operum omnium, Tom. 2, pag. 507.

Ehe der *Gigas Moguntinus* seine Keule schwang, war schon ein gewisser Trotzbube aufgetreten, denn diesen Namen (calo) nimmt der genannte Verfasser selbst an, und sein Buch betitelt er Vorschläge eines Trotzbuben (Calophoria). Der Leser kann versichert seyn, daß er, diese unglaubliche Offenherzigkeit abgerechnet, nichts merkwürdiges in der ganzen Broschüre finden wird. Der päbstliche Nuntius wird von einem Ende zum andern behandelt, wie ers von einem Trotzbuben erwarten muß. Selbst der Titel des Werkes liefert schon gleich eine auffallende Falschheit, indem hochwürdigstem Herrn Pacca die Austheilung des wahren Zustandes zugeschrieben wird, unerachtet er weder an dem Daseyn dieses Werkes, noch an dem Umlaufe desselben den mindesten Antheil hat. Die Unwissenheit des Broschüristen geht über alle Glaubwürdigkeit. Er läßt sein Werk zu Verona drucken, und weiß nicht, daß Verona eine Stadt in Italien ist, und man in dieser Stadt keine Satyren wider die Nuntien drucket. Seine Vernunftlehre gleicht seiner Gelehrtheit und Ehrlichkeit. Er hatte in dem wahren Zustande gelesen *, daß die Vorgänger des Nuntius Pacca die katholische Religion in dem kölnischen Lande, vielleicht auch wohl in ganz Niederdeutschland aufrecht erhalten haben. Weil dieß nur allzu wahr war, so kam unser kleine Mann in Verlegen-

S. 30.

genheit: Aber sieh, wie er sich heraushalf; alles dieß, sagt er, hat seinen Grund in der Verheissung Jesu Christi. Portæ inferi non prævalebunt adversus eam... So gesteht er auch, S. 32, daß die Deutschen ihren Glauben von Rom empfangen haben; allein Rom selbst hat ihn von Gott empfangen, ꝛc. So widerlegt dieser unvergleichliche Mann den wahren Zustand [a]. Was aber ein wenig mehr Aufmerksamkeit verdienet, ist die unanständige Art, womit er die Erzbischöfe und Kurfürsten aus dem Hause Baiern und überhaupt alle diejenigen antastet, welche sich der katholischen Religion und der Einigkeit mit dem heil. Stuhle mit Nachdruck angenommen haben. Seiner Beschreibung nach sind alle diese nur blödsinnige, einfältige Dummköpfe gewesen... Was ist dann dieß für eine ausserordentliche Sache, die niemand ohne Unsinn, ohne platte und grobe Ausdrücke, ohne Schmähwörter, ohne Verläumdungen, ohne Wuth vertheidigen kann?

---

[a] Inzwischen (Denn was zu loben ist, muß man loben) ist der Titel der Broschüre sehr bescheiden. Es sind nur Materialien zur Widerlegung des wahren Zustandes. Vielleicht erscheint noch einstens der merkwürdige Tag, daß sich die Form mit der Materie vereinbaren und dieses große Werk zu Stande kommen wird.

[a] Kann

Ein andrer Athlet, vielleicht auch der nämliche hat eine Widerlegung der Bemerkungen über den Hirtenbrief, von einem Freunde der Wahrheit herausgegeben [a]. Der Grad der Freund-

[a] Kann man seine Freundschaft für die Wahrheit besser an Tag legen, als der liebe Mann in dem Vorwurfe gethan hat, den er dem Verfasser der Noten über den Hirtenbrief machte, er habe sich beklagt, daß die Citationen in dem Hirtenbriefe fehlten? Da dieser Freund der Wahrheit doch sehr wohl weiß, 1tens daß in jenen Exemplarien, welche die deutschen und französischen Zeitungen durch ganz Europa verbreitet haben, gar keine Citationen vorkommen. 2tens daß die Citationen in dem deutschen Exemplare, welches in dem kölnischen Lande selbst sehr wenig bekannt ist, von solcher Beschaffenheit sind, daß sie den Unwillen, soll ich sagen, oder das Lachen der Kritiker rege machten, die sich die Mühe nahmen, die Quellen nachzusehen. 3tens daß der Verfasser der Noten alles dieß gesagt und bewiesen habe in dem 1ten Anhange (S. 218, 219 und folg.), welcher schon vier Monate vor dem Geschwätze des kleinen Stutzers gedruckt, gelesen und zu Bonn überall bekannt war. Ihm kann auch nicht unbewußt seyn, daß der Verfasser der Noten, da er geglaubt hat, daß der Hirtenbrief von den Kanzeln abgelesen worden sey, geglaubet habe, was alle Welt glaubet, und von einem Fastenunterrichte glauben muß, und daß er in eben demselben Anhange (S 218.) seine Leser von dem Gegentheile benachrichtiget habe, sobald er diese besondere Ausnahme erfahren hat. An einem andern Orte giebt dieser Wahrheitsfreund vor, die Ursache, warum der Nuntius keine Audienz bei dem Kurfürsten hätte erhalten können, sey gewesen, weil er sie nicht auf eine geziemende Art nachgesucht hätte, da doch der Kurfürst in seinem Schreiben an den Pabst die Ursachen

Freundschaft dieses Mannes für die Wahrheit läßt sich leicht abnehmen aus dem, was wir bereits zu Gunsten derselben aus den Anmerkungen des E. W. Jung geschöpfet haben, als welcher die nämliche Bahn betreten, die nämlichen Dinge untersuchet, und den nämlichen Grundriß von Widerlegung befolget hat. Ich will nur hinzusetzen, was man von dieser angeblichen Widerlegung in einem öffentlichen Blatte gesagt hat: „Der Verfasser beweiset, daß alle Gläu„bige mit ihrem Bischofe müssen vereiniget seyn, und hier=

sachen erwähnet, die Ihn bewogen haben, den Nuntius nicht vorzulassen... Was läßt sich also mit der Unverschämtheit dieses jungen Laffen vergleichen, wenn es nicht etwa seine Gottlosigkeit und der Lästerungsgeist ist, aus dessen Eingebung er die Stellen der heil. Schrift von den um des Glaubens willen auszustehenden Leiden und Verfolgungen lächerlich zu machen suchte? Denn bei Gelegenheit des unvermeidlichen und dem beständigen Geständnisse und Urtheile der Erzbischöfe selbst gemäßen Schrittes, den der Nuntius oder vielmehr der Pabst gethan hat, um die Gültigkeit der Ehen zu retten, rufet er im Tone einer gleißnerischen Scheinheiligkeit aus: *Eritis odio omnibus propter nomen meum... Qui perseveraverit usque in finem, hic salvus erit... Non est discipulus supra magistrum.* So ist also nun der Pabst, wo nicht förmlich der Antichrist, doch wenigstens im Range der Neronen und Domitianen; und die Metropoliten finden sich mittelst der Emser Weinstube dem Chor der Beichtiger und Märterer einverleibet... Man zweifelt nicht, daß diese gottesschänderischen Possen, wenn sie Sr. Kurf. Durchl. zu Ohren kommen, mit einer einem christlichen Prinzen würdigen Strenge werden geahndet werden.

„ hierin hat er vollkommen Recht; Allein eine Unter-
„ stellung, worauf er nicht genug bestehet, ist, daß der
„ Bischof selbst mit dem Mittelpunkte der Einigkeit
„ verbunden und ein getreuer Beobachter der allge-
„ meinen Kirchengesetze sey. Ohne diese Beschrän-
„ kung würde dieser Satz in Unglückszeiten (die wir,
„ Gott lob, von Seiten des weisen und rechtglaubigen
„ Prälaten, wovon er eigentlich redet, nicht zu besor-
„ gen haben) eine Rechtfertigung aller Spaltungen
„ und Ketzereien werden. Denn die Arianer, Dona-
„ tisten, Nestorianer ec. waren ausser allem Zweifel
„ mit ihren Bischöfen einstimmig. Es müssen also so-
„ wohl die Worte des heil. Irenäus (*Omnes, qui Dei*
„ *sunt & Jesu Christi, cum Episcopo consentiunt*) die
„ den Vorspruch des Buches ausmachen, als auch alles,
„ was der Verfasser von der bischöflichen Gewalt sagt,
„ im Ganzen und nach allen Beziehungen der Ver-
„ fassung und Hierarchie der katholischen Kirche genom-
„ men werden [a]. Die Antworten, so er den No-

ten,

[a] Man kann diese Beobachtung nicht besser ausdrücken, als durch die merkwürdigen Worte des heil. Hieronymus an den Pabst Damasus. *Ego nullum nisi Christum sequens, Beatitudini tuae, id est, Cathedrae Petri, communione consocior. Super illam Petram aedificatam Ecclesiam scio. Quicumque extra hanc domum Agnum comederit, profanus est. Si quis in arca Noë non fuerit; peribit regnante diluvio. Non novi Vitalem, Meletium respuo, Paulinum*

(Dit-

„ ten über den Hirtenbrief entgegenseßet, ha-
„ ben größtentheils den Fehler, daß sie die wichtige
An=

(Dieser war sein Bischof) *ignoro. Quicumque tecum non colligit, spargit; hoc est, qui Christi non est, Antichristi est.* —— Dieser Stelle eines alten Kirchenlehrers wollen wir jene eines heutigen Erzbischofes hinzufügen, der sich nicht weniger durch seine Gottesfurcht als durch seine hohe Geburt und durch den Rang auszeichnet, welchen er unter den regierenden Fürsten behauptet. Wegen dem Antheile, welchen dieser Prälat an dem Emser Congresse genommen hat (wiewohl nur auf eine ganz unvollkommene Art, und allem Anscheine nach wird er demselben erster Zeit völlig entsagen) muß sein Ansehen für den Verfasser der Widerlegung insbesondere von großem Gewichte seyn. „ Wir
„ empfehlen euch vornehmlich die Ehrerbietigkeit und
„ den Gehorsam gegen die Nachfolger des heiligen Pe-
„ trus. Denn da der Herr dem heiligen Petrus und
„ seinen Nachfolgern besonders auferlegt hat, daß sie
„ ihre Brüder in dem Glauben befestigen sollten; so
„ hat er ihnen ja auch einen besondern Vorzug der Ge-
„ richtsbarkeit über alle Kirchen der christlichen Welt
„ mitgetheilet; und folglich kommt ihnen auch ein be-
„ sonderer Vorzug der Ehrbeweisung zu. Die Feinde
„ der Kirche mögen sich vereinigen, um die Hirten der-
„ selben herunter zu setzen, sie mögen sich auch bisweis
„ len mit dem Schafspelze bedecken, um die Einfalt
„ der Gläubigen durch den Vorwand der Verbesserung
„ und durch den Schein des Eifers für die Abschaf-
„ fung der eingeschlichenen Mißbräuche zu bethören,
„ (da sie doch eigentlich den Stuhl des heiligen Petrus
„ zu untergraben suchen); wir werden zwar darüber
„ seufzen, aber wir werden uns im geringsten nicht
„ daran stören, weil wir immer auf denjenigen zurück-
„ sehen, welcher diesen Stuhl errichtet, und ihm den
„ Beistand ganz sicher allezeit leisten wird, welchen er
„ ihm

Marginalie: Hirtenbr. S. K. H. Erzb. und Kurf. von Trier Bisch zu Augs an seine Kirch von Augs 1te Auff. S. 50

„ Anmerkung, die wir vorhin gemacht haben, außer
„ Acht laſſen. Der innere Werth der Citationen und
„ der einzelnen Beweisthümer läßt ſich aus einem
„ Werke abnehmen, welches auch in deutſcher Spra-
„ che geſchrieben iſt, und neulich die Preſſe verlaſſen
„ hat unter dem Titel: Conſiſtorial-Anmerkungen über
„ den kölniſchen erzbiſchöflichen Unterricht vom 4ten
„ Hornung 1787. Herausgegeben von Gotthelf Jo-
„ ſeph van den Elsken, Landdechant der Chriſtia-
„ nität Neuſtadt mit dieſem Vorſpruche: *Ponderibus*
„ *liberata suis**. Düſſeldorff, bei Peter Kaufmann,
„ 1787. Eine recht ſchöne Auflage. Der Verfaſſer
„ hat,

„ ihm verſprochen hat. Doch dieſes beklemmet unſer
„ Herz, dieſes verſetzet uns in ein empfindliches Leid-
„ weſen: daß wir ſehen müſſen, wie einige aus denen,
„ welche fortfahren ſich Kinder der wahren Kirche zu
„ nennen, ſich dennoch zu den Feinden eben dieſer Kir-
„ che ſchlagen, um die hundertmal wiederlegten Ver-
„ leumdungen und Schmähſchriften wider die Statt-
„ halter Chriſti mit ihnen aufzukochen; daß wir ſehen
„ müſſen, wie ſie noch nicht allgemein bekannte Nach-
„ richten von der Aufführung einiger Päbſte, welche
„ die Kirche durch ihre verderbten Sitten geärgert ha-
„ ben, mit Vergnügen ſammlen, und mit Schalkheit
„ kund machen: da ſie unterdeſſen von den Tugenden ſo
„ vieler andern, welche die Kirche mit ihrer Heiligkeit
„ und Gelehrtheit erleuchtet haben, gänzlich ſtillſchwei-
„ gen; daß wir ſehen müſſen, wie ſich dieſer Geiſt des
„ Murrens und der Aufruhr unter der Heerde Jeſu
„ Chriſti heimlich verbreitet, und endlich auch öffent-
„ lich

„ hat, indessen er die Vorzüge des Oberhauptes be-
„ stimmet, die Stellen gesammelt, die am schicklich-
„ sten sind die katholische Einigkeit zu befestigen. Er
„ macht die Beobachtung, daß die Verfasser des Hir-
„ tenbriefes nur Kopisten des berüchtigten Pereira ge-
„wes-

„ lich in Schmähworte und Stichreden wider seinen
„ Statthalter auf Erden ausbricht, wie er (als wenn
„ der Name eines allgemeinen Vaters der Gläubigen
„ und die Würde eines weltlichen Oberherrn sich in
„ eben derselben Person nicht zusammen vertragen könn-
„ ten) unanständige Scheltreden ausstößt, derer man
„ sich nicht einmal gegen ungläubige Fürsten bedienen
„ sollte. O der blinden Tadler! sehen sie dann nicht,
„ daß, da der apostolische Stuhl der Mittelpunkt der
„ Einigkeit und der Felsen ist, auf welchen Jesus Chri-
„ stus seine Kirche gebauet hat, ein jeder sich selbsten
„ den Streich versetze, den er der Kirche durch An-
„ greifung des Hauptes der Hirten versetzen will? Se-
„ hen sie nicht, daß, da das Gebäude der Kirche nicht
„ kann erschüttert werden, sie sich selbsten den Abgrund
„ unter ihren Füßen graben, worin sie sich bemühen die-
„ selbe zu stürzen? Erinnern sie sich daan nicht, daß
„ diejenigen, welche ihrem Vater fluchen, und die,
„ welche den Mund wider ihren Fürsten öffnen, sich
„ den Fluch des Himmels zuziehen? Wissen sie dann
„ nicht, daß durch Verachtung der Kirchendiener, und
„ durch Heruntersetzung ihres Ansehens der gerädeste
„ Weg zu den Spaltungen und zu den Ketzereien ge-
„ bahnet werde? — „ Der ganzen Versammlung
„ aller Gläubigen, sagt anderswo dieser nämliche Prä-
„ lat, steht der Nachfolger des heil. Petrus vor, auf
„ welchen Christus Jesus seine Kirche zu bauen ver-
„ sprach, und welchem, in Kraft seiner ganz besondern
„ göttlichen Sendung, eine Gewalt der Gerichtsbar-
„keit

Ibid.
S.
220.

„ wesen sind. Er entdeckt zugleich die litterarischen
„ Diebställe eines gewissen Hermann, welcher, um
„ Betrachtungen über das Schreiben des
„ Pabstes Pius VI an den Bischof von
„ Freisingen zu entwerfen, die Abhandlung De
„ Legatis & Nuntiis Pontificum, die im Jahre 1785
„ erschienen ist, geplündert hat. Unsere heutigen
„ Gelehrten sind so arm an Hülfsmitteln, daß selbst
„ ihre gelehrten Diebställe sich nicht weiter als auf
„ Broschüren dieser letzteren Jahre erstrecken. „
Allein eine Sache von größerer Wichtigkeit ist die Beschreibung, die der Freund der Wahrheit von dem Jammer und Elende macht, so die Nuntien des apostolischen Stuhles in ganz Deutschland, ja sogar in

„ keit über alle andern Bischöfe und Vorsteher der Kirche
„ ist mitgetheilet worden. Vermittelst dieser Würde ist
„ und bleibt der Stuhl des heil. Petrus jederzeit der
„ Mittelpunkt der Einigkeit, und nachher „Der Nachfolger des heil. Petrus, welchem die allgemeine Sorge über alle Kirchen anvertrauet ist, macht mit den unter ihm stehenden Oberhirten, welche nur gewisse Kirchen insbesondere zu besorgen haben, den vornehmsten Theil, den lehrenden Theil des sichtbaren Körpers der Gläubigen aus „. — Verschiedene Betrachtungen über die römische Kirche, über die Lauterkeit und immerwährende Fortdauer ihres Glaubens, sich wahrer Zustand, S. 78. — Eine Stelle des heil. Gregor von Nazianz, S. 80. — Eine andere von Bossuet, S. 97.

[a] Nicht

in der ganzen Christenheit verursachet haben [a]. Diese Männer, wenn er wahr beschuldiget, sind keine Freunde der Duldung, das ist, der Gleichgültigkeit gegen jede Religion (denn heut zu Tage sind dieß gleichbedeutende Worte): sie sehen nicht gern, daß

[a] Nicht allein die Katholiken, sondern auch billig denkende Protestanten haben die Nuntien immer als Friedestifter der Reiche, als Unterhändler der Religions- und Völkerangelegenheiten, als Beschützer der unterdrückten Freiheit und Gerechtigkeit betrachtet. Sie haben erzürnte Könige entwaffnet, Ströme Blutes eingehalten, gefährliche Streitigkeiten beigelegt, Bürgerkriege verhindert, den Verheerungen der Ungläubigen christliche Bündnisse entgegengestellet. Hundertmal haben sie den mit einem gänzlichen Umsturze bedroheten katholischen Glauben, und namentlich zweimal im kölnischen Lande gerettet, ꝛc. Ist nicht alles dieses schon genug, um die Wuth und die Verleumdungen der Feinde des Guten, besonders desjenigen, was die Religion auswirket, sehr wohl zu verdienen? ... Hat sich ein oder der andere nicht nach der Würde des erhabenen Charakters, womit er bekleidet war, betragen, so bleibt doch, überhaupt davon zu reden, immer wahr, daß das Betragen derselben, und die von ihnen gepflogenen Unterhandlungen ohne Tadel gewesen; ja an sehr vielen von ihnen hat man alle jenen Eigenschaften vereiniget gesehen, welche der heil. Bernhard von Nuntien erfodert und womit dieselbigen auch gezieret seyn müssen, wenn sie sich einen glücklichen Erfolg ihrer Sendung versprechen wollen. *Qui regibus Joannem exhibeant, Ægyptiis Moysen, fornicantibus Phinees, Heliam idolatris, Eliseum avaris, Petrum mentientibus*, Paulum blasphemantibus; qui vulgum non spernant, sed doceant, divites non palpent sed terreant, pauperes* Act. 5.

daß Sektirer in katholische Lande eingeführet werden. Dieß ist was abscheuliches, besonders von Priestern, Erzbischöfen und päbstlichen Legaten, die dann doch die Fortpflanzung der Ketzerei nach allen möglichen Kräften begünstigen müßten. Aber noch viel abscheulicher ist, daß sie sogar fürchterliche Empörungen, wie unter andern jene der Seminaristen zu Löwen ist, wider den Staat und die Kirche, und zwar durch Kundmachung der Bulle wider Eibel, erwecken. Allein wissen sie wohl, mein lieber Herr, was eine Empörung, was die Kirche, der Staat und die Bulle sey, die wider Eibel ergangen ist? Lesen sie doch die sehr umständliche und ganz wahrhafte *Relation des troubles de Louvain* [a], und sie werden sehen, daß sie nicht einmal wissen, was Empörung sey. Lesen sie das Breve wider Eibel, und sie werden finden, daß dieses Breve, welches der Nuntius nicht verkündiget hat [b], keine

Em-

peres non gravent sed foveant, minas principum non paveant sed contemnant. De Consid. L. IV. §. 12.

[a] Man sehe diese zu Mecheln, Brüssel, Lüttig. ꝛc. gedruckte Nachricht. Eine kleine Broschüre in 8. Sie findet sich auch in der Sammlung der *Reclamations Belgiques.* 2ten Band. S. 171.

[b] Die Wahrheit dieser Behauptung ist durch viele authentische und mit Eide bekräftigte Zeugnisse erwiesen wor-

Empörung weder wider die Kirche, wenigstens wider die katholische Kirche, deren es eine Hauptglaubenslehre festsetzet, noch auch wider den Staat erregen kann, als dessen Angelegenheiten es gar nicht berühret. Wollen sie die Sache eines andern Nuntius, der ihnen weit schwerer am Herzen liegt, mit Vernunft untersuchen: so werden sie wahrnehmen, daß sein Verbrechen einzig darin bestehe, daß sein Daseyn und die Ausübung seiner Pflichten gewissen Leuten in einer gewissen Stadt die Köpfe verrücke. Und überhaupt werden sie gestehen müssen, wenn sie nach Recht und Billigkeit reden wollen, daß das gröbste Verbrechen der Abgesandten des heil. Stuhles darin stecke, daß dieselben alle die Plauderei und Schreibelei, die sie sich wider die Nuntien erlauben, unnütze machen; daß alle gutdenkende Christen fortfahren, ihnen wegen ihrer Klugheit, Bescheidenheit, Eifer für den Glauben und wegen der häufigen Gutthaten Ehrfurcht und Hochachtung zu bezeugen; daß der gemeine Mann sowohl als die christlichen Prälaten dieselbige noch immerhin als Legaten des ersten obersten Priesters und als Abge-

worden, in der Rede, die man im 4ten Bande der Reclam. Belg. liest, S. 113. —— Eine kurze aber doch hinlängliche Nachricht von der Knüttelschrift, die diesem Beweise ist entgegengesetzet worden, findet man daselbst 8ten Band, S. 145.

[a] Diese

gesandte des obersten Kirchenhauptes betrachten, indessen ihnen, mein Freund der Wahrheit, und allen Helfershelfern von ihren langwierigen und mit so großer Mühe bearbeiteten Kunstgriffen nichts übrig bleibt, als die verdrüßliche Erinnerung, einem benachbarten Volke überzeugende Proben einer groben Unwissenheit und tölpischen Dummheit gegeben zu haben [a].

Der

[a] Diese unsinnige und dumme Schmähschrift, die zu Bonn, mit dem Namen dieser Stadt auf dem Titelblatte, in Druck erschienen ist, steht in einem sehr auffallenden Kontraste mit den Gesinnungen, so man immerhin zu Köln gegen die Nuntien gehegt hat, wo man dieselben täglich vor Augen hatte, ihr Betragen beobachten konnte, und wo ihre Gutthaten besser bekannt waren als anderswo. Der Adel, die Klerisei und die Universität haben dem jetzigen Nuntius insbesondere, auch sogar in den allerkritischsten Umständen, starke und deutliche Merkmale ihrer Anhänglichkeit und Ehrfurcht gegen den heil. Stuhl gegeben. Man weiß, mit welchem Eifer sich die Universität den Grundsätzen der Anarchie widersetzet habe, welche die heutigen Acephalen ihren Schülern mit aller Macht beibringen wollten. In dem Breve, welches der Pabst unterm 14ten Feb. 1787 dieser alten und rechtgläubigen Universität zugeschickt hat, sagt der heil. Vater: „Unser Nuntius, dessen Wachtsamkeit durch eure tapfere Hülfleistung und Unterstützung einen so erwünschten Erfolg gehabt hat, hat euch Uns so gerühmet, wie ihr es verdienet, und dieserhalben haben Wir gegenwärtiges euch übermachen wollen, sowohl um euch unsre Achtung und Wohlwollen sattsam zu bezeugen, als auch um euch wegen eurer Ergebenheit gegen Uns zu danken, und euch der Freude theilhaftig zu machen, womit uns eure

„ Un-

Der dritte Held, der den Triumphplatz betreten hat, ist ein ehrwürdiger Pater von Bonn, welcher glaubte, sich dadurch einen glänzenden Sieg zu verschaffen, wenn er nach seiner löblichen Gewohnheit einige brausende Schimpfwörter den wichtigen Gründen des wahren Zustandes entgegensetzte, und den Verfasser desselben verleumdete. Ich will hier nur allein schlichtweg und ohne weitere Auslegung hersetzen, was man gründliches und vernünftiges, so viel mir schien, in einem sehr bekannten periodischen Werke ihm unter die Nase gerieben hat, dessen Verfasser urbietig ist, von seinem Urtheile und übrigen Nachrichten alle Tage Rechenschaft zu geben. „In der „Abhandlung, die der neue Doctor hat drucken „lassen, der man aber ohne vieles Kopfbrechen das „Gepräche der Antrittsrede ansehen kann, ziehet der „Hr.

Jour. hist. & lit. 15.1 Oct. 1787 p. 209.

„ unerschütterte Rechtgläubigkeit erfüllet hat. Denn
„ Wir können euch nicht verhöhlen, daß euer nämli-
„ ches, standhaftes, wohl überlegtes und sich immer
„ gleichförmiges Betragen bei diesen trüben und un-
„ glücklichen Zeiten die große Hoffnung in uns erwecket
„ habe, daß ihr euren alten Ruhm und den Glanz eu-
„ rer Universität nicht allein erhalten, sondern auch von
„ Tag zu Tag vermehren werdet, und daß eure Erge-
„ benheit gegen den heil. Stuhl, und die Ehrfurcht,
„ so ihr gegen denselben traget, täglich zunehmen und
„ sich zu jeder Zeit bei bedrängten Umständen, so die
„ Kirche werden beunruhigen können, zeigen werden.

„ Hr. Doctor mit der Wuth eines vom bösen Geiste
„ besessenen Menschen wider den Verfasser des wah-
„ ren Zustandes los, welches Werk, wie jeder-
„ mann weiß, allen Schwindelgeistern der neuen Uni-
„ versität [a] den Zeiger so mächtig verrückt hat. Der
„ Ver-

[a] Diese neue Universität ist gar nicht gesetzmäßig noch kanonisch. Der Proceß, den die Universität zu Köln wider dieselbe führet, und der noch wirklich bei den Reichsgerichten anhängig ist, deren Gesetze verbieten, neue Universitäten in der Nachbarschaft der alten zu errichten, und falls solche Errichtung geschähe, dieselbe für null und nichtig erklären, noch mehr aber der Abgang der päbstlichen Gutheißung machen, daß ihr Daseyn, wo nicht willkührlich und ungewiß, doch wenigstens unvollkommen sey; so viel die Titel der Errichtung betrifft, worauf sie sich gründen könnte. —— Wenn der berühmte Böhmer, welcher unter allen denen protestantischen Authoren, die nach Recht und Billigkeit ihre Meynung äussern, immer den ersten Platz behaupten kann, hier entscheiden soll: so ist die Zwischenkunft des Pabstes als Richters der Lehre bei Errichtung der Universitäten ein wesentlicher Punkt, weil die Gottesgelehrtheit und das geistliche Recht merkwürdige Gegenstände der öffentlichen Vorlesungen auf Universitäten sind. In diesem Betrachte hat man, nach Böhmers Meinung, in Deutschland dafür gehalten, daß die päbstliche Gutheißung nothwendig sey, wiewohl man sich mit dem kaiserlichen Diplom zu jenen Zeiten begnüget hat, da nur allein die **Grade des Doktorats für die Künste und das deutsche Recht** auf den Universitäten bekannt waren. Dieß ist die Meinung des berühmten Böhmer; welcher, wie man sieht, das unläugbare **Factum (den Thatpunkt)** voraussetzet, da er über den Punkt des Rechtes also sein Urtheil fället. Aus diesem Grunde ist das Ansehen des Pabstes nachgehends

bei

„ Verfasser dieses Werkes hatte deutlich auseinander
„ gesetzet, in welchem Sinne die Bischöfe Nachfolger
„ der Apostel wären, und in welchem Sinne sie es
„ nicht wären. Worauf er ganz freundschaftlich den
„ Hrn. Doctor begehrte, ihm doch zu sagen, auf wel-
„ chen Apostel namentlich dieser oder jener Bischof von
„ Deutschland gefolget sey, (zu verstehen von der chro-
„ nologischen Ordnung der Nachfolger, so wie der
„ Pabst auf den heil. Peter gefolget ist.) Der ehr-
„ würdiger Pater, betroffen durch diese Frage, die er
„ nicht beantworten konnte, geräth in eine Wuth,
„ die jedermann lächerlich vorkommen muß, und lö-
„ set das Räthsel dadurch auf, daß er den Verfasser
„ für einen **unverschämten Franzosen** und für
„ einen **verkappten Italiäner** ausschilt [a].

P. 55.

„ Dem bei Errichtung der Universitäten nothwendig geworden, die vorhin durch das allei-
nige kaiserliche Ansehen sind errichtet worden. Abhandl. von dem verschied. Glücke des
Grat. Dek. 12 Abs. Note (1)

[a] Nichts lustiger als das von Herrn Kilbel erdachte Mittel, wie man diesen Marktschreiern antworten soll. Dieser gelehrte und artige Mann, Lehrer der Gottesgelehrtheit und des geistlichen Rechtes auf der hohen Schule
zu Heidelberg, schlägt einen Schmäh-Kurs vor,
aus welchem man lernen würde, sich mit solchen Kanonisten und Theologisten, wovon Deutschland, besonders
längs dem Rheine und der Mosel, jetzt wimmelt, ge-
hörig herumzutummeln. Er glaubt, eine zweijähri-
ge

„ Demnach behauptet er mit dem Lutheraner Pfaff,
„ daß die Nachfolge der Päbste allemal sey unter-
„ brochen worden, so oft ihrer mehrere gewesen. (Er
„ hätte beweisen sollen, daß keiner von diesen der
„ rechtmäßige war); Er weiß nicht, daß es eine
„ Glaubenslehre sey, daß der Pabst der wahre
„ Nachfolger des h. Petrus ist, und erinnert
„ sich nicht diesen Satz selbst beschworen zu haben [a];
„ Endlich macht er alle diejenigen zu Protestanten,
„ zu Aerianern und anderer abscheulichen Ketzereien
„ schuldig [b], welche sagen, daß der Apostel Paulus

Decisio quæstion inaug. 1787 p. 59.

ge Uebung würde hinlänglich seyn, um diese edle Fechtkunst gründlich zu erlernen. *Perspicient censores mei, me & in arte conviciandi, si eam per duos annos exercuero, profectum non pænitendum facere posse.* Aber wo dieser Höflichkeitskurs gehalten werden soll, sagt uns Hr. Kübel nicht. Indessen sollen die Vorläuferinnen, die Trödelweiber, die Gassenjungen, die Troßbuben, die Stockträger, wie man sagt, sich von allen Arten schon hermelden, um die Kathedern der neuen Akademie zu besetzen, die man nirgend besser errichten kann, als zu Mainz oder Bonn, weil man allda nie verlegen seyn wird, die verstorbenen Lehrer zu ersetzen.

[a] *Romano Pontifici* BEATI PETRI APOSTOLORUM PRINCIPIS SUCCESSORI, *ac Jesu Christi Vicario, veram obedientiam spondeo ac juro.* Von Pius IV. vorgeschriebenes Glaubensbekänntniß, welches alle diejenigen ablegen müssen, die in einem Grade oder Lehramte auf den Universitäten zugelassen werden.

[b] Die Eigenliebe, besonders, wenn sie fruchtbar an Schmähreden ist und Geschmack daran findet, bürdet gar gerne

„ lus in der Stelle, *Posuit vos episcopos*, &c. (Act.
„ 20.) nicht zu einer Versammlung von Bischöfen re-
„ de. Die Sache wird jedoch durch den Context au-
„ genscheinlich und von besten Schriftauslegern ange-
nom-

gerne anderen ihre eigenen Bosheiten auf. Es ist leider nur allzuwahr, daß heut zu Tage so viele deutsche Mönche, Ermönche und andere ausgeartete Mitglieder der Klerisey mit protestantischen Grundsätzen sehr stark angesteckt sind, ob sie gleich unter der Larve und durch allerlei Kunstgriffe, woran es der Gleisnerey niemals fehlet, ihre Gesinnungen zu verdecken suchen. Diese kapuzirten Sektirer, wahre Schüler des Fra-Paolo dogmatisiren mit mehrerer Sicherheit und besserm Erfolge als ihr Lehrmeister; denn es ist kein Heinrich IV mehr, der sie anbrächte, und verurtheilen ließ *. Ueber diese abtrinnigen Söhne der Kirche seufzet Martin Gerbert, gefürsteter Abt des heil. Blasius im Schwarzwalde einer der gottesfürchtigsten und gelehrtesten Prälaten. Nachdem er von den Siegen geredet hat, welche die Kirche zu allen Zeiten wider ihre Verfolger erfochten hat, drückt er seine Hoffnung aus, daß er noch sehen werde, wie die Kirche auch über ihre itzigen Feinde, die die gehässigsten und gefährlichsten von allen sind, siegen werde. *Quod de persecutionibus Ethnicorum professa est antiquitas, id de insultibus Hæreticorum etiam verum sit, Ecclesiam inde novum florem, decorem, & amplitudinem nancisci. Id quod etiam speramus, dum jam dolentes cernimus* IPSOS ECCLESIÆ FILIOS AD CONCUTIENDAM ECCLESIASTICAM AUCTORITATEM PRORUENTES, IMBIBITIS PROTESTANTIUM LATENTER PRINCIPIIS. Martin. Gerbert, *De Legit. Eccles. potest. circa sacra*, &c. L. II, c. 3.

[Sieh Mem Chr. d'Avrigny. t. I. p. 27. Aufl.] von Nismes. 1781 Dict. hist. art. SARPI.

[a]

[*] 1ter „ nommen [a]. Uebrigens vertheidiget der Verfaſſer
Anh. „ wider den Ketzer Aerius klar genug den Satz, daß
S. „ die Prieſter den Biſchöfen untergeordnet ſind *.
57.
„Was

[a] Sich wahr. Zuſt. S. 92. — 1ter Anh. S. 209.
— Den Beweisthümern und Zeugniſſen, die allda au-
geführet ſind, kann man noch folgendes aus dem Theodoret beifügen. „ *Episcopos* vero appellat presby-
„ teros accersivisse Miletum, exponit etiam, quæ
„ iis dicta fuerunt. *Attendite enim*, inquit, *vobis*
„ *ipsis, & universo gregi, in quo vos posuit Spi-*
„ *tus sanctus Episcopos pascere Ecclesiam Christi,*
„ & eosdem nominavit Presbyteros & Episcopos.
„ Ita etiam in Epistola ad beatum Titum: *Ideo re-*
„ *liqui te Cretæ, ut constituas per civitates Pres-*
„ *byteros, ut ego tibi disposui.* Et cum dixisset,
„ quales esse oportet eos, qui ordinantur, subjun-
„ xit: *Oportet enim Episcopum sine crimine esse,*
„ *sicut Dei dispensatorem.* Atque hoc etiam lo-
„ co id manifestum fecit. Episcopis enim con-
„ junxit Diaconos, nulla de Presbyteris facta men-
„ tione; præsertim cum fieri non posset, ut mul-
„ ti Episcopi essent unius civitatis pastores; ut li-
„ quido pateat, Presbyteros eos fuisse, quos no-
„ minavit Episcopos ,,. Calmet, Cornelius a Lapide und ſo viele andere Schriftſteller, die man nie für
Aerianer, noch für Proteſtanten, oder für unver-
ſchämte Franzoſen und verkappte Italiäner gehalten hat, haben die nämlichen Beobachtungen
gemacht. Der letztere hat ſogar ſchon förmlich die trü-
geriſchen Folgerungen beantwortet, die der Sektegeiſt
oder die Unwiſſenheit einiger ſchwärmeriſchen Mönche
daraus ziehen könnte. „ Hæc nomina *Episcopus &*
„ *Presbyter* olim communia erant omnibus Sacer-
„ dotibus tam majoribus, quos jam proprie Epis-
„ copos, quam minoribus, quos Presbyteros no-
„ minamus. Sic Act. 20, 28, Paulus ad majores
„ na-

Interp. Ep. ad Phil. c. I. v. I.

Com in Ep. ad Phil. c. I.

„ Was soll man dann nun denken von so vielen Lü-
„ gen, Verleumdungen, Ketzereien, von jenen Aus-
„ fällen einer feigen und beinahe viehischen Wuth,
„ und dies in so wenigen Zeilen, und zwar von einem
„ Ordensgeistlichen, von einem Priester, der sich
„ Doctor nennet und Doctoren macht?... Was ehr-
„ liebenden und gewissenhaften Seelen besonders auf-
„ fallen muß, ist, daß nach dem Maße, als die Un-
„ wissenheit, die Tölpelei, die Grobheit, der Sekten-
„ und Spaltungs-Geist dieses Mannes der ganzen
„ Welt offenbar werden, seine Fassung sich immer ver-
„ stärket und allen Gründen der Religion und Ver-
„ nunft mit einer eisernen Stirne Trotz bietet „.

Cum

„ natu Ecclesiæ Ephesinæ: *Attendite, ait, vobis &*
„ *universo gregi, in quo vos Spiritus sanctus po-*
„ *suit Episcopos* (id est Presbyteros & Pastores)
„ *regere Ecclesiam Dei*: nec enim Ephesi plures,
„ quam unus, erant Episcopi proprie dicti. Un-
„ de tam hic quam I. Tim. 3, ab Episcopis transit
„ ad Diaconos, nec nominat Presbyteros, quia sci-
„ licet eos Episcoporum nomine intelligit. Hinc
„ occasionem errandi sumpserunt Aërius & Wiclef,
„ dicentes jure divino Presbyterum in ordine &
„ potestate parem esse Episcopo: sed respondeo
„ parem esse in sacerdotio (in potestate consecran-
„ di, sacrificandi, solvendi a peccatis), qui septi-
„ mus & summus est ordo, non autem in potesta-
„ te ordinandi & consecrandi, nec in potestate ju-
„ risdictionis; hisce enim Episcopus præcellit
„ Presbyterum „.

Cum ad inopiam venerint allegationum, ad effrænatam deflectunt conviciandi licentiam.

AMM. MARCELL.

Ende des ersten Bandes.

Verbesserung der Druckfehler.

In der Vorerinnerung.

Seite 1, Zeile 1, des Verfassers, lies des Uebersetzers.
2, 14, Stellen, lies Seelen.
27, 15, weiter, lies weniger.
29, 16, eins, lies einer.
40, 21, welche, lies welches.
41, 12, welcher, lies welche.
92, 20, so über, lies über.
•   •   Apostel geschieht, lies Apostelgeschicht.
97, 16, von, lies vor,
114, 1, allis, lies aliis.
121, 8, erhält, lies enthält.
125, 25, von, lies vor.
126, 9, würden, lies würde.
128, 1, eine, lies welche.
142, 7, Rigenti, lies Riganti.
143, 2, Ihrigen, lies euerigen.
150, 2, Dispens, lies Dispensen,
154, 29, Petro cedens, lies Petro universitatem cedens.
161, die Note [a] muß die erste Note von der folgenden Seite seyn.
162, 1, [b], lies [a].
•   7, seyn, lies seyn [b].
166, 5 von unten, Gerichtsbarkeits, lies Gerichtsbarkeitsacten.
173, 6, würden, lies wurden.
190, 1, wenn, lies wen.
212, 12, ich von, lies ich nicht von.

Seite

S. 213, Z. 9, Seelen, lies Seele.
   237,   13, a Sede, lies a S. Sede.
   249,   10, Nuntius, lies Marquis.
   257,   letzte, Mitmönche, lies Miethmönche.
   261, Note [a], Zeile letzte, das Edikt, lies den Hirten-
                                                     brief.
   269,   15, Brouges, lies Bourges.
   288,   31, herholen? lies herholen müsse?
   323,   4, unglücklich, lies ungleich.
   324,   2, 5, 10, Troßbub, lies Troßbube.
     • • 11, indem Hochwürdigsten, lies indem dem
                                            Hochwürdigsten.
   337,   1, Triumpf, lies Tummel.
     • • 18, nämli. lies männli.
   340,   19, Troßbuben, lies Troßbuben.
     • • • Stockträger, lies Sackträger.

Wegen seiner weiten Entlegenheit von der Presse bittet der Uebersetzer um gütige Nachsicht der eingeschlichenen Druckfehler.

S. 213, Z. 9, Seelen, ließ Seele.
   237,   13, a Sede, ließ a S. Sede.
   249,   10, Nuntius, ließ Marquis.
   257,   letzte, Mitmönche, ließ Miethmönche.
   261, Note [a], Zeile letzte, das Edikt, ließ den Hirten-
                                                brief.
   269,   15, Brouges, ließ Bourges.
   288,   31, herholen? ließ herholen müsse?
   323,   4, unglücklich, ließ ungleich.
   324,   2, 5, 10, Trotzbub, ließ Troßbube.
    *   * 11, indem Hochwürdigsten, ließ indem dem
                                          Hochwürdigsten.
   337,   1, Triumpf, ließ Tummel.
    *   * 18, nämli- ließ männli-
   340,   19, Trotzbuben, ließ Troßbuben.
    *   *   Stockträger, ließ Sackträger.

Wegen seiner weiten Entlegenheit von der Presse bittet
der Uebersetzer um gütige Nachsicht der eingeschlichenen Druckfehler.

S. 213, Z. 9, Seelen, lies Seele.
   237,   13, a Sede, lies a S. Sede.
   249,   10, Nuntius, lies Marquis.
   257,   letzte, Mitmönche, lies Miethmönche.
   261, Note [a], Zeile letzte, das Edikt, lies den Hirten-
                                                brief.
   269,   15, Brouges, lies Bourges.
   288,   31, herholen? lies herholen müsse?
   323,   4, unglücklich, lies ungleich.
   324,   2, 5, 10, Troßbub, lies Troßbube.
    • •   11, indem Hochwürdigsten, lies indem dem
                                        Hochwürdigsten.
   337,   1, Triumpf, lies Tummel.
    • •   18, nämli. lies männli.
   340,   19, Troßbuben, lies Troßbuben.
    • •   • Stockträger, lies Sackträger.

Wegen seiner weiten Entlegenheit von der Presse bittet der Uebersetzer um gütige Nachsicht der eingeschlichenen Druckfehler.

www.ingramcontent.com/pod-product-compliance
Lightning Source LLC
Chambersburg PA
CBHW030303240426

43673CB00040B/1048